KB059294

인구
위기

Kris i befolkningsfrågan

by Alva Myrdal and Gunnar Myrdal

Copyright © 1934 Bonnier and Nya Doxa 1997

Korean Translation © 2023 by Moonye Publishing Co., Ltd.

All rights reserved.

The Korean language edition published by arrangement with
Bonnier Rights, Stockholm through MOMO Agency, Seoul.

이 책의 한국어판 저작권은 모모 에이전시를 통해
Bokförlaget Nya Doxa와의 독점 계약으로 ㈜문예출판사에 있습니다.
저작권법에 의해 한국 내에서 보호를 받는 저작물이므로
무단전재와 무단복제를 금합니다.

인구
위기

스웨덴 출산율 대반전을 이끈
뮈르달 부부의 인구문제 해법

알바 뮈르달
군나르 뮈르달

홍재웅
최정애
옮김

문예출판사

차례

들어가는 말 인구문제의 위기   **9**

1장   맬서스주의와 신맬서스주의

맬서스주의   22

신맬서스주의   34

마지막 신맬서스주의 개혁 요구:

　　피임금지법의 폐지와 낙태의 사회적 규제   47

2장   일반적인 인구론

출산과 소득 기준   67

최적의 인구수   72

사회계층 간 인종적, 생물학적 가치 차이?   77

일반적인 이론의 파산   90

3장   스웨덴 인구 발전의 현황 및 추세

최근 몇십 년간의 주요 변화   97

향후 몇 년간의 추세   101

출산율 감소는 멈출 것인가? 멈춘다면 어디서 멈출 것인가?   108

4장 **가까운 미래의 인구정책에 대한 입장**

가족 규모의 축소와 노령인구의 증가 120

국외의 인구 압박 123

미래 인구정책의 입장 128

5장 **스웨덴 민중의 생활수준**

임금과 소득 137

주거/주택 144

영양 표준 171

실업과 농업 위기 184

출산율과 관련하여 189

6장 **사회정책과 경제 생산 및 분배의 문제**

민생의 안정 197

자녀 양육 부담 이후 개인소득의 재분배 208

사회정책을 통한 보육 부담의 재분배 221

7장 **사회정책과 국민의 질**

현대 생활 속에서 엄격한 질적인 요구 230

인구의 질적인 시각에서 본 실업 문제 236

불임 시술 문제 241

아동의 영양 상태 250

주거 위생 문제 253

신체 및 정신 건강 의료 262

학교교육의 목표   284

직업과 계층의 사회적 순환   300

요약   308

8장   사회정책과 가족의 사회학적 발전

가족의 변화   316

가정 및 보육 시설에서 자녀 양육   326

기혼 여성의 근무 조건   338

새로운 가족   346

해제   한 세기 전의 현인들이 오늘의 대한민국에   **357**
         건네는 인구문제 해법서

주석   **375**

찾아보기   **381**

들어가는 말

인구문제의 위기

인구문제는 그 어떤 사회문제보다도 더 심각한 문제다.

인구문제는 종교적 가르침과 도덕적 이해의 중심에 있는 몇 몇 사회도덕적 분야, 즉 성性, 결혼, 자녀 출산 및 가족 등과 관련성을 지닌다. 따라서 인구문제는 소위 각 개인의 양심의 문제와 관련되어 있기도 하다. 또한 지금까지 대부분의 커다란 사회문제는 이와 관련해 심각한 문제들이 동반되어 나타났다. 현재 서구 문명 사회에서 성의 문제가 얼마나 심각한 복잡성을 포함하고 있는지를 상기해보면 이를 자연스럽게 이해할 수 있을 것이다. 이 문제는 개인의 도덕과 많은 부분 연관되어 있기 때문에 매우 복잡하다는 것을 쉽게 알 수 있다.

그러나 개인의 양심 문제가 이러한 논쟁에서 정치적으로 반드시 필수적인 논의 사항이었던 적이 없었다는 점을 강조해야 할 필요가 있다. 특히 이 책에서처럼 우리가 더욱 신중하게 그리고 체계적으로 의견 형성을 충실히 발전시키고자 한다면 더더욱 그렇다. 인구문제에 관한 논쟁은 사회복지와 소득분배의 문제들과 매우 관련이 깊다. 이는 1700년대 이후 끊임없이 진행되어온 반동적이고 급진적인 사회의 이상과 계급의 이해 사이에 벌어진 투쟁의 한 부분에 불과했다.

오늘날 스웨덴에서 우리는 가치관의 변화를 목도하고 있다. 인구문제를 바라보는 전통적인 시각을 완전히 뒤엎는 많은 일이 일어났다. 우리는 이 변화에 완전히 무지하고 어찌해야 할 바를 모르는 것이 분명하다. 과거 어느 때보다도 이 문제에 관해 어떻게 생각해야 하는지 매우 혼란스러운 상황이 분명하다.

인구문제에 대해 어떤 입장을 취해야 하는지 아무도 모르고 있다. 그 주된 이유는 최근 몇십 년간의 실질적 출산율에 있다. 그러나 인구문제를 둘러싼 가치관의 변화는 현재 진행되고 있는 일반적인 사회 투쟁과 정치 노선의 재편에 상응하며, 이는 아직 어디로 가야 할지 방향을 정하지 못하고 있는 불확실한 정치와도 맥락을 같이 하고 있다.

인구문제에 관한 의견을 개진하기 위해서 일단 노령인구가 정치적인 자극을 받아들였을 때의 시점에서 출발하자. 그리고 사회 급진적인 입장과 사회 보수적인 정치 입장을 분리해 생각하기로 하자.

급진주의자들은 사회에서 가난하고 보호받지 못하는 이들을 동정한다. 그들은 1800년대 말과 1900년대 초에 그들의 사상적이고 정치적인 권력의 근간 대부분을 노동계급의 경제적인 이해를 대변하는 사회 급진적인 사상이 반영되고 점점 힘을 더해가는 노동운동에 두었다. (이후에도 설명하겠지만 사회과학 이론가들이 인구 감소가 사회의 필요를 해결하는 데 합리적인 해결책이 된다고 동의한 적이 없음에도) 이들은 인구문제에서 급진적인 신맬서스주의자들과 같은 입장이었다.

신맬서스주의자들의 인구문제 해결책은 출생 제한이었다. 그들은 부모의 자유로운 선택으로만 아이들이 이 세상에 태어나야 한다고 믿었다. 그리고 교육 수준이 높은 상류계급에서뿐만 아니라 노동계급과 농민계급에서도 그래야 한다고 주장했다. 가정의 경제적인 수준은 자녀 수가 줄어들어야 향상될 수 있다고 생각했다. 인구 감소(최근 들어 생각되듯이 출산의 감소)에 따라 자원의 희소성과 연관된 노동력도 감소할 것이다. 그렇게 되면 노동력은 더 가치 있는 생산요소가 될 것이며 실업률이 감소하고 임금은 상승할 것이라고 믿었다. 이로써 빈곤과 결핍은 사라질 것이라고 믿었다.

반면, 보수주의자들은 기득권의 이해를 대변했다. 보수주의자들은 기득권의 이해를 대변하면서 급진주의자들과는 다르게 직접적인 사상적 기반을 마련하지 못했다. 그들은 이 문제를 이상적인 정치의 문제로 만들기 위해 낭만주의적이고 도덕적이며 종교적인 이론으로 겉치레해야만 했다. 인구문제에서 보수주의자들은 반맬서스주의자들이다.

피임이 허용되면 성도덕의 해이를 가져올 것이라고 예상하기도 한다. 성병의 위험 등을 제외하더라도 임신 위험이 없는 성관계가 가능하다는 것은 젊은이들의 성에 대한 절제와 성인들의 결혼관계에 대한 믿음 등의 이유로 성립되었던 개인적, 사회적 제약의 해체를 의미한다. 또한 피임은 창조 질서에 반하는 것으로

'부자연스럽고' 기독교적인 윤리에 어긋난다고 생각되어왔다. 피임 확대에 따른 인구 감소는 인종의 퇴화와 '종족의 자살'로 여겨지기도 한다. 인구가 줄어들면 나라 전체가 출생률이 높은 이민자들로 가득해질 것이며, 그들의 권리가 강해지면서 우리의 귀중한 문화유산을 재편하고 재구성할 것이다. 이런 문화적 침략은 세계적인 문제를 야기하고 평화를 위협할 수도 있다. 동시에 출생률의 감소로 국방력이 약화되어 결국 우리 영토를 탐욕스러운 약탈자들에게 그대로 갖다 바치는 형국이 될 것이다.

이러한 일반적인 의견들은 출생률과 빈곤의 관련성을 입증하기에는 근거가 충분하지 않다. 보수주의자들은 편리하게도 결핍과 실업의 사회적인 원인에는 눈감은 채, 개인적인 측면만 강조한다. 노동의 대가로 '비합리적'인 요구를 하지 않고, 자신과 가족을 먹여 살리려고 애써 노력하는 사람이라면 누구나 소득의 원천을 찾을 수 있을 것이라고 주장한다.

물론 나이가 들어 기력이 없거나 젊지만 병들었거나 장애가 있거나 사회적으로 어려움이 있는 일부 개인은 그들의 가족이 부양 의무를 다하지 못한다면 사회가 이들의 생계를 책임져야 하는 의무가 있다고 인정하기는 한다. 자녀가 많더라도 알뜰살뜰하게 아끼고 살면 적은 소득이라도 가족을 부양하기에는 충분할 것으로 생각한다. 가족의 행복은 돈에만 있는 것이 아니라 도덕적인 행동에서 기인한다고 주장한다. 또한 모든 사람에게 소득을 올릴 충분한 기회를 기존 사회가 제공하되 그 기회를 얻는 이는 성실하고 근면하며 민첩하게 행동하고 절약 정신이 있어야 한다고 한다.

지금까지 간략한 요약으로 19세기 말부터 시작된 스웨덴의 인구문제에 대한 두 가지 다른 접근 방식을 설명했다. 사람들은 우리 사회의 특정한 문화 공간 내에서 대략 앞에서 설명한 것과 같은 방식들 중 하나로 생각한다. 그러나 조금 각성한 사람들 사이에서는 생각이 완전히 다르다. 처음에는 30년 전보다 조금 더 불분명한 태도를 보였다. 그 가장 중요한 원인은 이미 말한 바와 같이 출산율의 실질적인 추세다.

급진적인 신맬서스주의자들은 그들의 간절한 기도에 응답을 받은 것이나 다름없다. 출생률이 절망적인 수준으로 하락한 것이다. 그리고 출생률은 계속해서 떨어지고 있다. 그 바닥이 어디인지 아직 보이지 않는다. 현 추세로 보면 현재 사회를 지탱하고 있는 핵가족은 계속해서 더욱더 빠른 속도로 감소할 것으로 보인다. 이 현상은 생각지도 못한 것이다. 동시에 기술의 발전이 노동력이 부족한 상황을 근본적으로 변화시켰다. 실업률은 기록적으로 높고 끔찍하다. 그러나 이것이 자연 자원의 부족 때문이 아님을 우리 모두 알고 있다. 따라서 우리는 단순히 출생률이 감소하면 실업률도 감소할 것이라고 믿어야 할 이유가 없다는 결론에 도달할 수 있다.

현재 우리가 사용하고 있는 기술의 발전으로 더 많은 인구가 더 향상된 생활수준을 영위하면서 먹고살 수 있게 됐으며, 기술은 지속해서 발전하고 있다. 더는 자원 부족이나 인구 증가가 문제의 핵심이 아니다. 기술 발전의 속도를 따라잡지 못하는 생산과 분배의 사회적 제도가 문제다. 산업의 빠른 발전으로 생활수준이 얼마간 향상되었으나 끝끝내 맬서스주의가 주장하는 자원 부족의 논리를 이제는 영구적인 '과잉생산의 위기'에 적용하고 있다. 따라서 인구문제도 완전히 새로운 국면을 맞이했다.

오늘날 전대미문의 기술 발전과 동시에 시작된 인구의 급속한 감소로 사회적인 문제에 대해 급진적인 입장을 취하는 이들은 사고를 전환해야만 한다. 출생률 하락을 막을 방법을 찾는 것에 관심을 기울일 수밖에 없게 되었다. 그렇다면 어떻게 해야 할까? 긍정적인 인구정책으로 이용 가능한 방법은 무엇일까? 출산 제한과 다른 국가들의 경험 사이에서 나타나는 반작용에 대한 사회적 분석을 통해 한 가지는 분명히 알 수 있다. 경제적 분배의 소규모 조정으로는 충분하지 않다는 것이다. 출산 장려, 다자녀 가정 세금 혜택 등 이와 비슷한 방법으로 우리는 잠시나마 긍정적인 인구정책이 진행될 수 있다는 희망적인 생각을 도출할 수 있겠으나, 이런 정책들은 출산율 증가에 영향을 미치지 못할 것이다. 희망 사항만 열거할 것이 아니라 보다 근본적인 사회 개혁을 단행해야 한다.

그런 개혁은 자녀 양육의 부담 및 소득이 각기 다른 가정들 사이에 급진적인 재분배가 이루어져야 한다는 문제에 봉착한다. 국민의 생활수준을 향상시키는 것을 목적으로 하며, 동시에 자녀 양육에 대한 기본적인 부담을 전체 사회의 중요한 의제로 설정함으로써 급진적인 분배정책을 현실화하는 예방적 사회정책이 추진되어야 한다. 대부분의 사회제도(먼저 가족제도)들이 이러한 방향으로 재설정되어야 하며 사회정책 전반에 대해 새롭게 접근하는 것이 우리 모두를 위한 일임을 깨달아야 한다. 그리고 그 근간에는 국가 경제의 문제가 있다. 즉, 어떻게 해야 우리는 우리의 노동력, 천연자원 및 기술을 활용하여 더 효율적으로 생산력을 증대할 수 있을까? 생산력 증대는 삶의 수준 향상에 즉각적인 영향을 미칠 뿐만 아니라 경제적인 안정에도 이바지하기에 그 자체로 매우 중요하다. 인구정책의 관점에서는 분배정책 및 사회정책의 개혁을 위한 동력 마련에 중요한 전제가 되기에 더욱 중요하다. 우리가 무책임하고 뻔뻔한 사회정책의 사기 행위에 만족하기를 거부하고 인구 감소를 막기 위해 내릴 수 있는 긍정적인 결론은 사회 개혁의 요구에 응해야 한다는 것이다.

이 책은 그러한 인구정책의 큰 그림을 찾기 위해서 쓰였다. 우리의 문제의식은 시대 발전을 전혀 따라가지 못하는 1880년대의 급진주의적인 인구정책의 청산에서 출발한다. 의견도 시간이 지나면서 나이가 들고 또 소멸하기에 이는 전혀 이상한 일이 아니다. 정치적인 의견은 변화시키고자 하는 사회적 상황과 발전 방향에 부합해야 한다. 따라서 사회적 상황과 발전 방향을 변화시키고자 한다면 의견을 바꿔야 한다. 그렇게 하지 않는다면 실질적인 사회문제와 연관이 없는 불합리만이 남게 될 것이다. 이런 의미에서 오래된 급진주의 이데올로기 정치는 가장 혐오스러운 것에 속한다. 그것은 필연적으로 사회적 보수주의로 변화하는데, 이는 오늘날의 젊은 사고들이 근본이 없다고 쓸쓸해하는 모습에서 쉽게 알아차릴 수 있다. 이즈음이 되면 과거에 급진주의자였던 인생의 선배들이 변화된 문제의 전제조건들을 전혀 이해하지 못하는 모습을 자주 보게 된다. 그들의 의견은 역사의 맥락에서 우리가 살아가야 하는 현재와는 동떨어진 그들의 시대에 속하는 역사적 현상으로 존중되어야 한다.

그러나 반맬서스주의 보수주의자들의 상황도 마찬가지로 좋지 않다. 적어도 그들은 도덕과 종교를 비교적 더 심각하게 고려했고, 사회정책 내에서 계급 이기주의에 기인한 실행 의지의 부족함을 변명하지는 않았다. 사회의 실질적인 발전과 상충하는 도덕적 이상을 추구하는 것은 쉽지 않다. 모든 도덕은 어느 정도까지는 타협해야 한다. 피임의 확산을 막기 위해 사용했던 방법, 예를 들면 해당 행동의 불법화 및 설교 같은 것들은 그리 효과적이지 못했다. 그렇다면 이런 질문을 던질 수 있다. 그 외에 어떤 방법이 있을까? 이 문제에 대해 보수주의자들은 아직도 이를 명확하게 인지하지 못하고 솔직하게 받아들이지 못하고 있다. 사회정책적인 결과만을 공격했을 뿐이다.

　기본적으로 출산율 저하에 대한 윤리적인 의분은 이미 주장의 근거를 상실했다. 현시대의 문학작품, 자서전, 가족 간의 구전 전통, 재판 기록 및 통계를 보더라도 우리는 피임이 없었던 1800년대에도 인간이 그다지 윤리적이었거나 조화롭지 않았음을 알고 있다. 그리고 이성적으로도 봐도 피임에 대한 접근성이 여러모로 다양해지고 용이해진 사회에서 자라난다고 해서 젊은이들이 윤리적으로 혼란을 겪을 것이라는 생각은 의심스럽기 짝이 없다. 많은 경험에 비춰 보고 또 선입견을 제외하고 관찰하면 오히려 이전 세대보다 요즘의 젊은이들이 명료하고 진지하며 또 책임감이 강한 것으로 보인다. 물론 오늘날에도 반사회적인 요소들을 지닌 모임들이 있긴 하지만 그런 모임들은 늘 존재했다.

　인구문제에 대해 비관적이거나 비판적인 사람들은 그 이유가 수도 없이 많을 것이다. 그렇기 때문에 1800년대와 세기말에 있었던 명확한 의견 분열이 일반적인 방향의 상실을 가져왔다고 해도 무리가 아니다. 그러나 곧 의견의 노선은 분명해질 것이다. 인구문제는 새로운 국면을 맞이하여 이데올로기 정치 논의의 중심이 될 것이다. 나는 다음 세대에서는 아마도 인구문제가 사회정치적 방향의 전부를 결정하게 될 것이라고도 믿는다. 적어도 인구문제는 모든 문제의 주요 의제로 어쩔 수 없이 다룰 수밖에 없을 것이다. 인구문제는 그러면서 여러 가지 내용으로 발전할 것이다.

이 위기는 이제 막 시작했을 뿐이다. 의견의 분열은 짧은 과도기적인 현상이며 1930년대의 정치가 빠른 변화에 영향을 받은 것과 마찬가지다.

1장

맬서스주의와
신맬서스주의

지속적으로 심각해지고 있는 인구문제에 대한 새로운 견해에 관해 신중하게 생각해볼 필요가 있다. 인구문제에 대한 이와 같은 미래 견해에 관한 연구는 기술 발전의 결과로 부상할 새로운 사회 정책과 새로운 경제적, 도덕적, 심리적 전망에 대한 방향을 제공하기에 더욱더 흥미롭다.

그러나 우선은 완전히 과거지사가 된 이데올로기의 발전에 대해 간략하게 먼저 복습해보고자 한다. 견해가 완전히 전환되는 국면에서는 과거의 견해들을 살펴보는 것도 현명한 일일 것이다. 그렇게 하지 않으면 우리가 현재 무엇을 논하는지 파악하기 힘들다. 지난 수십 년간 화석처럼 보존된 사고와 이념으로부터 새로운 생각이 발현되는데 우리가 이를 의식하지 못하는 경우가 많다. 이미 죽은 이념은 우리의 상상이나 견해의 밑바닥에서 흘러 다니는 끈적한 진흙처럼 존재한다. 과거를 되돌아보면서 생각을 정리할 수 있다. 여기에 바로 역사적 사고의 가치가 있는 것이다. 이런 역사적 사고는 우리가 죽은 자들의 삶에서 벗어나 우리 자신의 삶을 살 수 있게 한다.

전통은 우리의 상상과 의견을 비합리적으로 묶어놓는데, 이에 대해 지적으로 설명하고 비판하고 수정하면서 극복할 수 있다. 다음에 이어지는, 이데올로기의 역사 노선을 광범위하게 설명하려는 노력은 지면상의 제약으로 불완전할 수밖에 없다. 인구문제 논의의 시작이 된 사상의 전체 내용을 이해하고 싶은 사람들은 1930년 스톡홀름에서 발행된《거시경제 내의 과학과 정치*Vetenskap och politik i nationalekonomien*》와 1932년 코펜하겐에서 발행된《소시얼트 티드스크리프트*Socialt Tidsskrift*》에 수록된〈사회정책의 딜레마*Socialpolitikens Dilemma*〉, 1932년의《스펙트럼*Spektrum*》제3호 및 제4호를 참고하기를 바란다. 그러나 이 논문들에서는 인구문제를 특별히 다루고 있지는 않다.

맬서스주의

이데올로기 역사의 관점에서 인구문제를 포함한 전반적인 사회정책의 투쟁은 1700년대에 이루어졌던 사유재산에 관한 보수주의와 급진주의 간의 오래된 충돌에 기인하고 있다는 사실을 분명히 해야 한다.

국가의 독점적인 교육 시스템에 근간을 두고 있는 중상주의 경제는 빈곤에 대한 저속한 견해, 가령 '가난한 사람들은 끈질겨서 노동력이 저렴하고 곡물이 귀해도 살아남는다' 또는 '어려운 시기는 축복이다. 왜냐하면 가난한 자들이 부지런해지기 때문이다'라는 의견을 견지하면서 빈곤 문제를 완전히 냉소적으로, 또 이해할 수 없는 무관심으로 대했고 이 문제를 진지하게 정면으로 마주하는 것을 회피해왔다.

그러나 18세기에 분명했던 계몽주의 사상이 오늘날 갈등의 근간을 형성하고 있다. 따라서 모든 사회적 고찰은 두 가지 주요 흐름으로 귀결된다. 첫 번째는 보수주의다. 이 흐름은 중농주의와 초기 계급 경제학 이론에서 전체적으로 발전한 것으로 개인주의적 자유 개념에 중점을 두었고, 사회 및 사유재산 보장의 자유주의를 구축했다. 또 다른 하나는 급진적이고 유토피아적인 이상주의로서 루소주의적 무정부주의 또는 사회주의다. 이 흐름은 자유주의 개념에는 동의했으나 이 개념을 사회적 평등과 연관 지으려고 하면서 경제적 혁명으로 이어졌다.

급진적인 사회 이론가들은 보수주의자들이 사유재산의 상속 및 소유가 당연한 권리라고 말하는 것을 지적하면서 효과적으로 이들을 비판할 수 있었다. 그들이 말하는 자유는 부자만의 자유인 것이다. 급진주의 이론가들은 이 점에 대해서 반드시 비판해야 했다. 그들이 추구하는 유토피아의 핵심은 사유재산 제도를 변화시킴으로써 이 모진 세상을 에덴동산으로 바꿔놓는 것이 가능하다고 믿는 것이다. 그런 측면에서 급진적인 유토피아적 이상주의는 사회적으로 혁명적이다.

이 급진적인 사회 이론은 기본적으로 같은 맥락에서 보수주의자들에게 확실히 비판받았다. 토머스 로버트 맬서스Thomas Robert Malthus가 바로 그랬다. 그가 자신의 저서에서 인구의 증가가 계속해서 식량 공급에 압박을 가한다고 쓴 것도 사회제도 한두 개를 바꾼다고 해서 천년의 왕국을 세울 수 없음을 증명하기 위한 것이었다. 맬서스의 이해에 따르면 비극에는 더 심오한 원인이 존재했다. 그는 '인간 본성' 그 자체가 원인이라고 믿었다.

이것이 시대를 막론하고 보수주의와 진보주의가 사회문제를 바라보는 관점의 깊은 차이다. 모든 차이는 얼마나 많이 개인에게 책임을 돌리고, 얼마나 많이 사회에게 책임을 돌리는가에 달려 있다. 루돌프 셀렌Rudolf Kjellén은 이를 두고 이렇게 표현했다. 진보주의자는 기회가 도둑을 만든다고 생각하기를 원하는 반면, 보수주의자는 도둑이 기회를 만든다는 생각에 치우쳐 세상을 바라본다고 말이다. '인간 본성'에 대한 비관적인 접근은 모든 보수주의적 정치 논리에 포함되어 있다. 이것이 지배계급의 경제적인 이해 보호에 이기적으로 또 솔직하게 동기를 부여하고 있으나 이는 조만간 구태가 될 것이다. 맬서스의 인구 이론도 예외가 아니다. 맬서스의 '인간 본성'에서 출발한 주장은 이제까지 나온 것들 중 가장 영리하게 사용된 반동적 논리였다.

맬서스가 사회의 투쟁에서 더 나은 논리의 필요성을 강하게 느껴 익명으로 인구문제에 관한 논문을 출간했을 당시, 세상의 반응은 대단했다. 1800년대로 들어가 살펴보면 당시 이데올로기 정치 상황은 다소 독특했다.

겉으로 보기에는 진보주의자들이 좋은 패를 다 가진 듯했다. 부르주아 자유주의는 이론적으로는 진보적이었으나 현실적으로는 보수적이었다. 1700년대에 인류는 모든 인간이 평등함을 문서로 만들어 천명했다. 이 원칙은 우리가 다 알고 있는 선언문들에

명시되어 있고, 미합중국과 프랑스에서는 사회의 기본권으로 여겨지고 있다. 1776년의 〈독립선언문〉이 그러하고 1789년의 〈인간과 시민의 권리 선언〉이 그러하다. 이런 평등에 관한 원칙은 또한 향후 100년 이상 경제적, 정치적 사상을 지배하는 공리주의의 원칙에 계속해서 안정적으로 반영되었다.

'최대 다수의 최대 행복'이라는 공리주의 원칙에 따르면, 사회에서 일어나는 모든 현상은 기본적으로 평등을 전제로 해야만 정치적으로 정당하기에 이를 근거로 고려되어야 한다고 주장한다. 그러나 이런 사회의 행복을 계산할 때 사회적 행복은 각 개인의 행복을 개인 차원에서만 계산해야 하며 그 이상도 이하도 아니어야만 한다. 그렇지 않으면 잘못된 것이 된다. 이런 방식의 평등 원칙은 공리주의를 주장하는 철학자와 경제학자들이 강조했으며 특히 제러미 벤담Jeremy Bentham과 존 스튜어트 밀John Stuart Mill은 이 결과에 분명한 시각을 가지고 있었다.

평등 원칙은 보수, 진보를 모두 막론하고 그 시대의 사회경제적 사고의 주요 근거였는데 벤담이 주창하고 이후 고전주의 학파가 물려받은 '한계효용의 법칙'으로 더욱더 견고한 입지를 다지게 되었다. 1크로나가 잉여로 남아 미약하게나마 생활의 만족도를 높일 수 있다고 한다면 소득이 클수록 만족도가 낮아짐을 의미하므로 1크로나는 부자보다는 가난한 자에게 더 "가치"가 있다. 그렇게 가정하면 당연히 사회 전체의 만족도는 더 증대될 것이기에 부자에게서 가난한 자로 분배하는 것을 정당화할 수 있다. 소득과 자산의 평준화를 위한 정치적 행위는 이러한 관점에서 경제적으로 완전히 평등한 것이라고 정당성을 부여받는다.

같은 맥락에서 고전주의 경제학은 여기에서 한발 더 나아가 가치론 내에서 노동 원칙을 계승하는 자연권을 수용했다. 후에 카를 마르크스Karl Marx도 수용하고 활용한 이 원칙은 인간의 노동만이 '가치 창출'에 이바지한다는 관점에서 출발하여 전체 생산 결과에 대한 자연적인 '권리'를 주장했다. 물론 개인 간의 노동 능력은 각각 다 다르겠으나 사람들은 각자의 노동력을 생산자본보다 더 평등하게 투여한다고 생각했다.

부르주아 시민 경제는 자산 급진주의를 기본 원칙으로 삼았다. 정치 이데올로기 발전을 지지하던 지식인 부르주아 계급 내에서는 노동 및 농민계급이 그 시대에는 아직 자신의 목소리를 내지 못하는 핍박받는 대중으로 여겨졌지만, 젊은 세대의 더 많은 이들이 보수적인 태도에 단호히 대항했다. 이는 나폴레옹전쟁 이후 정치적, 문화적으로 반향을 일으키며 역사적으로 구체화되었다. 기득권 젊은이들은 프랑스혁명에서 급진주의의 열정과 현실적인 실용 사이의 갈등에 대한 교훈을 배웠다. 이러한 보수 내에서 견해의 반전은 맬서스가 윌리엄 고드윈William Godwin의 친구이자 추종자였던 그의 아버지와 한 논쟁의 결실로 그의 저서들이 나왔다는 사실을 고려하면 매우 극적인 전개였다.

이미 앞에서 언급한 대로 보수주의는 예후가 아주 좋지 않았다. 그들의 논거 자체가 자충수였다. 그들의 기본적인 경제철학의 관점은 급진적이었다. 특히 사회철학을 바꿀 수 없었기에 그 어려움이 컸다. (우리는 당시 사회과학과 이데올로기 정치의 발전을 지지했던 영국 학자들을 대상으로 하고 있다.)

공리주의 평등 철학은 처음에는 이전의 반론들 대부분을 냉소적이고 불가능하게 만들어버렸다. 예를 들어 더럽고 불편한 노동이 존재하고 이를 누군가는 해야 하는데 가난의 고난 아래 놓인 사람들이 이런 일을 맡아 하고 있다는 사실을 옹호하는 것은 불가능하다.

다른 논리는 분명 조금 더 유용했다. 사회 안전 논리였다. 세기말 공리주의적인 사회 이론의 방향을 설정한 벤담은 이 오래된 보수주의의 주장을 수정하고 좀 더 설득력 있게 만드는 데 많은 노력을 기울였다. 그러나 그 효과는 미미했다. 함께 안정적으로 또 안전하게 살고자 하는 관심은 오히려 관대한 사회 개혁 의제에 동기를 부여했고 기득권의 재산 소유가 유지되는 것과는 거리가 있었다. 그리고 주로 보수주의자에 반대하는 진보적인 평등주의자들이 실행하는 개혁 방법이 합리적이었다. 그들은 급진적이고 폭력적인 혁명을 주장하지 않았다. 그들이 대변하는 유토피아는 강력한 혁명의 파토스를 외치면서도 혁명의 준비는 전혀 없었던, 이 두 현상의 묘한 조합 안에 존재하고 있었다.

오래되어가는 이 논쟁을 데이비드 흄David Hume 등이 다시 역설했는데, 결국 원칙적으로는 틀렸다 하더라도 경제적인 불평등은 사람들에게 근면 절약 정신과 진취적인 태도를 갖게 하여 궁극적으로는 유용하다는 주장을 재개했다. 하지만 자유주의자들이 계속해서 주장하듯이 지속적으로 자유경쟁이 있는 모든 곳에서 자유롭고 평등한 재능이 존재한다는 이상적인 가정은 빈민적 산업주의에 대항하기 위해 빠르게 발전하는 영국처럼 오래된 계급 사회 같은 곳의 조건과는 일치하지 않았다.

그렇지만 정치적 견해의 발전은 논거가 부족하다고 해서 중단되지 않는다. 카를 마르크스 이후에 우리가 교훈을 얻었듯이 이런 사상은 합리적으로 그 어떤 근거도 찾아볼 수 없는 결과였으며, 전체 사회적, 경제적 발전에 대한 이데올로기의 형성에 불과했다. 논리는 필요한 곳에 있기 마련이다. 회의론을 찾는 이들은 이미 결론을 내리고 있다.

자산 보수주의자들의 논리적 필요 때문에 고전적인 인구문제가 부각되기 시작하여 가족, 소유권, 자산 불평등과 같은 제도를 방어하기 시작했다. 목사였던 맬서스는 진심 어린 마음으로 가장 급진적인 사회를 바라보는 시각과 철학을 내포하고 있던 공리주의에 대항하는 부르주아 보수주의 논리의 여러 생각들을 모아 그가 속한 계급을 방어하고자 노력했다.

맬서스는 진보적인 사회 개혁가들이 사회적인 문제가 제도에만 있다고 주장하는 것이 큰 실수라고 주장했다. 그는 따라서 모든 원인을, 심지어 경제적인 필요로 생긴 빚까지도 개인의 책임으로 돌렸다. 그는 기득권이 비용을 치르면서까지 노동계급을 상승시키려는 노력은 장기적으로 인구수를 늘리는 결과를 초래할 것이고, 이는 또 다른 불행을 초래할 것이라고 했다. 이것이 맬서스가 《인구론 *Essays on Population*》에서 증명하고자 한 바다.

그는 인구가 계속 증가하면 식량 문제를 초래할 것이라고 주장했다. 인구 증가의 동력은 늘어난 인구를 먹여살려야 하는 동력보다 훨씬 강하다고 주장했다. 수확체감의 법칙을 따르는 먹여 살릴 가능성에 대한 고찰은 이후 고전주의 학파의 자유경제 분배에 영향을 미쳐 '지대세'를 도입하게 되었다. 맬서스는 인구 증가도 몇몇 억제 요소로 자연히 제한된다고 생각했다. 그는 그러한 억제 요소에 두 가지가 있다고 믿었다. 예를 들어 전쟁, 전염병, 기아 등 기타 비참한 사건들로 이미 출생한 이들을 사망하게 하는 요소를 '적극적 요소'라 일컬었다. 또 다른 억제 요소인 '예방적 요소'는 출생률 자체를 자연스럽게 낮추는 요소라고 칭했다.

그는 이론적으로 '예방적 요소'로는 우리의 생존에 압박을 가하는 인구 증가를 억제하는 힘을 갖추기가 어렵다고 주장했다. 인구 규모의 통제에 가장 우선적인 역할을 하는 요소는 대부분 '적극적 요소', 즉 많은 이의 죽음을 초래하는 비극이라고 보았다.

이 사상을 약간 수정하면 고전적인 분배 이론에 들어간다. 즉, 노동자의 생활수준과 근대적 의미에서 노동자들의 실질임금은 어느 정도 일정하다고 여겨왔다. 그런데 실질소득의 증가가 영양 상태의 호전으로 이어지면 일시적으로 '적극적 요소'를 완화하여 불행으로 발생하는 사망률이 저하되어 인구 증가의 결과로 이어진다.

이러한 이론에서 맬서스는 우리가 잘 알고 있는 결론에 다다른다. 즉, 부자는 소유한 것으로 무엇이든 해도 되고, 가난한 자들은 사실상 살아갈 권리가 없다는 결론에 이르게 된다. 다 자기 자신의 책임이라는 것이다. 비참한 사건들이 발생하는 것은 어쩔 수가 없다고 생각하기에 이르렀다.

가끔 맬서스의 설교에는 가혹한 보복 이론의 목소리가 포함되어 있었다. 정의와 명예를 생각해서 가난한 사람들을 위한 법적인 책임을 단호히 거부해야 한다고 맬서스는 말했다. 태어나면서 부모라는 일생 일대의 복권 뽑기에 실패한 아이들은 이미 자리가 다 꽉 차 있는 세계에 들어갈 수 없고, 그들의 부모가 그들을 먹여 살릴 수 없다면 그들은 쌀 한 톨도 먹을 권리가 없다고 했다.

그들은 이 세상에 있을 필요가 없다. '자연의 황홀한 잔치'에 따르면 이 세상에 그들을 위한 자리는 없다. 위대한 자연은 그들에게 사라질 것을 명하고, 신속하게 명령이 실행되도록 한다. 그리고 합법적인 고객들 즉, 기득권자들은 불행한 자들을 위해 공간을 마련하지만, 그것은 수많은 불행한 자들이 구제받기 위해 밀고 들어오는 결과만을 초래할 뿐이다. 그럼으로써 질서와 조화는 자연에서 사라지게 되고, 합법적인 고객들의 노력은 불행이 파고들게 되면서 수포로 돌아가게 된다. 위대한 자연이 행복할 수 있는 자들의 수를 제한하고 있다는 교훈을 배우기에는 이미 늦었다. 자연의 법칙에 위배되는 행동을 할 경우, 자연은 이를 바로잡고자 통제하고 벌을 내린다. 자연이 내리는 벌은 '필요'다. 자연의 법칙은 하나님의 법칙으로 가난한 자들은 그 어떤 권리도 없다고 주장했다. 사회학자인 윌리엄 고드윈은 자신의 논문에서 '가난한 자들이 끔찍한 생활을 하는 것은 그들의 필요 때문이지, 그것을 그 누구도 강요하지 않았다'라고 썼다.

이러한 주장은 맬서스의 후기 저서들에서 그 논조가 조금 부드러워졌으나 정치적으로 내포하는 내용은 전혀 달라지지 않았다. 가장 중요한 변화는 장황한 역사적, 통계적 자료를 첨부하기 시작한 1803년 개정판에서 맬서스가 '예방적 요소'에 대해 약간 수정한 것이다. 반대의 현상이 일어나는데도 1798년 저서에서 그는 예방적 요소는 모두 '부도덕'이라고 주장했다. 그에 따르면 선택은 불행과 부도덕 사이에 있었는데, 그 결과 그는 합당한 비판을 받게 되었다. 인간들이 계속해서 끔찍한 선택을 계속하는 것은 하나님의 은혜와 지혜를 진정 비웃는 것이고 정의나 권리에 대해 말하는 것이 불합리하다는 비판을 받게 된 것이다. 그 이후 맬서스는 부도덕과 함께 항상 '도덕적 금욕'이 예방적 요소이며 도덕은 그로써 완전무결하다고 주장했다.

맬서스는 '도덕적 금욕'이란 결혼을 늦은 나이까지 미루는 것이지 결혼한 상태에서의 금욕주의가 아니고, 몇몇 피임 방법이라고 설명했다. 맬서스는 항상 이것을 설교했지만, 그는 도덕적 금욕에 대해 그리 희망적이지 않았다. 그는 부도덕으로 이어지지 않기 위해 도덕적 금욕을 실행하는 것의 어려움을 인지하고 있었다.

맬서스 목사의 가르침에 대한 사회주의 이론가들의 열정적인 반응은 우리가 방금 강조한 인구문제는 하나의 표현에 불과했던 더 깊은 정치사상의 차이를 보면 쉽게 이해할 수 있다. 그들은 물론 인구의 규모와 생활수준 향상의 문제가 상호 관련이 있음(즉, 맬서스의 인구법칙 이론 그 자체)을 부인할 수는 없었을 것이다. 부인해야 하는 이유도 별로 없었다. 왜냐하면 맬서스가《인구론》의 아이디어를 그들의 저서에서 가져왔기 때문이다.

그러나 그들은 맬서스가 믿었던 것처럼 그 상관관계가 직접적이고 간단하다는 것에 대해서는 반대했다. 또한 그들은 사회구조의 근본적인 변화가 생산의 급격한 증대를 가져올 수 있다고 주장했다. 단순히 상류층의 고가 소비를 제한하고 그 고가 소비품의 생산에 바탕이 되는 노동력을 자유화하는 것이 아니라 전체 생산 체계의 효율성을 제고함으로써 생산의 급격한 증대가 가능하다고 보았다. 결론적으로 그들은 인구 증가가 생존 자원의 한계를 초래한다는 주장에 의구심을 품었다. 그들은 '인간 본성'이 더 개선될 수 없다고 보는, 회의적이고 생물학적인 맬서스의 원칙에 공감하지 않았다. 특히 여성이 경제적, 사회적으로 해방되어 독립된 객체가 되면 재생산에 대한 자연의 섭리에 대항하여 출산을 하지 않을 것이라고 생각했다.

마르크스를 통해서 이 사회주의적인 저항은 부분적으로 다른 노선을 택했다. 인구문제는 이제 합리적인 유토피아 건설에 대한 직접적인 문제가 아니었다. 인구문제는 어느 정도까지 주요 어젠다에서 사라지게 되었다. 그러나 인구에 대한 사회주의의 태도가 달라지게 된 것은 커다란 성과라고 볼 수 있다.

마르크스는 실업자들을 산업적 '예비군'으로 계산하고 이들이 계속해서 증가할 수밖에 없다고 보았다. 자본주의가 이제는 궁극적인 끝장 전쟁으로 치닫고 있다고 믿었기 때문이다. 그러나 마르크스는 대량 실업이 '자연적인 과잉 인구'의 결과가 아니라고 했다. 그는 대량 실업이 생존 요소의 제한 때문에 발생하는 것으로 자본주의자들이 프롤레타리아들을 착취하는 경제적 제도 자체에 기인한다고 주장했다. 즉, 제도적인 한계 때문이라고 생각했다. 프리드리히 엥겔스Friedrich Engels는 맬서스의 이론이 '악명 높고 저급한 공상적 이론'이라고 하며 '여기 거시경제학의 부도덕함이 그 정점에 달했다'라고 외쳤다. 카를 요한 카우츠키Karl Johann Kautsky는 처음에는 마르크스 이론에 의구심을 품고 이에 동조하기를 꺼렸으나 이후 전통적인 사회주의의 입장에서 가장 날카로운 비판을 했다.

리처드 샌들러Richard Sandler는 사회주의 노선에서 가장 오래되고 영원히 저버릴 수 없는 원칙에 동의하면서 그의 저서《그 자체로서의 사회(Samhället sådant det är)에서 다음과 같이 밝혔다. '스웨덴은 먹여 살릴 입이 너무 많은 것과는 거리가 멀다. 오히려 우리의 자연이 주는 부를 캐낼 손이 부족하다. 따라서 번영의 결핍을 이민이나 피임으로 해결하는 것은 사회적 돌팔이 의사의 처방이다.' 샌들러는 이를 1911년 초판에서만 주장한 것이 아니라 1924년의 2판에서도 주장하고 있는데 이 시기는 제1차 세계대전 이후 이루어진 짧지만 강력한 '진보주의의 부활'로 사회주의도 많은 측면에서 진보화되던 때로, 스웨덴에서 다시 천연자원 '부족'에 대해 과장된 의견들이 나타나면서 맬서스의 이론이 오랫동안 잊혔으며 다시 실질적으로 대두되어야 한다고 잘못 주장되던 시기였다.

그래서 인구문제에 관한 우리의 입장은 장기적으로 중요한 것이 아니라고 하더라도 최근의 사회주의와 약간은 '급진적인' 자유무역의 절충주의인 신고전주의 사이에 선을 그으려고 하고 이에 대해 곧 논의를 하도록 하겠다. 그러나 사회주의자들은 일반적으로 인구문제를 등한시하려는 경향이 강했다. 그들은 그들의 개혁을 가까운 미래에 실행하리라고는 생각조차 할 수 없었기에 사회정치적인 이유로 신맬서스주의를 택할 수밖에 없었다. 이러면서 사회주의의 입장은 원칙과 실제 사이에서 불분명해지고 또 문제를 회피하는 게 되었다. 크누트 빅셀Knut Wicksell은 전형적인 고전주의자로 동시대의 사회주의자들의 이해를 비판하면서도 그와 생각을 같이하는 이들도 인구문제에 대한 이해가 제한적이고 부족하다고 비판했다. 그는 모든 사회문제의 해결책을 방치하지 않고자 한다면 이 문제에 대한 통찰이 얼마나 필요한지 역설했다. 이런 측면에서 사회주의는 모든 진보에도 1880년대의 자유주의적 급진주의와는 현저하게 다른 인구 정치적 입장을 형성하는 데 명확하고 신중한 사고가 없었다는 빅셀의 생각이 옳았다.

신맬서스주의

고전경제학파와 실용주의 사회 개혁가들이 포함된 맬서스와 가까운 제자들이 발전시킨 인구이론은 훨씬 더 흥미롭고 의미가 있다.

우리는 지금, 예를 들어 존 스튜어트 밀의 복지 절충주의까지 이어지는 '신자유주의'와 관련해 조심스럽게 급진적인 사상의 주류를 목도하고 있다. 이미 영국은 '신자유주의'를 1800년대 중반부터 완전히 발전시키며 앞서 나아가고 있었지만, 스웨덴은 이 사상을 받아들인 지가 10년밖에 되지 않았다. 동시에 맬서스주의가 '신맬서스주의'로 바뀌었다. 이러한 발전을 맬서스 자신은 혐오했지만 이런 현상은 이미 그가 살아 있을 때 전개되었다.

신맬서스주의자들은 맬서스가 '부도덕'이라고 칭했던 인구 증가의 예방적 억제 요소에 관심을 두었다. 상당히 광범위하게 이런 주장들이 있었다. 이들은 프랜시스 플레이스Francis Place가 말했듯이 안전하고 저렴한 피임 방법을 대중에게 보급할 수만 있다면 이 재앙적인 인구 법칙을 완전히 뒤엎을 수 있을 것이라고 믿었다. 이들의 주장에 따르면 출산 제한은 '부도덕'과는 정반대였다. 출산 제한이 불행과 부도덕의 상호작용을 예방하기도 하고 결과적으로 전체 경향을 통제할 것이라고 보았기 때문이다. 이러한 생각은 완전히 실용주의적 도덕철학에 대한 관심의 결과로 영국에서는 모든 사회문제를 바라보는 주요한 시각으로 자리 잡고 있었다. 즉, 어떤 행동 그 자체만으로 옳고 그름을 판단할 것이 아니라 전체 국민의 이익 측면을 고려한 결과로 평가해야 한다는 것이다.

이 결과론은 이미 말한 대로 과거지사가 되어가고 있다. 그 대신 이제는 시민계급에서도 급진주의적인 논거가 필요하게 되었다. 맬서스주의에서 탈피한 신맬서스주의의 발전은 인구문제의 사상적 전환을 대표한다. 맬서스주의는 가난한 자들에게 실행이 불가능한 것을 알면서도 '도덕적 금욕주의'를 설파하면서 결국 부도덕과 어쩔 수 없는 불행이 닥친다고 했다. 따라서 가난한 자들을 돕기 위한 모든 경제적인 조치는 모든 면에서 쓸모없는 것이었다. 조치를 취한다 해도 매우 한시적이었으며 결국은 부도덕과 불행이 일어나는 것을 뒤로 미루는 것에 지나지 않았다. 맬서스주의자들은 가난한 자들은 욕구를 어찌할 줄 모르는 족속이라고 생각했다. 애초에 보수주의적인 관점에서 출발한 이 이론의 정치적인 시각을 전환해 조심스럽게 새로운 급진적인 방향으로 맞춰야 하는 시기가 도래했다. 그리고 그러기 위해서는 피임이 동원될 필요가 있었다. 이제는 맬서스와 대척점에 서는 것이 해결책이 되어버렸다. 결혼은 일찍 하되 자녀 출산을 합리적으로 미루는 것이 해결책으로 대두된 것이다. 자녀 출산을 제한함으로써 가난한 자들은 생활수준이 즉각적으로 개선될 수 있다. 즉, 가난한 자들의 생활수준을 저해하는 인구 증가를 피함으로써 복지의 부분적인 발전이 가능한 조건들이 형성될 수 있다.

이런 신맬서스주의 사상은 이미 1820년대에 영국에서 전파되고 있었다. 물론 이는 거센 저항에 부딪힌다. 맬서스는 자신의 이론에서 위험한 결론이 추론되었다는 사실에 우려하며 모든 '인공적이고 부자연스러운' 인구 증가의 억제를 단호히 혐오한다고 선언했다. 그는 신맬서스주의자의 주장은 그 자체로 굉장히 부도덕할 뿐만이 아니라 빈곤이 필연적으로 요구하는 근면과 사업가 정신의 자극을 없애려고 한다고 생각했다. (다른 근거의 지원으로 맬서스주의가 단순히 자산 보수적일 뿐이라는 이론의 성격을 이해하지 못하는 이들에게는 맬서스가 신맬서스주의에 대해 스스로 방어하는 모습을 보면 충분히 교훈적일 것이다.)

맬서스는 물론 모든 '지체 있는 사람'들이 어떻게 생각하고 느끼는지에 대해 단순히 언급했다. 모독과 사회적, 경제적인 보이콧 등 일반적인 사회적 제약들이 새로운 무신론의 확산을 억제하기 위해 실행되었다. 그리고 이는 상당히 오랫동안 성공적으로 진행되었다. 전체적인 움직임이 반反음성화되었고 1850년까지 꽤 약화되었다. 그러나 1860년대와 70년대에 들어서서 다시 가속도가 붙기 시작했다.

늦었지만 인구문제에 대한 논의가 스웨덴에도 도달했다. 1870년대 말에 웁살라대학교 내에서 많은 학생들 예를 들면 크누트 빅셀과 같은 학생이 이 세계적인 수수께끼에 대해 숙고하기 시작했다. 그는 그 당시 금서에 해당했던 존 스튜어트 밀의 자유, 새로운 도덕, 여성의 평등권 그리고 어쩌면 고전학파의 거시경제학에 관한 글들을 외부로부터 입수해 읽었을 것 같다. 그는 분명히 맬서스와 인구 억제에 대한 논쟁들을 알고 있었다. 그가 받은 마지막 자극은 무명으로 쓰인 신맬서스주의의 홍보물이었는데(영국 의사인 조지 두르스데일George Drusdale이 씀) 이것이 1878년 '사회 교훈의 기본 법칙'이라는 제목으로 스웨덴어로 번역, 출간되었다.

이 논의는 경제학의 발전에 셀 수 없는 혜택을 안겨주었다. 빅셀은 실로 천재였다. 그의 인구문제에 관한 관심은 경제학 연구로 이어져 시대를 앞서가기 시작했다. 특히 현대 거시경제학의 기본인 화폐와 자본 분야에서 그러했다. 그러나 이 책에서는 이미 스웨덴 밖에서는 오랜 논쟁거리였던 인구문제를 스웨덴에 전달한 그의 역할에 관심을 두고자 한다.

'희망은 여기에Hoppets Här'라는 금주 클럽이 웁살라대학교의 루터교 전도회관에서 모임을 열었을 때, 빅셀은 여기에서 강연하면서 알코올중독으로 발생하는 사회문제 및 여러 사회적인 불행 (특히 만혼, '이중 도덕성', 매춘)의 원인은 빈곤이라고 역설했다. 그는 인구 증가가 지속적으로 생존 자원을 압박한다는 맬서스의 이론을 인용하면서 후에는 신맬서스주의를 결론에 접목해서 결혼한 상태에서 자발적으로 자녀 수를 제한하는 것이 장기적으로는 사회를 더 이롭게 할 것이라고 주장했다. 그는 의사들에게 고정관념에서 벗어나 피임 방법을 널리 알리고 협회 등을 조직하여 회원들은 아이를 둘 또는 최대 셋만 갖겠다는 약속을 하자고 제안했다.

이런 주장을 펼치는 빅셀을 막을 것은 아무것도 없었다. 그는 스스로가 새로운 이데올로기의 선구자이며, 이러한 길을 걷는 자는 많은 역경을 마주할 수밖에 없다고 했다. 바로 다음 세대가 그의 행동을 높이 살 것으로 생각했다. 그는 "나라와 민족을 사랑하고 자신의 안녕보다 세계의 안녕을 우선하는 이들이 우리 후손들이 불행의 늪에서 허덕이는 것을 안다면 어찌 무관심할 수 있겠습니까? 우리가 모범을 보인다면 건전한 발전의 길에 건강한 힘을 보태는 것이 아니겠습니까?"라고 말하며 연설을 마쳤다.

　빅셀의 강연은 고요한 사회에 폭탄을 떨어뜨린 것과 같았다. 부르주아 계층 전체가 분노했다. 웁살라Uppsala는 작은 사회로 모두가 밀접하게 연결되어 있었고 전반적으로 문화적 특권층이었다는 것을 이해해야만 이 엄청난 파급력을 이해할 수 있다.[1]

　빅셀의 강연 이후 어디에서 어떤 반응이 일어났는지 연구해볼 가치가 있다. 그럼으로써 이 나라의 1800년대 급진주의 이데올로기의 출발점을 찾을 수 있을 것이다. 다음의 언급들은 당시 자신들에게 도전한다고 생각했던 웁살라 지식인들의 주장들이다.

　오베리Åberg L. H.라는 철학박사는 지금은 사라진 보스트룀Boström 학파의 학자였는데 아예 대놓고 도덕적인 오만을 보였다. 그는 빅셀이 부도덕하고 사회적으로 위험한 생각을 끔찍하게 펼쳐서 '마음속에서부터 진실을 담아' 그를 비판할 수 있다고 말했다. 그는 빅셀이 결혼을 매춘과 동급으로 만들었다고 말했다. 그는 '앞으로 태어날 인간'의 권리와 '특히 여성들(너무나 많은 가난한 젊은 여성, 너무나 많은 미혼 여성)이 임신을 두려워하는 것은 결혼 밖의 관계를 갖는 데 억제력이 있다는 것'을 들어 흠집 잡기식의 논리를 대며 빅셀이 악마의 목소리를 대변하고 있다고 했다. 그는 '성스러운 것을 저급하게 끌어내렸다. 이것은 바알 신의 숭배다. 색정을 못 이겨 두 팔을 벌려 외치노라. 바알 신이시여, 우리의 목소리를 들으소서!'라고 쓰며 그의 첫 신문 칼럼을 마무리했다.

　오베리의 이런 인용 문구는 당시 논객들의 논조를 잘 나타내는데, 도덕과 종교, 공공의 품위를 위한 논쟁의 내용들이다. 매우 자주 그러하듯이 이번 경우도 '선하고 독실한 자'들이 가장 저급한 암시와 불명예스러운 논리와 사회적 무지를 사용했다. 그리고 전국 대부분의 곳은 당연히 상대적으로 앞선 문화를 지닌 웁살라 지식인 사회보다 훨씬 더 어두웠다. 몇몇 특정 지방 부르주아 계층에서는 무지와 어리석고 편협한 혐오의 구름을 두껍게 드리우고 있었다.

당시 스웨덴 지식인들이 어떻게 빅셀을 비판하였는가를 잘 보여주는 예는 바로 욘셰핑Jönköping 시장인 팔름그렌Palmgren이 1887년 빅셀이 공공장소에서 강연하는 것을 금지한 것이다. 이 조치를 두고 빅셀이 법무 옴부즈맨에게 민원을 접수하자 팔름그렌 시장은 빅셀을 '방랑하는 사랑의 사도'라고 칭하며 '유랑 극단의 동물 쇼, 외줄타기 춤 등과 비교할 수 있는 그런 오락에 해당하는 순간들에 어울린다'라고 했다.[2]

'C. G. H.'라고 서명하면서 자신이 웁살라대학교 경제학과 교수임을 숨겨왔던 칼 구스타프 함마르셸드Carl Gustaf Hammarskjöld[3]는 마치 포세Posse 정부의 교육 종교 부처 장관처럼 스웨덴의 교회와 교육의 최고 수호자인 척하며 강한 어조로 빅셀이 가난한 자들의 필요를 가장 어려운 사회악으로 규정했다고 비판했다. 그는 "그의 설명은 사회주의적인 스타일로 유지되었다"라고 말했다. 그는 빅셀의 주장이 진실이 아니라고 직접적으로 지적하지는 않았으나 다른 이유로 사회적으로 위험하다고 했다. 가난한 이웃들의 괴로운 상황에 관심을 표함으로써 "이전보다 그들이 더 정신적으로 괴롭고 더 불만족스러우며 더 불행한 사람들이 되어버렸다"라고 주장했다. "어쩌면 그들은 그전에는 자신의 운명에 더 만족하면서 살 수 있었을지도 모른다. 그러나 그런 주장은 독이 든 씨앗을 뿌리는 것과 같아서 그 씨앗이 자라면 결국 그들은 지상 지옥을 맛보게 될 것이다. (…) 경건함과 마음의 만족이 커다란 이익이라는 것은 삼척동자들도 아는 것으로 성인이 되었다고 그 말이 덜 진실한 것은 아니다. 고역의 조건 속에서도 깨달음의 빛을 던지는 것은 하나님의 축복이다"라고도 했다. 그는 빅셀이 주장했던 자녀 수의 제한에 대해서는 "이기적인 육신의 복음"이라 하고 "더러운 곳에서 몸을 놀리는 것은 절대 편안하지 않은데 일반인들의 건강을 고려할 때도 마찬가지다. 신문에서 밝혀졌듯이 해당 학계에서는 반대 의사를 표명한 빅셀의 역겨운 주장에 관해 본인은 상종하지 않는 것이 상책이라고 생각한다"라고 했다. 이것을 보면 1800년대의 부르주아 계층의 사회도덕관이 어땠는지 잘 알 수 있다.

폰투스 비크네르Pontus Wickner는 유명하고 사려 깊은 사람으로 그는 일반적인 학계의 위선에 대해 선을 그었다. 그가 1880년 출간한, 문화의 피해 의식에 관한 브로슈어를 보면 빅셀의 영향을 강하게 받았음을 알 수 있다. 그는 간접적으로나마 대학생들이 더 일찍 결혼하지 못하는 어려움에 대해서 인정하고 있었다. 그의 글 마지막 부분에서는 그가 빅셀을 옹호하지는 않지만 빅셀의 비판자들을 비판한다는 점과 그 스스로가 개방적으로 신맬서스주의 방향으로 사회도덕성이 발전하는 것을 받아들이고 있음을 읽어낼 수 있다. 그가 그의 입장을 분명하게 밝히는 것을 꺼렸다고 해도, 그 이유는 솔직하게 밝혔다. 그는 그것이 "뭔가 비겁함과 같은 것"이라고 하며 "인간의 도덕성에 관한 교육은 이제 다음 세 가지 사실의 불균형에 다다랐다는 것이 내 일생의 신념이다. 사실적 입장, 전통적인 윤리적 입장, 현실적인 도덕성인데, 이 중 어느 하나도 근본적으로 비판받지 않는다면 개혁적으로 나아갈 수 없고, 심지어 어쩌면 전통적인 도덕성마저도 그 효력을 잃은 것이 아닌가 한다. 나는 사명의 부르심을 받았다 하더라도 이에 뛰어들 용기가 없다. 생각만으로도 매우 괴롭다. (…) 나는 이미 가열된 논란에 말을 보탠다고 하더라도, 전에 그렇게 했지만, 다시 말하지만, 내가 논란에 뛰어들지 않는 것은 내가 그 불경을 저지르는 것이 두렵기 때문이 아니라 한 분야에서 너무 고통받을 두려움에 그러지 않는 것이다. 이기적으로 말해 이미 고통은 충분히 받았다"라고 말했다.

반면, 웁살라대학교의 경제학자 다비드 다비드손David Davidson 은 빅셀의 반대파에 합류했다. 그는 그의 비판을 빅셀의 '늦은 결혼, 알코올중독 등으로 이어지는 빈곤의 부작용에 대한 통찰'을 칭송하면서 강조하는 것으로 시작했다. 그러나 그는 그것들의 원인이 빈곤에 있다는 주장에는 동의하지 않았으며, 동시에 인구과잉은 피임 없이도 막을 수 있다고 주장했다. 다비드손은 사회주의와 빅셀을 비판하면서 신맬서스주의의 결론을 급하게 받아들이기 전에 논의를 이러한 방향으로 이끌지 않았다고 비판했다. 그는 "사회주의는 당신과 같은 사회적 불만족의 원인을 찾고자 한다"라고 말하면서 "그러나 나는 당신과는 다른 곳에서 원인을 찾았기에 완전히 다른 해결책을 내놓았다. (…) 사회주의는 알려진 바와 같이 빈곤의 원인이 현 자산의 분배와 우리 산업의 조직에 있다고 생각한다. 그리고 이러한 것들의 개혁을 통해서만 사회의 악을 해결할 수 있다고 믿는다"라고 했다.

이 인용문은 그가 신문에 보낸 한 칼럼의 몇 줄에 불과하다.[4]

이보다 더 자세히 쓴 논문에서 다비드손은 이 문제를 더 심도 있게 고민하고, 빅셀의 빈곤에 대한 설명에 동의하는 것에 더 조심스럽게 접근했다. (C. G. H.의 팸플릿이 그의 칼럼과 논문 사이에 나왔다.) 그는 사회주의와도 거리를 두는데 그의 신문 칼럼에서는 사회주의를 단지 빅셀이 비판을 수용했던 의견의 방향을 이끌기 위해 사용했을 뿐이었다. 그러나 온건 사회주의자들의 요구에 동의하지 않으면서도 다비드손은 노동계급의 경제적 조건을 개선하기 위한 모든 종류의 사회정책적인 조치를 촉구했다. 그는 강력한 주거정책을 추천했다. 개인의 근면함만으로는 노동계급이 자신이 살기에 충분한 주거 공간을 확보하고 그에 맞는 임대료를 지불할 능력을 갖추는 데 부족함이 있다면 사회, 우선 코뮌들이 개입할 책임이 있다고 했다. 그는 노동운동의 미래를 신뢰하면서 임금 인상을 이끌 수 있다고 생각했다. 그는 노동계급의 도덕적, 지적 교육을 열렬히 지지했다. 그래서 그는 노동시간의 단축과 국민교육의 개혁을 추천했다. 그는 심지어 노동자들을 위한 '양질의 신문'의 중요성도 강조했다. 무엇보다도 그는 노동계급의 도덕성 교육이 높아져야 한다고 주장했다. "무엇보다도 노동자들에게 자존감을 심어주어야 한다"라고 그는 말했다. "운 좋게 더 나은 계급에서 태어난 사람들은 노동자들이 비굴하고 복종적인 모습을 보는 것을 좋아한다. 그러나 이 관습은 생각보다 치명적이다. 왜냐하면 비굴하고 예속적인 노동계급에게는 자존감을 요구할 수 없으며 자존감 없이는 자기통제가 불가하다." 자존감의 상승은 강력한 노동운동으로 이어진다. 그러나 그것만으로는 충분하지 않다. 노동계급이 정치적 의사결정에 참여해야 한다고 다비드손은 주장했다.

당시로는 상당히 필요했던 사회정치적인 강론을 펼친 다비드손은 마지막에 인구정책을 언급한다. 그는 "이 방법이 성공적으로 노동계급의 모든 삶의 측면을 인간적인 수준으로 상승시킨다면 노동계급의 가족 수 제한은 저절로 될 것이다"라고 말하면서 피임의 도움 없이 단지 도덕적인 자기통제로 "그들은 자신들이 좋은 환경을 갖는 데 필요한 조건이 이것임을 조만간 인식할 것이다"라고도 했다. 여기에서 다비드손은 매우 짧게 결론을 내렸다. 그는 그가 원하는 대로, 또 그의 고정관념대로 그의 생각을 펼쳤다.

다비드손이 피임에 반대한 것은, 그가 조심스럽게 회피한 직접적으로 도덕적인 이유를 제외하고 사실상 두 가지 이유 때문이다. 당시 몇몇 의학 권위자들을 참고하여 그는 피임이 신체적으로나 정신적으로 건강에 좋지 않으리라는 의문을 가지고 있었다. 그러나 그는 무엇보다도, 신맬서스주의의 주장을 따라, 피임이 확산하면 반드시 낙태도 확산할 수밖에 없다고 생각했다. (빅셀도 원칙적으로는 이를 반대한다고 밝힌 바 있다.) "낙태는 피임의 가장 충실한 방법이 될 것이다"라고 다비드손은 말한다. 그는 심지어 낙태 또한 같은 논거로 정당화될 것이라고 주장했다. 이런 측면에서는 그의 예측이 옳았다.

다비드손은 두 개의 글에서 무척 신중한 태도로 일관했다. 그가 빅셀을 반대한 주요 포인트는 약간 학교 선생 같은 것으로 빅셀이 기존의 사회 권위에 관해 공부가 부족하고 그것을 비판할 실질적 경험이 없어 그 문제를 제기할 수 없다는 등의 것들이었다. 빅셀은 그 기존의 의견들이 진실성이 없어진 것이 아니라 진실하기에 그것을 토대로 생각을 발전시킬 수 있었다고 반박했다. 빅셀은 무엇보다도 다비드손이 이해의 부족으로 여기에서 다루지 않은 것이 분명한 전반적인 이유를 비롯해 어설픈 이유를 대면서 자신의 주장이 과도하게 열정적인 비판가들에게도 지원받을 수 있는 형태로 펼쳐졌다며 다비드손에 대한 불만을 가볍게 설명했다.

잘 알려진 통계학자인 이시도르 플루드스트룀Isidor Flodström은 빅셀의 주장을 발전 이론적인 시점에서 바라보았다.[5] 그는 대부분의 다른 빅셀 비판자들과는 달리 전체적으로 인구과잉이 빈곤의 가장 중요한 원인이라는 진단에 동의하고 인구과잉 때문에 온갖 도덕적 불행이 이어지며 출산 제한과 같은 강력한 예방 조치가 필요하다고 생각했다. 그러나 그는 인구과잉과 빈곤의 뜻이 더 높은 곳에 있는 것은 아닌지, 따라서 그것이 지속되는 것은 아닌지 의문을 제기한다. "모든 것은 낮은 곳에서 높은 곳으로 발전되어 왔고 지금도 그렇다." 이러한 진화는 '생존을 위한 투쟁'과 '자연선택'의 결과이다. "그러나 지금 아동의 수가 결혼 가정 내 둘이나 셋으로 제한된다면 늦은 나이에 남자와 여자들이 결혼하고 아이를 낳겠지만, 그 즉각적인 결과는 인간에게서 자연선택에 해당되지 않는다"라고 그는 주장했다.

플루드스트룀은 이 의견을 각기 다른 민족의 출산율을 고려하면서 발전시켰다. 빅셀은 후에 자주 접하게 될 이 주장을 완전히 반대하지는 않았다. 빅셀은 '생존을 위한 투쟁'이 초래하는 필요와 비참함을 수단으로 하는 야만적인 선택을 대체하는 우생학을 설정하는 것이 인간의 의무라고 믿었다. 그러나 빅셀은 이 문제를 크게 고려하지 않았고, 당시에는 받아들일 수 있는 합당한 이유로 종종 강력하고 맹목적인 우생학을 믿지 않았다.

그 시대 스웨덴의 의사들은 뿌리 깊은 보수주의에 사로잡혀 있었고 사회적 이해가 부족했다. 한심하게도 그들은 집단적으로 전통적인 도덕성의 태도를 보였다. 웁살라의사협회 의사들은 '일반인을 위한 설명'이라는 제목으로 마련된 빅셀의 강연에서 '의학의 이름으로' 피임에 반대하는 항의서를 발표했다. 다음에 이어지는 내용에서는 당시의 시대상을 이해하기 위해서 이 문서의 몇 줄을 인용했다.

협회는 먼저 그들이 얼마나 윤리적으로 고매하고 과학적인지를 설명한다. 협회는 의과대학생들만으로 구성된 것이 아니라 대학 지도부, 교수, 일반 의사들로 구성되어 있었다. 그들은 주로 협회를 향해 그들의 경험과 지식을 활용해 "우리 사회와 특히 개별 가정에서" "여성이 임신하지 않고도 부부 관계가 가능한 방법을 보여줌으로써" "고통받는 인류를 위해 복무하라"고 주장하는 빅셀의 호소에 진저리를 치면서(경악하면서) 빅셀이 그들의 도덕성에 큰 상처를 입혔다고 주장했다. 협회는 빅셀의 이러한 주장에 "침묵할 수 없으며 이는 자칫 아주 사소한 문제라도 승인이나 동의로 비칠 수 있다"라고 했다.

협회는 이 끔찍한 주제에 대한 더욱 자세한 조치는 물론 일반인들에게 적합한 것이 아니며, 따라서 협회는 빅셀이 주장하는 예방적 조치를 여성에게 권장하는 것은 자신의 소임을 조금이라도 알고 의학의 목적과 기본을 존중하는 의사라면 할 수 없는 처사라고 스스로 경계했다. "동물적 생명의 모든 기능을 보호하고 살피는 것은 의사의 신성한 책무로 그중에서도 생명이 창조되는 것을 연구하는 일은 가장 깊은 신비를 담고 있다. 부부 관계가 개인의 건강과 생명에 위험을 불러오는 경우 의사는 그런 기능의 자제를 권할 뿐이지, 가족생활의 생리적 목적을 방해하면서 부도덕의 문을 여는 것은 의학의 역사가 가르쳐온 교훈을 저버리는 행위다." 여기에서 우리는 경제적이고 개인적인 이유로 출산을 제한해야 하는 경우는 언급조차 되지 않았다는 것을 기억할 필요가 있다.

과학적 의학이 피임에 대해서 취한 이러한 태도는 불과 50년 전의 일이다. 그러나 세상은 변한다.

스웨덴 부르주아 계급은 도덕적 분노를 확인이라도 하듯이 '조금 덜 학문적인' 소규모 학술 세미나에서 빅셀을 비난하고 경고한다. 이에 빅셀은 점점 더 분노에 휩싸여서 양심상 자신의 주장을 전국적으로 알릴 필요가 있다고 결심한다.

그리고 스웨덴에서도 피임의 프로파간다가 시작되었다. 그로부터 얼마 지나지 않아 출산율이 처음에는 천천히, 그러나 이후 급속하게 떨어졌다. 여기에서 원인을 동일시하지 않도록 신중해야 한다. 프로파간다 활동의 효과로 이런 결과가 나타났을 확률은 적다. 피임은 반대하는 자들 덕분에 널리 알려졌을 가능성이 있다. 악명이 높았던 1911년의 피임금지법과 튀렌Thyren 교수의 도덕법을 둘러싼 논쟁은 의미가 있다. 그러나 무엇보다도 상업적인 홍보가 가장 효과적이었고, 이는 또한 지난 수십 년간 진행되어온 성에 대한 더 자유로운 태도가 경제적, 사회적 변화와 시작되면서 더욱더 널리 퍼졌기 때문일 것이다.

어쨌든 출산율은 지속적으로 떨어졌다. 피임의 저변 확대가 주요 원인이라는 데는 의심의 여지가 별로 없다. 불법 낙태가 증가하고 있다는 근거도 상당히 많았다. 정확한 수치는 낙태를 가능하면 숨기려는 의도 때문에 알 수 없다. 그러나 분명 수천, 수만 건의 낙태가 이루어지고, 적어도 1년에 수만 건에 달했으리라는 것은 쉽게 추측할 수 있다. (정확한 집계 결과는 없지만, 그 수의 규모 정도는 짐작할 수 있다.) 신생아 수가 8만 5,000명 아래로 떨어지자 낙태의 심각성을 인지하게 되어 출생률 증가를 위해 고려되어야 한다고 여겨지기 시작했다. 낙태는 아직까지 자격 없는 돌팔이 의사들이 자행하고 있으며 사망, 후유증, 불임 등 그 결과에 아무도 책임지고 있지 않다. 가족심리학적, 사회윤리적인 심오한 변화의 징후로써 낙태는 더 중요할 수 있다.

마지막 신맬서스주의 개혁 요구:
피임금지법의 폐지와 낙태의 사회적 규제

스웨덴에서 신맬서스주의의 마지막 논쟁은 법제화에 관한 것이다. 즉, 피임금지법의 폐지와 낙태에 대한 합법화와 규제다.

이미 논의의 발전 과정에서도 보았듯이 앞의 주장은 분명한 불만과 불합리를 해소하려는 욕구에서 출발했다. 그래서 인구정책과는 아무런 상관없이 여기에 찬성하는 사람들이 늘어났다. 정직하고 어느 정도 사실적인 관계에 충실한 시민들이 어떻게 이런 법의 개정에 대해 회의적일 수 있는지 우리는 이해가 잘 안 된다. 시대는 급변하기 일보 직전이다. 우리는 역사를 다루는 이 장에서 곧 시대에 뒤떨어진 논의가 될 신맬서스주의로부터 자유로운 인구문제를 논의하고자 한다. 이를 위해 인구정책의 논의에서 이미 지나간 이데올로기적인 관점에 속한 개혁들에 대해 논하고자 한다.

피임금지법은 상당히 불행한 순간에 제정되었다. 이 법은 전혀 도움이 되지 않고 상당한 상처만 남겼다. 이 법의 제정과 유지는 사회의 위선을 목도하게 했고, 우리 국민을 대표하는 사회적 통찰의 부족을 보여주었다. 심지어 의회에서는 해당 법이 효력이 없으며 대중 홍보나 피임 기구의 판매에 전혀 방해되지 않는다고까지 하면서 법의 존치를 주장했다. 그렇다면 이런 질문을 하지 않을 수 없다. 법이 효력이 없다면 사회적으로 무슨 이익이 있다고 그 법을 유지해야 하는가? 오히려 그 반대로, 존중되지 않는 법의 영속만큼 사회적 권위를 약화시키는 것은 없다고 생각하는 쪽이 보편적인 진리 아닌가?

그러나 더 나아가 무엇보다도 피임금지법은 사회적으로 덜 부유하고 덜 혜택을 입은 자들에게는 어느 정도 효과적이라는 것이 강조되어야 한다. 물론 이것이 입법의 취지가 될 수는 없지만 말이다. 피임에 대한 교육 활동과 피임 기구의 판매를 어렵게 하는 것은 피임하는 데 드는 가격이 더 상승함을 의미한다. 또한 과학적, 기술적인 영역에 대한 관심이 방해받는 와중에 피임을 다루는 사람들의 이익만 증가한다.

그러므로 이 나라의 상식적인 사람들은 믿을 수 있는 성교육에 관해 어떤 불법화도 할 수 없다는 것에 의견의 일치를 보인다. 피임 기구의 판매 또한 이제 활성화되어야 한다. 입법의 실질적인 취지가 청소년을 보호하고자 하는 것이라면 먼저 아직도 성교육이 실행되지 않고 있는 학교에서 상식적인 성교육이 이루어져야 한다. 동시에 학교보다 더욱 중요할 수 있는 가정에서 아이들이 아주 어릴 때부터 성에 관해 물어보기 시작하면 부모가 이에 대해 교육할 수 있어야 하는데, 이는 아직 우리 사회가 다뤄보지도 못한 사회교육 문제로까지 이어진다. 같은 맥락에서 의사, 산파, 특별히 지정된 의원 등 피임을 전문적으로 다루는 사회조직을 활용하여 피임에 대한 정보를 제공해 원하는 방향으로 피임을 할 수 있게 해야 한다. 입법의 취지하에 어둠의 홍보를 하는 것이 미성숙한 젊은이들에게 도움이 될 것이라는 의도는 아무리 선의로 보려고 해도 위험한 발상이다.

가장 중요한 관점은 다음과 같다. 무엇보다도 농촌에 거주하는 소작농처럼 굉장히 가난한 사회계층들은 아직 계획 출산에 노출되지 않았다. 그들은 피임에 대해 전혀 지식이 없거나(경제적인 피임이 가능하다는 사실을 모르거나) 아니면 삶이 너무 힘들고 지쳐서 그들 스스로가 전혀 정보를 습득하려는 의지가 없거나 둘 중 하나다. 신생아 수 감소에 대해 얼마나 걱정을 하든지 간에 소작농들에게 우리 사회를 위해 대가족을 유지하라는 것만큼 비인간적이며 최악인 것은 없다고 생각되어야 한다. 수십 년간 산아제한을 해온 사회계층들이 소작농들의 도덕을 운운하는 것은 위선 그 자체다. 반대로 소작농 등 전체 국민에게 평등하게 피임 방법이 제공될 수 있도록 체계적으로 조치를 취하는 것은 인구문제를 어떤 관점으로 보는지와 상관없이 옳은 일이다.

이와 비슷하게 정상과 정신병 사이의 경계에 있고 신체적, 정신적, 사회적으로 장애가 있는 이들은 사회교육학자들과 우생학자들이 지적하듯 너무 높은 출산율을 보인다. 그들이 다른 집단보다 출산율이 비교적 높은 것과는 상관없이 그들은 자식을 낳는 순간 단 한 명이라도 그들이 책임질 수 없기에 낳는 순간 재앙이다. 그들도 피임 방법을 제공받으면, 아니 그들이 피임에 대한 지식을 습득할 수 있다면 자율적으로 산아를 제한할 수 있다고 우리는 믿고 기대했었다. 이들 대부분은 간절히 원해서 아이를 낳는 것이 아니라 자연의 질서로 아이가 그들에게 주어지기 때문에 아이를 낳는다.

낙태에 관한 처벌 규정을 보더라도 법이 사회발전을 쫓아가지 못한다는 놀라운 예를 볼 수 있다. 물론 장기적으로는 낙태를 광범위하게 용인할 수 없고, 동시에 법으로 불법화해야 한다. 금지하다는 것의 의미는 그것을 실시할 수 있는 사람들 즉, 자격 있는 의사들만이 낙태 수술을 할 수 있다는 뜻이다. 법의 일부를 유지하자고 하는 것은 낙태가 잘못되었을 때 즉, 사망 등의 사건이 일어났을 때 본보기를 보이자고 하는 것으로 이는 법치와 문화국가에 맞지 않는다.

법을 유지하고자 한다면 모든 수단이 동원되어야 한다. 그렇지 않다면 그 법은 폐지되어야 한다. 그렇게 된다면 낙태는 사회의 통제하에 놓여야 한다. 왜냐하면 지금의 법은 일반적인 법적 인식에서 그 근간을 잃어버렸고 다른 대안만이 합리적이기 때문이다. 낙태금지법은 폐지되어야 한다. 불법 낙태 수술로 돈을 벌려는 사람들 외에는 아무도 이 법이 유지되어야 한다고 관심을 보이지 않는다. 현재 사회기관들은 낙태 수술자들과 그들의 고객들과 비밀스러운 음모를 꾸미고 있는데, 그 음모는 그들 자신을 향하고 있다. 그들은 불법행위를 단속하기 위한 모든 조치를 취하고 있지 않다. 그들은 그러한 행위에 대해 대부분 눈감아주고 있는데 자기들이 눈감고 싶을 때만 그렇게 한다. 어떤 기관은 봐주고 어떤 기관은 그렇게 하지 않는다. 이는 자의적이고 무법 상태나 다름없으며 매 절차마다 난처한 상황을 마주하게 된다.

낙태에 대한 모든 문제는 심도 있는 연구를 통해 큰 도움을 받을 수 있고, 그런 연구 결과를 실용화할 때 참고하고 싶은 것이 사실이다. 먼저 우리 사회에 불법 낙태가 실제로 얼마나 자행되고 있는지 정확하게 인지하는 것이 도움이 될 수 있다. 이것은 매우 간단한 문제이나 우리는 이것이 불가능하다는 것을 알고 있다. 불법행위를 연구하는 것은 불가능하고, 가능하다 하더라도 타당성 있는 결과를 얻기가 어렵다.

스웨덴 내에서 행해지는 불법 낙태 수술 건수는 금주법 시기 미국에서 횡행하던 밀주 거래와 같을 것이다. 추론과 조사의 방법론에서도 놀랄 만큼 비슷하다. 금주법 시행 당시 전체 알코올 소비량을 직접적으로 측정할 수 없었기 때문에 모든 간접적인 방법들을 통해 조사가 이루어졌다. 음주로 경찰에 체포된 경우, 알코올중독 빈도, 관련된 질병, 국제적 조사를 참고하는 등의 방법으로 조사를 했다. 다른 한편, 미국에서는 타당하지 않은 가설을 세우기도 했는데 알코올 소비의 크고 적음을 정치적인 성향으로 판단하기도 했다. 물론 일각에는 양심적인 통계학자들도 있었고, 그들은 알코올 거래의 간접 조사는 시간과 노력을 허비할 뿐이며 결국 타당한 결론에 이를 수 없다고 했다. 대부분의 관계자들은 타당한 결론은 불가능하지만 어떤 식으로는 그 범위를 알고 싶다고 했다. 부정적인 결과를 알리는 것은 그리 반가운 일은 아니지만 도움이 된다. 이윽고 알코올 소비량에 대한 논쟁이 시작되었고 그에 따른 고통도 뒤따랐다. 그러나 결국에는 실질적으로 참을 수 없는 지경이 되었고 책임감 있는 시민들은 아무에게도 득이 되지 않는 숫자 논쟁에 지쳤다. 그리고 문제가 분명해지기 전에 금지법 폐지 여론이 무르익었다.

스웨덴의학위원회의 의뢰로 욘 네스룬드John Naeslund와 의학 당국 책임자였던 에딘K. A. Edin이 실시한 낙태에 관한 두 가지 조사는 앞에서 언급한 상황을 이해하는 데 도움이 되었다.[6] 1930년(몇몇 경우는 1922년, 1926년)에 이루어진 낙태와 관련해서 의사, 산파, 관련 병원들을 대상으로 한 설문 조사였다. 이 조사에서 두 사람은 단순히 낙태 수술 횟수만 물어본 것이 아니라 결혼 여부, 첫 임신인지 과거 경험이 있는지, 그리고 사망으로 끝난 경우 또는 후유증이 있는 경우인지 등 자세히 분류했다. 낙태를 유도할 만한 이유가 있다고 생각하는 경우도 가려서 답을 하도록 질문했다. 그 결과, 총 낙태 수술 횟수가 스웨덴 내에서 1만 건이 넘는 것으로 집계되었다. 하지만 불법 낙태의 수는 현저히 낮게 나타났고 두 조사자들은 이 수치를 인정하지 않았다.

그래서 불법으로 보이는 낙태를 제외하지 않고 모든 낙태 수술 횟수를 파악하는 조사가 이루어져야 한다는 의견들이 모이기 시작했다.[7] 이 두 설문 조사를 연구할 때 스스로 질문해야 하는 것은 후자(불법 낙태 수술 횟수)를 얼마나 연구 자료에 확실히 포함하는 데 성공했냐는 것이다. 불법 낙태 수술을 감행하다가 중간에 잘못되거나 후유증으로 병원에 오는 경우 등은 포함되었을 것으

인구 위기

로 추측할 수 있다. 그러나 불법 낙태 수술이 성공적으로 진행되었거나 여성 스스로 낙태한 경우는 조사 자료에 포함이 안 되었으리라는 짐작을 쉽게 해볼 수 있다.

또 다른 문제는 응답자들이 실제로 낙태 수술 현장을 목격했는지, 또 응답을 정직하게 했는지 여부다. 이러한 맥락에서 두 조사는 적어도 그것이 출판된 내용에 따르면 자료에 대한 철저한 비판적 논의와 자료에 포함된 오류의 원인을 포함하지 않는다는 점에서 특히 이런 문제의 성격상 방법론적인 결함이 있었음을 지적하지 않을 수 없다. 일부 응답에 응한 의사나 간호사들이 호기심으로 불법 낙태 수술을 했을 가능성도 있고, 그 이후 설문 조사에 응했을지도 모른다는 가능성을 두 연구에서 왜 전혀 다루지 않았는지 의문이다. 이 오류의 원인은 그다지 큰 문제가 아니지만 이를 간과한 것은 과학적인 문제라기보다 편의를 추구한 것이었다. 자료를 신뢰할 수 없고 상황에 대해 심도 있게 논의하지 않은 다른 조사 결과들도 있다.

응답자 관찰을 통해서 통제가 가능했던 응답의 신뢰도만이 아니라 무엇보다도 보고된 사례에 대해 일반적인 이유가 가능성이 낮은 특정 사례를 포함한다는 측면에서 조사로 밝혀진 낙태 수술 건수가 실재 낙태 수술 건수와 일치한다는 것을 증명하기 위해 네스룬드가 가져온 간접적인 증거들은 우려스럽다. 이 증거는 측정 표본집단을 대상으로 한 제한된 자료로 조사된 것이기 때문에 의구심을 품을 수밖에 없다. (우리가 인정하고 싶지 않은 그런 낙태 건수들은 포함되지 않았을 것이다.)

표본의 크기나 요구되는 질문의 대표성 등의 측면을 고려하지도 않았지만, 이 증거의 근거는 하나의 가정에 기반하고 있었다. 이를 네스룬드는 다음과 같이 기술했다. "병원을 찾은 한 환자가 원칙적으로는 자발적으로 본인이 의사나 산파의 도움을 받아 낙태한 적이 있음을 밝혔을 것이다." 이처럼 통제되지 않은 실제 경험을 통한 추론은 당연히 모든 관련 연구자들 사이에서 받아들일 수 없는 추론이었으며 문제에 대해 타당한 근거로 취급될 수 없는 것들이었다. 에딘은 여성들이 결혼 전 시행한 낙태 사실에 대해서는 숨길 것이라고 말하며 앞의 기술에 대해 정반대의 의견을 피력했다.

네스룬드는 조사 자료에 포함되지 않은 낙태 수술 건수는 그다지 많지 않을 것이고 "모든 낙태 건수가 포함되지 않았다 하더라도 1930년의 낙태 건수가 약 1만 건(10,445)이라는 것은 상당히 믿을 만한 숫자다"라고 했다. 네스룬드는 조사를 요약하면서 단호하게 주장했다. 그는 "1930년 임신 중 낙태로 끝난 경우는 10퍼센트가 채 안 된다"라고 했는데, 이는 전체 임신 건수를 10만 5,852건이라고 전제한 수치로 이는 공식적인 신생아 수와 추정되는 낙태 건수를 합한 것이었다.

에딘은 이 문제에 대해 좀 더 개방적이고 과학적인 비판을 수용하는 입장으로 이와는 반대되는 의견을 냈다. 그는 "스웨덴의학위원회가 의뢰한 조사에서 파악된 전국의 낙태 수술 건수는 1만 건이 조금 넘었는데, 이는 100건의 출산 가운데 11건이 못 되는 비율로 이는 아마 사실일 것이다. 그리고 의도적으로 시행한 낙태 수술 건수가 1만 건이 넘으리라는 것은 믿기 어렵다"라고 썼다. 또한 그는 "그러나 실질적으로 낙태 수술 건수가 얼마나 되는지 정확하게 알아보는 것은 불가능하다"라고 분명히 밝혔다. 에딘의 이점에 관한 부정적인 의견은 더 과학적인 근거가 있고, 네스룬드의 성급한 전체 낙태 수술 건수에 대한 결론은 단호히 거부되어야 하는 것이 매우 분명했다.

그러나 에딘의 연구 요약 내용을 읽어보면 그가 불가지론의 입장을 고수하는 것이 아니라 그도 낙태의 최대 상한선을 설정하는 등의 방법으로 낙태 수술 건수를 추정했다. 그는 독일의학협회가 1931년의 실재 낙태 수술 건수를 조사한 결과, 약 1/3의 임신이 낙태로 중단된다는 결과를 참고했다. "독일의 조사 결과를 참고로 하고 낙태에 대해 생각해보면 물론 독일의 대도시에 거주하는 인구가 비율적으로 더 많아서 집계된 낙태 수술 건수가 더 많기도 하고 스웨덴보다 독일에서 낙태 수술이 훨씬 더 많이 자행되고 있음을 알 수 있지만, 우리나라에서 '100명의 신생아당 20건의 낙태가 이루어진다' 또는 '2만 건 이상 이루어진다고 볼 수 있다'라고 할 만한 근거는 어디에서도 찾아볼 수 없다"라고 주장했다.

앞서 언급한 에딘의 주장이 실질적인 낙태 수술 건수라고 해석되어야 한다면 다음을 분명히 지적해야 한다. 잘 알려진 바와 같이 국제적으로 비슷한 연구들과 사회과학적인 증거가 미약했다. 에딘이 인용했던 독일의 조사에 대해서 그는 아무런 논의나 비판도 하지 않았다. 사실상 독일 전체의 낙태 수술 건수도 정확히 파악되고 있지 않았다. 다른 여러 조사도 진행되었으나 결과의 오차 편차가 심하게 나타나고 여러 가지로 많이 부족했다. 물론 에딘이 인용한 조사는 많은 측면에서 제대로 진행된 것으로 여겨졌다. 독일에서 어렵게 이루어진 조사 결과를 스웨덴으로 가져왔지만 에딘은 단순히 낙태 수술 건수만 인용했을 뿐이다. 자료를 깊게 비교하려고 했다면 (연구의 복잡성은 뒤로한다고 치더라도) 여성이 속한 계층 간 또는 주거 지역별 낙태 빈도를 양국에서 조사했다면 지금 우리가 보고 있는 자료보다는 더욱 양질의 조사가 되었을 것이다. 기준점으로 삼았던 출생아 100명당 낙태 수술 건수의 비율은 이런 측면에서 낙태의 빈도를 알아보는 데 그리 유용한 것이 아니다. (국가 간의 그리고 국가 내 지역 간의 출생률 차이가 심하기 때문이다.)[8] 그리고 연구의 기술적인 약점을 제외한다고 하더라도 전체적으로 근거가 약하다. 또한 그 연구의 요약에 인용되는데도 그 추정치는 참고한 연구의 결론과도 그리 관계가 없다. '2만'이라는, 비판의 대상의 숫자가 언급된 조사의 결론이라는 사실을 간과하고 있기 때문이다.

따라서 우리는 에딘이 주장했던, 실질적으로 낙태 수술 건수가 얼마나 되는지 정확하게 알아보는 것은 불가능하다는 입장이 과학적으로 합리적이라는 점을 수용할 수밖에 없다. 네스룬드의 연구는 이미 논의 선상에서 사라졌으며, 에딘의 연구를 참고하여 스웨덴에서 이루어지는 낙태 수술 건수는 2만 건 정도라는 추정이 일반적으로 받아들여지게 되었다. 에딘의 가정인, 낙태 수술 건수의 상한선 수치인 '2만'은 대략적인 추정이며, 이는 과학적으로 더 근거가 있는 주장이었다.

그렇다고 해도 문제는 여전히 남아 있다. 문제의 핵심은 낙태가 불법으로 음지로 내몰려 실행되고 있다는 것이다. 이것을 우리가 계속해서 용납한다면 국내에서의 낙태 수술 건수의 정확한 파악은 불가능하다.

시간이 지나면서 심도 있는 법도덕적 논쟁이 무르익어 이에 따른 행동이 요구되었다. 이미 낙태를 둘러싼 현실적인 문제의 심각성과 부정적인 징후가 분명하여 개혁 요구의 근거는 충분하다. 분명한 것은 낙태의 일부를 반드시 합법화해야 하고, 낙태 수술은 의사가 행해야 한다는 것이다. 아니면 자격 있는 의사의 교육과 고용이 이루어진 상황에서 해야 한다. 이것은 직업의 윤리와 책임 하에 실행되어야 한다. 처벌에 대한 두려움만으로 이를 방지하기는 어렵다. 처벌을 한다 하더라도 범법자들에게 가해지는 타격이란 고작 비즈니스 손실일 뿐이다.

피임금지법이 폐지되면 더 개선된 성교육과 피임 기구의 판매를 관장하는 조직이 생겨서 낙태가 아마도 크게 줄어들고 여성들이 낙태를 원하는 경우도 감소할 것이라 희망할 수 있다. 그러나 이런 희망이 낙태의 법제화 개혁의 이유가 될 수는 없다. 그 이유는 피임금지법 폐지에 따른 긍정적인 효과를 기대하기에는 아직 이르기 때문이다.

어떤 경우가 허용되어야 할 것인가에 대한 의견을 모으기 위해서는 어떤 여성들이 도움을 필요로 하는지 이해해야 한다. 결혼한 여성인지 미혼 여성인지, 나이는 어떻게 되는지, 사회계층과 소득수준 등은 어떤지, 아이는 몇이나 되는지, 동기가 무엇인지, 피임 방법에 대한 정보가 확산되면 낙태가 감소할 것인지 등의 문제들이 뒤따라 제기될 것이다. 그리고 이러한 질문에 대한 답변을 아직 할 수 없는 상태다.[9]

의사들의 합법적인 낙태 수술이 가능하게 되면 이런 질문들에 대해 더 정확한 답변을 할 수 있게 되고 주변 관련 상황과 현상에 대해 이해가 더 깊어질 것이다. 현재도 일반적인 기준을 세울 수는 있겠으나, 그렇게 되어야만 낙태 허용에 관한 사회적 지표를 설정하는 데 타당한 동기를 찾을 수 있을 것이다.

낙태에 대한 몇몇 조건 설정의 논의에서 합법화란 낙태를 실질적으로 제한하는 것을 의미하는 것임을 강조해야 한다. 사회가 낙태를 합법적으로 행할 때, 구별이 가능하고 여러 특정한 경우를 고려할 수 있게 된다. 예를 들어 '건강한 기혼 여성이나 소득수준이 어느 정도 이상인 여성의 낙태는 허용하지 않는다' 하는 식으로 제한할 수 있다. 또한 사회의 권위를 사용하고 의사들의 지지를 받아 합리적인 수준에서 낙태를 제한할 수도 있을 것이다.

낙태 허용의 범위를 정의하자면 의학적, 우생학적 그리고 민족학적인 지표를 설정하는 데 어려움이 있을 것이다. 이러한 지표를 설정하는 것은 예민한 문제다. 그러나 이 나라의 정의감을 경외시해도 안 되겠지만, 그렇다고 사회의 위선을 그대로 수용해서도 안 된다. 아이의 출생으로 경제적인 어려움에 봉착하는 경우와 아이의 양육 환경이 불만족스러운 것은 다른 수준의 문제로 고려되어야 한다. 또 다른 문제는 여성의 사회적인 수치만을 고려하는 경우다. 예를 들어 장기간 바다에 나간 남편을 배신한 여성들의 임신이나 미혼의 교사나 간호사들의 혼외 임신으로 인한 사회적 비극을 막기 위해 희망 사항을 이야기하는 것은 그 근거가 매우 미약하다.

무지한 위선이 사회적 관습에서 얼마나 큰 부분을 차지하기에 수술까지 해가면서 지켜내야 하는지 우리는 자문해봐야 한다. 물론 '답은 아니다'이다. 이런 연민은 전형적인 반동적 도덕심이고 김빠지는 일이다. 각각의 사정들이 다 비극적이라는 사실을 부인하는 것은 아니지만 우리가 수술해야 하는 대상은 관습적인 위선이다. 혼외 관계에서 태어나는 아이들이 부끄러운 존재라는 생각을 뿌리 뽑아야 한다. 이것은 법무장관이 개혁안을 논의할 때 강력하게 피력한 점이기도 하다. 미혼의 교사들과 간호사들 그리고 다른 어떤 누구라도 모두 자기 자신의 아이를 자유롭게 가질 수 있어야 한다.

이와 관련하여 정부의 여러 기관과 코뮌들은 지은 죄가 많고, 이를 회개해야 한다. 미혼모를 보호하기 위한 법을 제정해야 한다. 그렇게 되면 그들을 위한 낙태할 권리의 예외 조항을 갖추지 않아도 된다. 미혼모들을 사회적, 경제적으로 보이콧하는 것은 도덕적으로 병든 사회다. 다른 이유로 낙태가 필요하지 않은 경우에도 낙태의 기회를 제공함으로써 이 보이콧의 피해자를 보호할 수 있는 준비 상태가 된다.

아무튼 사회적 위선이 낙태 허용의 합리적인 이유가 아니라 효과적인 모자 보호를 위한 것이라는 게 우리의 입장이다. 이는 후에 더 중요한 이야기가 된다. 이 목적이 달성되지 않는다 하더라도 낙태는 물론 허용될 동기가 분명하다. 그러나 우리가 보기에는 낙태 허용의 법제화는 그 자체로 사회가 스스로 지적인 부정직과 도덕적 위선을 인정하는 것이다.

더 깊게 고민해보면 경제적 지표의 사회도덕적 측면도 매우 치열하게 논의되고 있다. 우리나라가 가난하고 인구도 너무 많아서 아이의 출산이 경제적인 위기를 불러일으키는지 우리 스스로 자문해봐야 한다. 우리의 답변은 단호히 그렇지 않다는 것이다.

낙태 허용의 경제적인 사정에 대해 여러 곳에서 논의되고 있으나 자녀의 수가 많지 않은 경우에도 이 문제가 동일하게 제기되는 것은 결국 우리 사회의 생산과 분배정책이 근본적으로 변화해야 한다는 방증일 뿐이다. 이 점에 대해서는 다른 장에서 자세히 다루고자 한다. 경제적인 이유만으로 낙태하려는 결심을 한다는 것은 사회적으로, 또 개인적으로도 위기 상황을 모면한다는 의미로 이는 만족할 만한 사회적인 해결책이 아니다. 이 문제에 대해 다른 식으로 해결책을 제시하는 측의 의견을 들어보는 것은 흥미롭다. 그들은 경제적인 이유로 이미 목숨을 잃은 태아들을 현존하는 생산과 분배 질서의 계산에 다른 것과 함께 포함해야 한다고 한다. 이런 질서가 개선될 수 없다고 회의적인 생각을 하는 보수주의자들의 의견은 여기에서 다루지 않겠다. 그런 주장들이야말로 낙태의 자유로운 허용이 더욱더 필요하다는 이야기밖에는 안 된다.

낙태에 대한 제한 범위가 실질적으로 어떻게 설정되든 간에 결국 중요한 점 하나는 강조되어야 한다. 도덕적인 이유로 낙태 허용에 반대하는 자들은 사실 낙태 합법화가 그들의 이해와 더불어 내재된 구별과 관계가 깊기 때문이다. 그들이 분노하는 이유는 여러 가지일 것이다. 그러나 현재 그들은 법의 도움을 받아 낙태가 대중의 심경을 자극하는 행위와 자신들을 동일시하면서 자신들의 도덕적 가치가 증진된다고 믿으며 낙태의 사례들을 오히려 즐기고 있다. 안 그래도 낙태 수술 건수가 너무 많아서 그것을 막고자 하는 마당에 낙태의 불법성을 포기하면 오히려 정의감이 높아지는 효과가 나타날 가능성이 크다.

그러나 낙태를 이상적인 해결책으로 받아들여야 하는 이유는 없다. 낙태 수술을 전문적으로 수행한다고 해도 목숨과 건강이 위험해질 가능성은 여전히 존재하고, 더욱이 이런 위험에 대해 과학적으로 연구된 바가 거의 없다는 것은 더 심각한 문제다. 여기에 도덕적인 불안감이 더해진다. 관련 법 제정에 대한 열기가 높아진다고 해서 자신의 의견을 거둬들일 필요는 없지만, 일반적으로 그러한 의견을 방어하기는 쉽지 않다. 사회적인 상황을 고려하면 낙태가 허용될 수밖에 없는 이런 와중에 불법 낙태의 존재는 우리 사회의 위선과 생산과 분배에 대한 이해가 부족하다는 끔찍한 자기 고백이다.

그러나 지금 우리가 처한 상황을 보면 이런 고백을 삼키고 낙태를 크게 허용할 수밖에 없다. 그렇게 했을 경우 먼저 전문가가 낙태를 행한다는 장점이 있다. 의사 외의 다른 사람이 수술했을 경우는 예외 없이 불법으로 간주해야 한다. 목숨과 장기적으로 건강에 위험이 따르기 때문이다. 이와 관련해 또 분명한 것은 피임약 등 피임 기구 판매가 더 확산되어야 한다. 이것들은 약국에서만 독점 공급이 가능하도록 진행되어야 하며 그 이외에는 다 불법으로 규정해야 한다. 무엇보다도 피임금지법의 폐지가 단지 법을 보충적으로 개정하는 것에 멈추지 않고, 성교육과 모자 보호에 대한 교육 확대 등을 고려해 전면 개편되어야 한다. 이런 시각은 이미 개혁을 위한 사전 연구 지침에 포함되어 있다.

이전에는 낙태에 대한 의견이 찬반으로 나뉠 수 있었다. 그리고 낙태 허용에 대한 여러 가지 의견이 있었다. 불합리한 것을 그대로 두고 현재 가능한 것만 하자는 이야기는 이해하기 어렵다.

일반 여론에 따르면 피임금지법의 폐지는 시간문제일 뿐 조만간 사회적 통제하에 놓일 것임이 틀림없다. 관습적인 수식과 도덕적인 두려움이 개혁을 몇 년 더 늦출 수는 있으나 이를 완전히 막을 수는 없다.

법무부는 이미 내부적으로 개정안을 제안해놓은 상태이며, 이 안을 의사, 변호사에게 공유해 여름에 공청회를 거칠 예정이다. 짧은 기간이지만 중지가 모이고 있다. 특히 의학계는 빠르게 태세를 전환했다. 다음 의회 회기에 법안이 상정될 예정이며 이것이 통과되면 앞으로 나아가는 길이 열리게 된다. 이 두 문제처럼 미래 법 개정에 대해 설득하기 쉬운 경우는 매우 드물다. 앞으로는 더 중요한 사회문제에 대해 스웨덴 국민의 눈을 뜨게 할 문제가 남아 있다. 경제적, 사회적 개혁이 진행되어야만 수천 명의 여성을 낙태하게 만드는 동기가 사라질 수 있다.

그러기도 전에 이미 신맬서스주의가 그 마지막 논쟁에서 승리를 점하고 있을 것이다. 그 운동은 이제 끝을 향하고 있고 현실적으로 받아들여졌다. 앞으로는 아무도 아이들이 부모의 자유로운 선택으로 태어나야 한다는 이 전제에 대해 문제를 제기하지 않을 것이다. 이런 신맬서스주의 운동은 스웨덴 역사의 한 페이지를 차지하게 될 것이다. 신맬서스주의는 긍정적인 결과 그 이상의 영광의 기억으로 남을 것이다.

남은 문제는 인구의 사회적인 문제다. 이는 여전히 문제이며 앞으로도 심각한 문제로 남아 있을 것이다. 출산 제한의 논의에 힘을 얻어 이 문제가 현대적인 의미를 띠게 되었으나 출산 통제에 대한 대중적 선전이 성공한다 해도 이 사회문제의 합리적인 해결책을 제시하지 않는다. 조금 전에 언급한 신맬서스주의 개혁 요구가 관철되는 것이 중요했던 이유는 이를 통해 1880년대의 급진주의적인 인구문제 해결책의 청산이 가능했기 때문이다. 이 급진주의는 이제 효력이 없다. 그것으로는 아무런 결과를 도출할 수가 없다. 실질적인 발전과 관련이 전혀 없고 그렇기 때문에 실질적인 문제의 해결에서도 그렇다.

그러나 아직도 신맬서스주의 개혁 요구에 대한 비합리적이고 이득이 전혀 없는 반대의 목소리가 완전히 없어진 것은 아니다. 그러므로 이 정신적 불임인 1880년대 급진주의가 남아서 이상적인 이해의 책임을 질 것이지만 이는 전혀 다른 목적으로 이미 부각이 되었어야 한다.

2장

일반적인
인구론

지금 현재로서는 기존의 간단하고 일반적으로 수용되었던 '과학적' 법칙으로 인구문제에 대한 합리적인 의견을 설득하기는 어려워 보인다. 논의의 발전 자체가 너무나도 놀랍게 진행되었다.

출산과 소득 기준

맬서스의 인구 이론은 처음에는 완전히 설득력을 잃었다. 맬서스가 주장했던, 인구 증가가 식량에 미치는 압박이 발전된 서구문명에서는 확실히 존재하지 않는다. 현대사회에서는 사실 전혀 그렇지 않다. 생활수준의 향상은 인구 증가로 이어지고 생활수준이 낮아지면 인구 감소로 이어진다.

　맬서스의 실수는 이미 마르크스와 고드윈이 지적했듯이 그가 기본적으로 인구를 생물학적인 문제로만 접근하고 사회학적으로 가변한 문제로 인식하지 않았던 것이다. 따라서 맬서스는 사망률에만 계속 관심을 집중했다. 즉, 그는 사망률의 증감에 따라서 생활수준의 향상 또는 그 반대 현상이 있을 것이라 믿었다. 그의 이론에서 출생률은 생물학적인 상수로만 취급되었다.

그러나 신맬서스주의에서는 피임의 확대로 출생률이 인구 문제의 중요한 변수로 자리를 잡게 되었다. 따라서 생활수준과 인구 규모 사이에 전혀 반대되는 상관관계가 나타나게 되었다. 지난 10년간 스웨덴에서는 출생률이 사망률에 비해 현저하게 감소하여 인구수가 감소했지만, 생활수준은 강력하게 상승했다.

이런 새로운 경험을 우리는 맬서스주의와는 정반대로 생활수준의 향상이 인구의 감소로 이어진다는 일반적인 이론으로 설명하고자 한다(출산율이 사망률보다 떨어지는 것을 이유로 하여). 우리가 이제까지 역사적으로 경험한 현상을 차치하더라도, 이러한 이론의 등장과 동시에 부자만 아이를 갖는 것이 아니라 가난한 사람들도 아이를 갖는다는, 한때 주목받았던 반맬서스주의 이론도 많이 언급되었다.

그러나 스웨덴 몇몇 대도시 사회계층의 출산율에 관한 에딘의 매우 이상한 연구와 그와 유사한 외국의 연구를 참고하더라도 이런 반맬서스주의에 대해서 의문을 갖지 않을 수 없다.[1] 적어도 대부분의 시민이 오랫동안 피임에 접근할 수 있었던 사회에서는 비교적 높은 소득 계층에서 출생률이 높게 나타나고, 그렇지 않은 경우는 그 반대였다. 출생률과 소득 계층 사이의 부정적인 상관관계는 단지 피임 접근성과 관련이 있는 역동적인 절차에 불과할 뿐이다. 단순히 피임이 소득이 높은 계층에서 먼저 시작되어 아직 그 밑의 계층까지는 잘 전파되지 않았다는 뜻이다. 이러한 움직임이 아래까지 확산하고 나면 평균 출생률이 낮아지게 될 즈음에는 그 상관관계가 긍정적으로 바뀌어 사회계층과 소득이 높을수록 상대적으로 많은 아이를 갖는다.

이런 식으로 이 현상을 감히 일반화하더라도 맬서스의 이론으로 다시 돌아가는 일은 없을 것이다. 왜냐하면 맬서스에 따르면 이 문제는 식량 생산에 대한 생물학적인 압력이고, 따라서 출생률이 아니라 사망률을 변수로 다루고 있기 때문이다.

유사한 일반화를 진행할 근거는 충분하지 않지만, 에딘도 매우 조심스럽게 이와 유사한 결론을 내린 바 있다. 실질적으로 이 분야에서 지난 10년간의 중요한 결론은 소득의 증가와 출생률의 관계를 간단하고 일반적으로 설명할 수 있는 이론이 없다는 것이다.

이것이 과연 놀랄 일인가? 이와는 반대로 생물학적 메커니즘으로 설명될 수 있는 간단하고 일반적인 설명이 있을 것이라고 믿어왔던 것이 더 이상하지 않은가? 부의 증가에 영향을 끼치는 인구 요소들의 반영은 실로 사회마다 다르며 시대마다 다른 가족과 계층 구조, 의견과 생활 관습 등 사회적 관계 속에서 결정되어야 한다. 인구 요소들의 움직임과 부의 증가, 기술의 발전 그리고 방금 언급한 사회적 요소들은 기본적으로 기계적인 패턴으로 이해될 수 없는 사회학적인 요소들을 형성한다.

1800년대 사회 연구에서 지속적으로 잘못했던 것은 유사 과학의 이론을 너무 쉽게 받아들인 것이다. 즉, 인간과 사회를 심각하게 받아들이지 못했었다. 전체 경제 이론을 보더라도 표면적인 쾌락주의의 심리와의 관계만을 주시했을 뿐, 사회와 사회제도의 의미는 간과했다.

이제 그런 시대는 끝났다. 이제는 사라질, 기존의 간단하고 일반적인 인구법칙을 다시 한번 규정하기 위해서는 맬서스의 인구 이론을 순전히 정량적으로 입증해낸 훌륭한 생물학자이자 통계학자인 레이먼드 펄Raymond Pearl의 연구를 좀 돌아볼 필요가 있다. 이 문제가 완전히 자연법칙의 문제라고 믿었던 그는 인구 증가를 설명하는 수학적 공식을 찾으려 했다. 또한 그는 이 수학적 공식이 인간의 개체수 증가뿐만 아니라 다른 개체수의 증감에도 해당한다고 생각해 초파리나 효모균 실험으로 증명할 수 있다고 믿고 통제된 공간에서 '개체수'의 변화를 실험했다.

위와 같은 사고는 물론 '자연 인구법칙'을 따르는 것이다. '식량 증가'가 실질적으로 무제한으로 이루어진다면 초파리의 개체수는 복리의 공식을 따라 기하급수적으로 증가한다. 이 증가율에 영향을 미치는 요소는 식량 초과 공급 시, 생물학적인 상수들인 출생률과 사망률이다. 시간이 지나면서 식량 생산은 분명 탄력적이지만 일정 한계에 다다르게 될 것이고 사망은 증가하고 개체수 증가는 줄어들 것이다. 개체수가 많으면 많을수록 감소는 더 많이 이루어지는 방향으로 진행되다가 다시 개체수가 일정하게 안정될 것이다. 따라서 개체수의 증감은 논리적 그래프로 설명되었다.

그러나 생리학적인 '인구법칙'을 설명하는 이 논리적 그래프를 펄은 인간에게도 적용했다. 그는 오랫동안 인구가 증가한 것으로 알려진 몇몇 국가와 작은 지역들을 택해서 자신의 상수를 적용해 인구 증가가 어느 정도 논리적 그래프의 형태를 따라가는지 살

폈다. 또한 이미 파악한 요소들을 적용하여 수정을 하기도 하면서 이후 각기 해당하는 국가들의 인구 규모가 그래프의 어디에 해당하고 어떤 나라의 인구수가 '포화'에 달했는지, 인구가 안정되는 시기는 언제인지 예측했다.

그런 결정론적인 접근은 경험적인 추정으로 모든 현실적인 문제를 간과했다. 예를 들어 인간 사회에서 식량 문제는 특별히 상대적인 개념이며 기술의 발전과 함께 역사적인 변화에 해당한다. 식량의 규모는 사회가 다양한 측면에서 어떻게 조직되었는지를 따르는데, 이를 다른 말로 하면 생산기술의 발전과 무관하게 증가 또는 제한될 수 있다는 뜻이다.

또한 인구의 증가는 현대사회에서 식량의 직접적인 영향을 받지 않는다. 사망률의 경우는 위생 등에 영향을 받는다. 그러나 출생률은 다르다. 무엇보다도 아이의 출산은 더더욱 사람들이 스스로 희망하는 것으로 여겨진다. 따라서 원칙적으로 초파리의 경우와는 달리 인간의 경우 출생률은 생물학적 상수가 아니다. 이러한 인간의 생산 욕구는 과학적인 인과 문제처럼 인식될 수 있으나 이 문제는 사회학적인 문제다. 인간의 생산 의지가 주요 요인들 중 하나인 것은 분명하기에, 이론적으로 식량의 문제로만 완전히 설명될 수 없다. (이로써 이에 대한 설명은 되었다고 본다.)

믿을 만한 학자들은 펄의 이론을 거부했지만, 그는 자신의 우아한 자연과학적인 포장으로 일종의 인기를 누리긴 했다. 루드비그 노르드스트룀Ludvig Nordström도 이 이론을 본인의 저서 《스투르 노를란드Stor Norrland》에 사용하기도 했다.

최적의 인구수

일반적으로 적용 가능한 인구법칙을 찾기 위한 시도가 요즘에는 '거시경제적' 접근을 통해 인구 규모를 간단한 과학적 공식으로 파악하려는 식으로 이루어지려고 하지만 이는 불가능한 일이다. 전쟁 이전의 경제학자들 중 일부는 존 스튜어트 밀의 암시를 기초로 평균 생활수준이 최고에 이를 수 있는 최적의 인구 규모에 대한 이론을 정립하고자 했다. (인구 규모와 생활수준의 사이의 최적에 관한 정의를 위한 제안도 있다.) 이런 이론은 자연스럽게 오래된 통조림을 대접하는 것 같은 포퓰리즘 과학 저술 활동을 먼저 떠올리게 한다. 그러한 이론은 처음부터 말이 안 되는 것이었다.

'최적의 인구'에 관한 생각 자체는 그 이론의 뻔한 약점을 슬쩍 살펴보기만 해도 이론의 내용이나 정치적 가치의 허용 측면에서 총체적으로 불분명하다.[2] 그것은 그 자체로 정태적이며, 줄곧 미래 기술의 발전 등의 요소들을 포함할 수 있다고 주장해왔으나 그렇게 하는 것이 불가능하다. 해당 이론은 이를 다 무시한다고 하더라도 일개 국가에 적용하기가 불가능하다. (왜냐하면 이때의 최적은 나라의 부유함을 깨닫고 아름다운 변방의 요새에서 정착하여 외국인들에게 시중을 받는 소수의 사람들이 될 것이고, 이는 이러한 자유주의적인 이론에서 매번 언급되는 평화로운 국제정치를 전제로 하기 때문이다.) 다른 한편으로는 국제 이론처럼 인류를 고려하기 시작하면 이 모든 것들이 매우 모호해진다. 또한 결과적으로 이 모든 것을 다 차치하더라도 최적의 인구수를 실질적으로 계산해내는 것은 불가능하다. 구체적인 상황이나 실용적인 판단으로 이끄는 어떠한 것도 이론을 제시하지 못하고 있다. 이는 사회적인 현실을 반영하지 못한 사변적인 탁상공론에 불과하다.

최적의 인구수에 대한 이론은 미래 기술의 발전 속도가 점점 더 줄어들 것이라는 예측에 늘 의존한다. 1800년대 내내 계속해서 경제학 저서에는 이런 예측이 늘 언급되었고, 더는 기술적인 발전이 의미 없다고 말하고 있다. '위대한' 자연과학적인 발견은 이미 다 이루어졌으며 그 이후에는 단지 생산력의 증대에 커다란 영향을 줄 수 있는 약간의 '개선'이 있을 뿐이라는 주장이다. 결론은 자연의 힘이 다 알아서 한다는 것이었다. 이제는 잉여분에서 거의 취할 것이 없다는 것이다.

기술 발전 속도의 감소에 관한 생각은 자유경제의 주요 정적인 성격과 자본주의 기업의 매우 과장된 효율성과도 일치했다. 생산 증대 가능성의 포괄적인 개선을 생각하는 것은 고려되지 않았다. 미국에서는 산업의 발전 속도가 지속해서 더욱 가열되어 이 정적이고 비관적인 시각의 유지가 불가능하다. 그래서 우리는 미국 저서에서 기술의 발전이 반드시 지속적으로 속도를 내야만 한다는 주장을 끊임없이 접해왔다.

윌리엄 필딩 오그번William Fielding Ogburn은 아마 시카고에 기반을 둔 사회학자 중 가장 유명한 학자일 텐데, 그는 《사회변동론 Social Change》(뉴욕, 1928)이라는 저서에서 자신의 주장을 발전시키면서 분명 무의식적으로 마르크스와 비슷하게 그리고 소스타인 베블런Thorstein Veblen과 연관을 지어 자신의 사회학적 사상을 훨씬 더 의미 있게 만들어 기술이 사회 발전의 독립적인 변수이며 견인차라고 주장했다.

오그번은 정기적인 발명이나 발견은 공기 중에 있다가 여러 방향으로 거의 동시에 일어난다고 지적했다.[3] 다른 말로 하면 기술의 발전은 사회의 기술 지식 자산의 축적으로 일어나고, 또한 해당 자산은 지속해서 새로운 발전과 함께 증가한다는 것이다. 과학적 연구에 종사하는 이들에게는 이 주장이 자연스러운 것이지만, 과학적인 문제가 '해결'될 때마다 수많은 다른 문제가 생긴다는 것도 이해한다. 연구 활동은 여러 가지로 계속해서 분화된다. 과거를 돌아보면, 특정 발견들이 많은 연구로 분화되어 발전한 것을 알 수 있다. 그것들은 '위대한' 것들이라 볼 수 있는데, 자유주의 경제학자들은 이를 과거에만 존재하는 것으로 생각한다. 그러나 새로운 발견은 그 자체로 비슷한 분야로 가지를 치는 이유를 제공하고 향후 '위대한' 것이 될 수 있다.

이와 같은 관점에서 오그번은 기술의 발전은 누적되는 것이고 일반적으로 진보적인 경향을 보이며, 따라서 가속될수록 기술의 지식 자본이 증가한다는 결론에 이르렀다.

우리 모두 지난 수십 년간 얼마나 기술이 빠르게 발전했는지 잘 알고 있다. 이런 발전은 우리 사회의 제도적 틀을 폭파해버리는 역동적인 요소다. 먼저 기술의 발전은 자연의 힘을 지배할 수 있음을 의미하며, 경제적인 의미에서는 자원의 증가를 뜻한다. 현재의 기술 발전 속도는 스웨덴 인구 규모의 실제적인 주요 제한선 내에서 무엇보다도 인구수와 생활수준 사이의 연관이 존재하는지에 대해 강력한 의문을 품게 한다.[4]

만일 상관관계가 있다면 자원의 부족은 늘어난 인구가 더 열심히 일하고, 먹고, 살기 위해 더 많은 것을 내려놓아야 한다는 뜻이 된다. 인구가 최적의 인구로 줄어들면 일반적으로 비교적 적은 인구가 유지되는 것으로 추정하여 근로자 한 사람당 실질소득이 증가하는데, 그 이유는 개인에게 주어지는 자원이 더 많아지기 때문이다.

앞에서도 말했듯이 해당 관점이 현재 우리 경제 상황에 적용되는 것은 아니다. 세계는 자원 부족에 시달리지 않고 있는 것으로 보인다. 이 사실을 깨닫는 데 자유주의적 경제학자의 정적인 사고로 불필요하게 오랜 시간이 걸렸다. 전쟁이 끝난 후까지도 자원 부족에 대한 근거 없는 이야기들이 쓰이고 논의되었다. 또한 현재의 과잉생산과 질서의 와해 위기는 모순적이라 하는데, 이는 불변하는 부족의 관점에서 바라본 것이고 기술 발전의 끊임없는 가속도는 고려하지 않은 주장이다.

그런 와중에 과잉생산과 생산 역량의 증대 속에서도 끔찍한 실업률을 보인다. 어디인가에는 분명 부족이 존재한다. 그러나 그것은 자연의 잘못이 아니며 근로를 하는 자나 근로를 희망하는 자 한 사람당 주어지는 자원이 적기 때문도 아니다. 그 부족은 수요의 부족이며 유행하는 말로는 소비력의 부족이다. 더욱 진지하게 그리고 완전하게 말하자면 현재 우리에게 없는 것은 생산에 관한 그리고 생산 결과의 분배에 대한 이성적이고 계획적이며 사회적인 조직이다. 우리에게 생산 방법은 충분히 존재한다. 우리는 우리가 생활수준을 유지하고 향상하는 데 필요한 기술의 지식을 어떻게 사용할지도 잘 알고 있다. 그러나 생산과 사회질서 그 자체에 대해서는 그다지 잘하고 있지 않다. 이는 우리가 가장 최악으로 무능한 부분이다.

이 지적은 인구문제에서도 중요하다. 우리의 경제적 부의 증대를 멈추게 만든 사회적 조직의 잘못은 어떤 관점으로 그것을 판단하건 간에 인구의 규모와는 별로 상관이 없다. 그 사회적 조직의 문제는 기본적으로 우리가 몇 명 더 있거나 덜 있거나 상관없이 똑같이 중요하며 같은 의미를 지닌다. 부의 증가가 다른 말로 하면 '횡적'이라는 이야기다. 그러므로 단지 인구의 감소가 우리의 생활수준을 향상시킨다고 희망할 수는 없다.

따라서 현재 높은 실업률을 목도하면서 인구가 너무 많아서 그렇다고 주장하는 것은 매우 표면적이다. 일자리가 없는 사람들을 무슨 요술봉을 휘둘러 사라지게 한다면 물론 모든 면에서 공급과 수요의 일정 변화가 있겠지만, 그럼에도 우리는 일정 수준의 실업률을 피할 수 없을 것이고 아주 커다란 변화는 없을 것이다. 이에 더해 출산율을 낮춘다고 실업자들이 없어지는 것도 전혀 아니다. 이 프로세스는 결국 한 세대에 걸쳐서 일어날 것이다. 출산율의 저하가 경제 발전의 변화를 초래할 것이라는 추정을 근간으로 실업률이 낮아지리라고 주장할 아무런 이유가 없다.

여기에서 하나 짚고 넘어가야 할 사항은 위와는 반대로 현재의 실업률이 지난 10년간의 낮아진 출산율로 '수요'가 줄어들었기 때문이라는 지속적인 주장이다. 이는 이전의 주장과 마찬가지로 대체로 엉성하고 근거가 없다. 그러나 이 주장은 우리가 인구를 줄이면 경제 상황이 좋아질 것이라고, 높은 실업률을 이용해 직접적인 결론을 다소 자연스럽게 설명하는 아주 좋은 방법임을 보여준다. (현재의 높은 실업률이 개개인이 출산하지 않는 동기로 작용하고, 이것이 낮은 출생률로 이어지며 결국 인구 감소로 생활수준이 향상된다는 것은 완전히 다른 이야기다. 189~192쪽을 참조하라.)

자원이 부족해서가 아니라 사회가 비효율적으로 조직된 것이 문제라는 점은 개인 자본주의 생산 질서를 주장하는 신자유주의 경제학자들에 맞서 사회주의자들이 비판해온 내용이다. 소득의 증가가 즉각적인 높은 출산율로 이어질 것으로 추정해 임금을 동결해야 한다는 고전적 임금법을 구※맬서스주의자들의 주장에 맞서 거부했던 그들의 선배들이 옳았던 것처럼 지금도 이 주장은 맞는 것처럼 보인다. 현재를 사는 사람들은 이미, 또는 머지않은 시기에 기업의 경제적 조직이 얼마나 빠른 속도로 그 폭파 직전까지 갔는지 목도하게 될 것이다.

그러나 이러한 이유로 그때까지는 어떤 방법으로든 버텨야 한다. 이에 관해서 이미 여러 번 충분히 증명되었듯 우리가 직전의 자유주의 세기에 익숙하게 받아들였던, 인구문제를 설명하는 일반적인 형태의 간단한 공식을 거시경제학에서는 제공하지 못한다는 점이 분명하다고 해도 무리가 없다.

사회계층 간 인종적, 생물학적 가치 차이?

인구문제의 이론화에 기여하려고 하는 여러 종류의 학문도 비슷하게 접근하고 있다. 일반적이고 간단한 인구법칙이 나오고 있지만, 점점 더 매우 수상해지고 있다. 이는 인구문제의 질적인 문제의 중요한 부분을 다루는 인종생물학에도 해당하는 말이다.

이 질적인 문제는 한 인구집단 내에서 개인의 차이를 연구하고, 그 차이가 유전적 요인에 기인한 것인지 환경적인지를 연구함으로써 이해될 수 있다. 이는 실질적으로 사회경제학적인 관점에서 매우 중요하다. 개인의 차이가 환경적 요인에 기인한다면 여러 가지 방법을 동원해 주어진 환경을 바꿔서 인구 집단의 질을 변화시킬 수 있다는 이야기가 된다. 그러나 유전적인 요인에 기인한 것이라면 변화의 가능성은 제한적이다.

변화된 환경 요인들은 어느 정도 분명히 유전적인 성질의 역할을 변화시키고 인간의 개인적이고 사회적인 생활에 영향을 충분히 주겠지만 (물론 이것도 충분히 중요하다) 그 성질들의 근본을 바꾸지는 못한다. 특히 원하지 않았던 성질일 경우에 불임 시술이나 다른 방법으로 그러한 성질을 가진 개인의 자녀 생산을 불가능하게 할 수 있다. 한편, 우생학의 긍정적인 측면은 자녀 생산을 독려하거나 임신을 원하지만 자녀 생산에 불필요한 방해 요소를 없앨 수 있는 것인데 이는 아직 현실적으로 불가능하고 아직 인류의 꿈으로 남아 있다. 인종생물학의 현재 관점에서는 아직까지 이성적인 방법으로 그리고 광범위하게 책임지는 방식의 실용적인 방법이 가능하지 않다.

개인적인 차이의 문제 그리고 그 본질이 환경적 요인 때문인지 유전적인 요인 때문인지에 관한 연구는 이미 흥미롭고 실질적인 의미가 있는 결과를 보여주고 있으며 앞으로도 더 많은 결과를 기대할 수 있을 것이다. 이 문제는 다음 장에서 좀 더 살펴볼 것이다. 그러나 더욱 수상쩍은 것은 여기저기에서 부쩍 성행하는 여러 사회적 집단, 즉 인종이나 사회계층의 평균적인 가치를 평가하려는 시도다. 특히 사회적으로 의미 있는, 소위 영적인 성질에 해당하는 가치를 평가하려는 시도다.

하나의 사회집단은 한 개인이나 생물학적으로 하나의 동질성이 주어진 집단과는 달리 사회적이고 제도적인 영향이 축적되어 나타난 매우 다른 개인들의 모임이다. 물론 동식물 연구에서는 개체의 집단을 연구하기도 한다. 그러나 그러한 집단은 동일한 성질의 개체를 모아놓은 것으로 같은 생물학적 성질을 기반으로 한다. 이런 '순수'한 집단을 다루는 방법을 실제 존재하는 절대로 '순수'하지 않은 사회적 집단에 그대로 적용하는 것은 삼가야 한다. 여기에서 우리가 분명히 기억해야 하는 것은 사회적 집단 사이의 차이보다는 각 사회적 집단 내의 차이가 클 경우가 많다는 사실이다. 특히 직접적으로 생물학적인 성질이 아닌, 지적이고 도덕적 성질에 대해서는 어떤 성질이 사회적으로 선호되는 것이며 어떠한 우선순위로 그것을 정할 것인지, 또 어떤 정량적 가치 지수를 적용할지가 분명하지 않다는 점도 기억해야 한다. 우리가 잘 알고 있듯이 지적이고 도덕적인 성질의 측정을 과학적으로 통제된 방법으로 하는 문제는 아직 어디에서도 해결되지 않았다. 또한 강조되어야 하는 것은 이런 성질들은 반드시 정량적인 정의가 주어져야 하며, 무엇보다도 사회집단 간의 유사한 비교가 가능해야 한다. 이러한 과학적 원리에 신체 측정학적이고 통계학적인 조사가 범위를 확장해 더 많이 적용되고 있다. 지능의 경우 이런 조사를 간접적으로 적용할 수 있다고 믿지만 이는 순환논리에 불과한데, 이런 믿음은 계층 순환이 지능에 따라 선택적으로 이루어진다고 추정하기 때문이며 이는 많은 문제 중 하나다.

전반적으로 이 분야는 지금 그 발전의 시발점에 서 있을 뿐이다. 결국 사회집단 간의 차이의 근간을 밝힐 수 있는 의미 있는 집단 측정이 만족할 만큼 이루어지지 않았다. 이제까지 이루어진 몇몇 조사, 특히 오랫동안 그 방법이 존재해온 아이큐 비교 조사의 경우, 생각보다 사회집단 간의 평균 차이가 크지 않고 사회집단 내의 개인들을 비교했을 때도 그 차이가 적다는 결과가 알려져 있다. 그러므로 이미 지적했듯이 그 차이의 통계적인 해석에 주의가 필요하다. 더욱이 이를 인종위생학적으로 결론을 내기에는 그 범위가 매우 제한적이다.

마지막에 언급한 것에 대한 설명으로 하나의 예를 들어보겠다. 인종의 차이 대신 스웨덴에서 의미 있는 집단의 유일한 구분은 계층의 차이여서 이를 비교에 사용했다. 많은 국가가 비교적 잘 통제된 지능 조사를 각기 다른 사회집단에 속해 있는 어린아이들을 대상으로 실시한 결과, 아버지의 직업에 따라 아이큐 평균값의 차이가 비교적 일정한 경향을 보였다. 이와 같은 연구에서 어린아이들을 우선 조사 대상으로 삼는 이유는 차별화가 덜 된 아이의 지능은 정량적 측정과 비교를 위한 접근이 상당히 용이하며, 동시에 그 문제의 연관 관계에서 아이의 지능이 유전적인 것이지 향후에 발달된 성질이 아님을 대부분 추정할 수 있기 때문이다.

영국에서는 1,000명이 조금 넘는 수의 아동들을 대상으로 조사한 결과, 아이큐의 평균값이 96~112.2 사이라는 것을 알게 되었다. 부친이 전문직(과학자, 의사, 변호사, 작가 등)에 종사할 경우에는 점수가 높은 그룹에 속해 머리가 좋은 것으로 생각되었고, 부친이 일용직에 종사할 경우에는 그다음 그룹에 해당하는 것으로 나타났다. (공장 근로자의 아이들은 평균 아이큐가 100.6이었다.) 비슷한 조사를 미국에서 실시한 결과, 전문직과 숙련된 근로자, 육체노동자 자녀들의 아이큐 평균값은 각각 116, 104, 95에 해당했다.

위의 숫자들은 그냥 보기에는 그 의미가 뭔가 상당히 분명한 것처럼 보이지만 사실 전문가 입장에서 보든 일반인이 보든 그리 획기적인 것은 아니다. 숫자들을 해석할 때 여러 가지 상황을 고려할 필요가 있다. 왜냐하면 첫째로 아이큐에 관해서는 객체들을 다른 지수들을 다룰 때처럼 너무 심각하게 받아들여서는 안 되기 때문이다. 아이큐 테스트는 점수가 100 정도면 일반적인 지능을 가진 것으로 평가되도록 설계되었다. 그러나 이 테스트를 여러 가지 사회집단에 공정하게 적용하기 위해 표준화하기 어렵다.

특정 사회집단이 성취한 높은 아이큐 점수는 그 측정 기술이 아직 불완전해서 나온 결과이기도 하지만, 그 집단의 관습과 추구 그리고 교육에 따른 것인 경우가 많다. 농촌 지역에서는 도시 지역과 비교했을 때 더 낮은 점수가 나오기 쉬운데, 이는 아이큐 테스트 자체가 시골 지역 아동들보다 도시 지역 아동들이 더 완성도 있고 쉽게 배울 수 있는 것들로 구성되었기 때문이다. 즉, 일반적으로 아이큐 테스트가 도시 아동을 대상으로 선정되고 표준화되었다는 뜻이다. 그래서 이 결과를 사회집단 간 비교에 사용하는 것이 불가능하다. 무엇보다도 농촌 지역에서 태어난 사람은 타고난 재능이 더 적다는 식의 그 어떤 결론도 낼 수가 없음에 주의해야 한다.

다른 비교도 마찬가지다. 테스트 자체의 구성 체계에서 오는 허점들을 피하기 어렵다. 적어도 이와 같이 지적된 연관 관계는 적은 차이의 해석에 전문가들이 매우 조심할 수밖에 없고, 또 의

문을 갖게 한다. 따라서 대부분 결론은 '똑같이 재능'이 있다고 해석한다. 이런 맥락에서 실시된 테스트는 전 계층에서 대부분의 아이들이 평균적인 재능을 가졌다는 결론에 이르게 한다.

낮은 계층의 집안에서 똑똑한 아이가 태어날 확률, 또 그 반대일 확률이 높음에도 그 어떤 사회계층이라도 천재에서 천치까지 이르는 다양한 스펙트럼을 보인다. 따라서 평균의 차이는 사실 상대적으로 의미가 없는 넓은 빈도 곡선의 이동에 불과하다. 즉, 적어도 특정 사회집단의 자녀 생산을 독려, 또는 중단시키려는 궁극적인 동기부여의 방법으로는 의미가 없다.

더 나아가, 이미 많이 그러고 있지만 지적인 직업을 가진 사회집단을 일반적으로 '상위의 사회계층', 즉 상류층으로 규정하는 것도 주의해야 한다. 은행가 또는 식료품 가게 주인을 상류층으로 설명하거나 전부 상류층으로 하나로 묶어서 설명하게 되면 그 집단에 속한 아동들의 평균 지능이 낮아지는 것은 그다지 놀라운 일이 아니기 때문이다.

마지막으로 분명히 해야 하는 점은 모든 과학적 방법이 주의 깊고 완전하게 순수 지능을 측정하지만 아동의 건강이나 가정의 지적인 환경의 영향이 미치지 않기 때문에 이를 통한 사회집단 간의 비교는 성립될 수가 없다는 것이다. 따라서 아이큐는 유전적인 것이 아니라 후천적인 것이라고 볼 필요가 있다.

지능 측정 결과가 학교 성적이나 통제되지 않은 환경에서 개인적 인상보다 훨씬 더 정확한데도, 성취 능력은 환경에 민감하게 좌우된다. 학자들은 가정환경의 개선이 6~8점, 또 어린 시절의 좋은 교육이 10~15점의 향상을 가져올 수 있다고 한다. (일란성 쌍둥

이와 보호 아동들을 정의 가능한 환경 그리고 실험 상황과 유사한 환경 사이에 재배치해 유전적 요소와 환경적 요소를 분리하여 실험한 결과 정량적으로는 차이가 있으나 그 방향이 맞다는 것이 확인되었다.) 보수적으로 접근해서 10점 만점 중 상기의 개선이 있었다는 것은 유전적인 영향보다는 환경적인 영향이다. 차이의 큰 부분은 위의 인용과 비슷한 연구에서 이루어진 사회집단별 관찰에서 나타났듯이 변화된 환경조건에 기인한다.

따라서 평균 차이의 주요 부분들은 상류층 아동들이 노동 계층 아동들보다 신체적, 정서적 돌봄을 받을 경제적인 여유가 있는 것에서 기인한다. 또한 부모가 전문직을 가진 아이들의 높은 점수는 당연한 결과다. 그들은 육체노동을 하는 부모를 가진 아이들보다 어릴 때부터 가정에서 사고력 증대에 기여하는 환경을 더 자주 제공받기 때문이다. 하지만 이것이 반드시 그들이 성장한 후의 능력에 획기적으로 영향을 미치는 것은 아니며, 타고난 성질보다 그 영향력이 낮다.

이 모든 것을 종합해볼 때, 여기에서 또 기술적인 성격으로 설명할 수 있는 것은 위에서 보았듯이 사회집단 간 지능 차이는 사회적으로 의미 있는 유전적인 영향에 기인한다는 가설을 뒷받침할 만한 충분한 근거가 되지 않는다는 점이다. 오히려 정반대로 이런 지능의 차이는 단일민족 내에서 균등한 분포를 보인다. 즉, 그전에 믿어왔던 것과는 달리 전체 인구에 이런 지능의 차이가 동일하게 퍼져 있다. 외국에서 진행된 조사도 언급하자면, 특히 미국의 경우는 인종과 문화의 다양성이 스웨덴보다 확보된 사회임에도, 사회계층 사이에 지능의 차이가 아예 없는 것으로 나타났다.

이 예는 단지 제한된 재능의 차이를 아동의 지능 측정으로 알아본 결과로 아직까지는 완벽하지 않은 방법이다. 전쟁 이후 이 중요한 문제에 대해 큰 노력을 통한 결실이 있었지만 다른 정서적인 특성들, 가령 용기, 성격의 진실성, 여러 가지 사회적 배려 등에 관한 연구는 아직 개발되지 않은 영역이다. 따라서 지금 말할 수 있는 것은 아직까지 그 어떤 연구도 사회적으로 의미 있는 사회계층별 특성의 차이가 유전적인 요인에서 기인했다는 주장을 뒷받침하지는 않는다는 것이다.

이런 상황에서 심리학 연구에서 얻게 된 개인적인 경험이 직관적으로 대중에게 설득되어 일반화되는 것은 매우 위험하다. 이는 특히 계층, 인종, 성별을 비교할 때 아무리 연구자가 객관적이고 정직하게 연구한다고 하더라도 강력하게 감정에 의존하기 때문이다. 그리고 일반적으로 반대 성향의 연구자들은 이 분야의 일반적인 주장에 이끌릴 것이다. 그런데도 사회계층별로 출산율이 다르게 나타나고 상류층, 즉 문화자본을 소유한 계층이 출산을 상대적으로 적게 해서 인종위생학적으로 불리하다고 하는 경우가 있을 것이다. 이는 근거가 매우 미약한 주장으로 상류층이 평균적으로 더 가치가 있다는 연역적 추론의 발달 이론에서 온 추정에 불과하다. 계층 순환은 유전학적으로 생긴 거품, 즉 상류층을 분리하는 커다란 사회 분리기로 작용할 것이다. '존재를 위한 투쟁'에서 어떤 개인들은 다른 사람들보다 더 앞서 나갈 수 있다. 그것이 상류층에만 해당하는 이야기라고 생각한다면 그런 사람은 사회적 사다리를 타고 상승할 능력을 갖춘 사람이거나 그들의 자녀들이 상류층에 요구되는 특성을 소유한 사람들이다. 그렇다면 상류층의 비교적 낮은 출산율은 역逆 도태에 해당한다.

다른 것들은 다 차치하더라도 이와 유사한 이론들은 사회계층 순환이라는 개념에 대한 무지를 드러내며 이론의 허점을 보였다. 사회계층의 상승을 이룬 개인들은 그것을 가능하게 한 특정한 유전적 특성이 있다고 믿어져왔다. 그렇다면 이것의 정량적 비율은 어떻게 될까? 모든 사회적 움직임에는 결론에 중요한 영향을 미치는 우연한 요소가 있고, 또 다른 일련의 환경적인 요소들이 사회적 상승에서도 매우 중요한 습득된 특성을 결정한다. 그렇다면 어떤 개인적인 특성이 성공을 가져왔는가, 즉 선호하는 특성은 무엇인가라고 질문할 수 있다. 커다란 사회적 성공, 특히 비즈니스에는 반사회적인 특성이 전제되었다는 증거가 많이 존재한다. 결론적으로 어떤 유전적 특성을 물려받아야 사회적 상승이 가능한지 묻지 않을 수 없다. 이것은 유전적 성질들이 우연으로 그리고 고도로 복잡한 조합으로 나타난 것이라고 생각하는 것이 맞지 않은가? 그렇다면 이러한 복잡한 조합들이 후대에 확산하고, 특히 그다지 성공하지 못한 그룹 등 더 많은 그룹에서도 주요한 유전적 성질이 일반적인 성질이 되는 것은 아닌가? 이런 관점들을 비롯해 다른 관점들에 관한 정량적인 작업에는 어떤 것들이 있었는가? 그리고 어떤 관찰을 통해 이 개념의 근거를 마련할 수 있는가?

여기에서 한 가지 지적하고자 하는 것은 계속해서 비판을 받아왔던 연구들, 즉 학교 성적 차이 등이 보여주는 조합은 결정적이지 않고, 상류층 아동들이 여러 가지 문화 영역에서 더 성공한 사람들이 된다는 익숙한 생물학적인 연구들도 그다지 설득력이 없기는 마찬가지라는 것이다. 왜냐하면 사회적인 마찰이 여기에 매우 강하게 작용하기 때문이다. 상류층 아동들은 더 좋은 영양과 교육을 제공받고 더 안전한 환경에서 자라며 인적 네트워크도 더 잘 활용할 수 있다. 이러한 맥락에서 멀리서 보기에는 시작점이 같다고 느껴진다고 하더라도 예측을 한다는 것은 사회학적으로 매우 유치한 일이다. 예를 들어 귀족과 같은 부유한 배경을 가진 상류층이 더 뛰어난 역량을 가졌다고 '증명'하는 것은 전반적인 방법론이 그저 사기에 그친다는 것밖에는 안 된다.

사회계층 순환의 유전학적 문제와 관련한 논의를 언급하면서 사회계층과는 전혀 관계가 없는 개인들을 언급하지는 않았다. 유전적 질병이 있거나, 또는 부족한 인성(정신박약 혹은 저능, 몇몇 정신 질환이나 몇몇 신체 질환) 등으로 고통받는 사회 밑바닥에 존재하는 이들 말이다. 이후 관련하여 더 논의하겠지만 이런 개인들이 다른 일반 대중보다 더 나쁜 유전자를 물려받았다고는 말할 수 없다. 왜냐하면 일반적인 논의가 전제하고 있듯이 문제의 특성들은 복잡하고 한 가지만이 지배적이지 않기 때문이다. 그러나 몇몇 결점들의 유전 위험성은 잘 알려져 있고 이런 특성은 몇몇 개인들에게서 구별되어 나타난다. 이는 인종위생학적으로 후대로 이어지는 것이 바람직하지 않다.

이들은 우리가 논의하는 사회계층의 가장 밑바닥으로 떨어진 이들이다. 그리고 대체로 이들은 사회의 부담으로 남는다. 사회계층의 순환 절차에 따라 이런 약화된 개인들은 구별되고 어느 정도까지는 인종위생학적 선택(특히 정신박약의 경우)의 조짐이 보인다. 그러나 선택은 모든 사회계층에서 일어난다. 농부, 노동자, 또한 상류층에서도 일어난다. 이는 약자를 보호할 여건이 안 되어 비인간적으로 분리시킬 수밖에 없었던 낮은 사회계층보다 자신들의 부와 능력으로 여러 세대를 거치는 동안 저능아들을 사회적으로 유지해온 상류층에게 더 부담일 것이다. 그러나 이 이론 또한 그 근거가 미약하다. 사회를 상류층과 최하층, 두 집단으로만 나누어 비교하는 것은 옳지 않다. 최하층의 경우, 계층이 없거나 사회에서 방출된 경우를 전부 계산에 포함한다. 또한 최하층을 주로 농부와 노동자로 이루어진 사회집단으로 생각해 그 어떤 합당한 이유도 없이 결과치를 믿을 수 없게 낮게 만든다.

　유전학적인 계층 이론은 추상적인 방법론적 문제 비판에서부터 통찰이 부족하고 조합된 가정이라고 여겨져 이미 그 근거가 부족한 것으로 판명났다. 또한 사회계층의 이동에 관해 실증적인 연구를 해온 연구자들은 다원주의의 발전 이론에 대해 회의적이다. 다른 분야에서도 마찬가지로 확실하고 경험적이며 검증 가능한 정량적인 데이터 없이 연구를 진행해 자유로운 추측이 가능한 공간이 많아 자기비판의 능력을 잃어버렸다. 현대적이고 실증적이고 추측하지 않는 사회심리학의 연구에서는 이와 정반대의 가정을 받아들이고 있다. 즉, 규모가 큰 사회집단의 경우 여러 가지 정신적, 유전적 특성, 특히 인종까지 포함한 그런 특성들의 평균적인 차이는 그다지 영향을 미치지 못하고, 실질적인 차이의 연구에서 거의 무시해도 된다고 생각한다. 그 대신 오히려 유전적이고 습득적인 차이가 개인에게, 또 사회적이고 환경적인 요소가 사회집단에 미치는 영향이 더 크다고 생각한다. 이미 주장한 바와 같이 이러한 접근이 더욱 설득력 있다는 데 의견이 모이고 있다. 다시 환경의 중요성이 부각되고 있다. 아프리카계 미국인과 폴란드의 유대인이 각기 인종적 특성을 보인다면, 우선적으로 이는 어린 시절에 어떻게 낙인이 찍히고, 어떤 취급을 당했으며, 어떻게 아프리카계 미국인으로서 또는 폴란드의 유대인으로서 반응하라고 강요당했는지에 따른 것이다.

물론 개인 간에는 유전적 능력의 차이가 있다. 더군다나 저능아로 태어나는 사람도 있고 천재로 태어나는 사람도 있다. 그러나 이것은 사회계층과는 아무런 상관이 없다. 이미 말한 바와 같이, 상류층 아이들이 고도의 (물론 그리고 그보다는 낮은) 재능을 가지게 되는 경우가 많으나 이는 완전히 다른 이야기다. 현재 사회의 상태를 보면 상류층에 후대의 가족들을 훨씬 더 잘 돌볼 수 있는 기회가 무한정으로 있기에 상류층이 다수의 자녀를 낳아야 한다고 보는 것도 타당하다.

그러나 인종생물학적 우위는 그러해야 하는 이유가 전혀 될 수가 없다. 이는 사회교육학적인 문제이지, 우생학적인 문제가 아니다. 그리고 아동 보육의 사회적 확대를 통해 현재 지배적인 사회계층의 문제로부터 나타나는 영향들을 미약하게 할 수 있다면 이는 완전히 다른 문제가 된다. 적어도 사회학적인 관점에서 태어나는 아이들은 기존의 자산 차이에 기여한 바도 없고, 또한 그것에 대한 책임도 없다. 그러므로 그러한 영향들은 환영받지 못할 뿐만 아니라 흉측한 것이다.

인종-계층 인구 이론은 현대에 이루어진 비판적인 연구들로 파기되는 수순을 걷고 있다. 인종 이론가들은 때때로 조악한 생물학적인 분석과 인간 지성과 감성에 대한 사회과학적 통찰이 부족한 상태에서 포퓰리즘적인 주장을 하는 경우가 많다. 예를 들어 사회계급 법칙 사이의 사회적 가치의 차이와 같은 섬세한 사회심리적인 조건을 간과하는 식이다. 따라서 이를 심각하게 받아들여서는 안 된다.

그렇지만 이들이 예외적인 몇몇에 불과하다는 사실도 간과해서는 안 된다. 진정으로 잘 훈련받은 자연과학자들은 과학적 비판 의식을 뼛속까지 가지고 있어서 위와 같은 망언에 쉽게 잘 빠지지 않는다. 그러나 채택되지 않은 독특한 효과를 연구해본 적이 없는 일반 대중들 앞에서는 자연과학적 관찰보다는 검증되지 않은 일탈의 비판이 더 흥미롭게 들린다.

한 가지 비판하자면 진짜 어려운 정성적인 사회문제에 대해 지금까지 다면적 사회학 연구가 전무하다시피 했다는 것이다. 전쟁 이후 미국 사회학자와 사회심리학자들부터 그러한 연구가 시작은 되었다. 이 책과 비슷한 생각을 지닌 저자들은 대중 교육의 중요성에 대한 비판적 연구를 신뢰할 것이다. 이와 동시에 지금 독일에서 확산 중인 정치적인 인종 및 계층의 야만성과 사회적 문제가 오랜 기간 동안 신뢰할 수 없고 비약적이며 생물학적인 값싼 주장들의 약점과 관련이 있다는 생각을 피할 수 없다. 나치즘이 나타나기 전에 그 불행한 국가에서는 60년간 국제적인 수준의 비판적인 사회학 연구가 없었다. 궁극적으로는 생물학적인 이동 및 계층 이론 그리고 이에 관한 환상들은 비판적인 사회 연구를 통해서만 극복할 수 있다.

일반적인 이론의 파산

과학자로서 인구문제 해결을 위한 간단하고 일반적인 이론과 공론의 정치적인 의견을 내지 않은 것에 대해 슬퍼할 필요는 없다. 실은 정반대다. 그렇다는 것은 건전한 비판 의식을 가졌다는 반증이며 생산적인 연구의 최선의 조건을 갖춘 셈이다.

인구문제의 여러 중요한 측면들은 임시방편의 해결책을 거부하는 연구에서 접근하기 어렵다. 인구문제는 이미 각기 다른 계층의 출산율 추세와 그에 따른 인구분포 등에 이미 내재하고 있다. 지금 일어나고 있는 일을 관찰하기도 매우 어렵다. 가까운 미래를 제외하고는 결과가 나타나는 미래를 예측한다는 것이 불안하기 짝이 없다.

인구 규모의 추세를 예측하려면 앞으로의 출산율 등을 고려해야 하는데 이는 커다란 물음표로 남아 있다. 우리가 알고 있는 사회학적인 요소들은 여러 가지 측면에서 부족하다. 그러나 아주 가까운 미래, 혹은 가까운 시일 내에 인구가 줄어들 것이라는 주장에는 이유가 있다. 우리나라에 해당되는 사항들에 대해서는 다음 장에서 더욱 자세히 다루도록 하겠다.

사회적인 관점에서 출산율 그 자체가 중요하다기보다는 사회 깊숙이 전반적으로 걸쳐 일어나는 경제적, 심리적 그리고 도덕적인 구조의 변화가 더 중요한 원인이다. 출산율의 감소가 거대한 사회적인 역학 프로세스의 변화라는 것은 증거일 뿐이며, 이는 문명 발전사에 우리가 상상하지 못하는 전대미문의 깊은 자취를 남기게 될 것이다.

무엇보다 우리가 알아야 하는 것은 우리 국민들의 심리와 도덕, 사회의 가치, 삶에 대한 태도 특히 성관계, 가족 그리고 사회적 환경 등에서 어떤 일이 일어나고 있는가 하는 것이다. 인구문제는 무엇보다 먼저 사회심리학적이고 문화사회적인 문제로 접근해 연구해야 한다. 이 문제는 순드베리Sundbärg가 지적했듯이 스웨덴에서는 자명한 이치가 되어버렸는데, 우리나라에서는 이 문제에 대한 연구 능력이나 관심이 부족하다.

그래서 정치적으로나 내용상으로는 불안하지만, 이 문제에 대한 의견을 내야 함에도 현재는 문제를 해결할 방법을 찾는 것조차 불가능하다. 인구문제에 대한 의견의 분열은 그래서 어떤 면에서 매우 지적인 현상이다. 일반 대중은 이미 인구문제가 정의조차 내리기 얼마나 어려운지를, 대체 어떤 일이 일어나고 있는지 잘 모른다는 점을 인지하고 있다.

들어가는 말에서 이미 언급했듯이 1880년대부터 세기말에 걸친 이론적인 접근의 차이에서부터 인구문제에 관한 논의는 멀리 진전되었다. 더 심오한 시각을 가진 신맬서스주의가 이전에는 그들이 동정심으로 규명했던 사회적 역학이 어떻게 움직이고 있는지 걱정하며 질문을 던졌다. 이대로 통제할 수 있다면 어떻게 해야 하는가? 또 다른 한편에서는 보수적인 생각을 지닌 도덕주의자들이 전통적으로 수용되지 못했던 출산 제한에 대한 태도가 지속 가능하지 않으며 실제 추세에 이성적인 반응을 보일 수 없을 만큼 자신들의 주장이 부족하다는 점을 인정하기 시작했다.

이제 스웨덴의 인구문제가 사실에 근거한 이해부터 시작해 신뢰할 수 있는 방향이 설정되지 않았기에 입장을 취하기가 어렵다는 주장이 이상할 것도 아니다. 우리가 더 완전한 과학적 지식으로 그 배경을 이해하는 것을 바탕으로 할 때 거대한 정치적인 문제는 더욱 분명해진다. 사회화 문제, 세금 문제, 경기 문제, 실업 문제가 그러하다. 그러나 인정해야 하는 것이 있다. 앞의 사회문제들과 비교했을 때 인구문제는 그 범위가 매우 불분명하다는 것이다. 결국 우리가 입장을 취해야 하고 또한 계속해서 그렇게 해야 한다. 왜냐하면 인구문제는 모든 문제와 관련되기 때문이다.

이 문제의 어려움과 결론의 불확실성에 대해 충분히 인지하고 인구 발전의 추세와 인구문제에 대한 의견을 견지하는 문제들을 이해하고자 하는 시도는 이어지는 장에서 할 것이다. 이 문제는 스웨덴의 경우와 가까운 세대에게 국한할 것이다. 일반적인 인구법칙을 설계하는 것이 불합리하다는 점은 이미 언급했다. 하지만 시간과 장소를 이런 식으로 강하게 제한하여 문제에 관한 구체적인 사실적 관련성을 고려하는 것은 불가능한 일이 아니다.

마지막으로는 순전히 정치적인 문제에 대해서도 다룰 것이다. 인구문제를 둘러싼 진보적인 의견의 정립에 관한 노선도 제시할 것이다. 무엇보다도 인구문제가 어떻게 전반적인 사회정치적 문제와 관련되는지도 논의할 것이다. 가능한 인구 발전의 추세를 알아본 후, 원인에 대해 분석해 미래의 인구정책 논의에서 다루어져야 하는 문제는 무엇인지 그리고 여러 가지 의견들이 어떻게 전개될지에 대해 쓰는 것이 이 책의 목적이다.

물론 본 연구가 완벽할 수 없다는 것은 강조해야 한다. 우리가 할 수 있는 것은 몇몇 가능성이 커다란 가정의 이유를 설명하는 것이다. 이러한 이유와 가정은 신비로운 원칙이나 일반적인 이론의 성격을 띠는 것이 아니라 구체적인 사실과 관련한 사항들과 인간적인 제도와 가치에 관한 이해를 바탕으로 한다. 이 가정의 진실성에 의구심을 갖거나 미래 추세에 다른 의견을 가진 독자들은 다른 사실과 의견에 실용적인 결론을 쉽게 전가할 수 있다.

인구문제에 대한 사회정책적인 논의를 향한 연구 노력의 중요한 부분은 오늘날의 현실 정치와는 관계가 적다. 그러나 장기적인 미래 정책의 관점에서 볼 때 오늘의 현실은 더욱더 중요하다. 현재 중요하지 않은 사회정책들의 일상적인 우려 속에서 길을 잃지 않고 앞으로 나아가려면 더 많은 관점이 필요하다. 그리고 오늘날 인구문제에 관해서는 방향조차도 잡기 어렵다는 점은 말할 나위가 없겠다.

3장

스웨덴 인구 발전의
현황 및 추세

최근 몇십 년간의 주요 변화

알려진 바와 같이 스웨덴의 인구는 최근 100년 동안 급격하게 증가했다. 전체 인구수는 지난 100년 동안 300만 명에 이르렀으며, 그 수가 2배가 되는 데 불과 십 몇 년 정도밖에 걸리지 않았다. 세계대전이 일어나기 전 몇 년 동안은 (사망자보다 신생아 수가 많아) 자연증가율이 1년에 10퍼센트 정도 되었다.

1860년대부터는 국외 이주가 사실상 인구 크기에 더 중대한 영향을 미쳤다. 1880년대 절정에 이르렀을 때는 1년에 4만 명 정도가 국외로 이주했고 이 기간 동안 약간의 이민과 자연증가가 있었다. 특히 자연증가율이 12퍼센트가 넘었는데 이는 인구 증가의 2/3를 잠식했다. 이후 국외 이주는 1년 평균 2만 5,000명으로 감소했고 이민은 8,000명으로 늘어났으나 세계대전 이전까지는 국외이주로 인구 증가가 속도를 내지 못했다.

세계대전 중에는 국외 이주가 급감했다. 평화가 찾아오자 국외 이주가 조금 증가하긴 했지만 전쟁 이후 증가는 실질적으로 멈추었다. 이후 몇 년 동안 이민이 증가해 인구가 약간 늘어나긴 했다.

세계대전 이전의 10년을 살펴보면, 인구는 연간 약 7퍼센트 정도 증가했다. 최근 10년 동안에는 국외 이주가 감소했음에도 인구 증가율이 3퍼센트로 낮아졌다. 전쟁 전에 있었던 인구 급증은 이제 과거지사가 되었다. 몇 년 후 스웨덴의 인구는 정점을 찍은 후 감소세로 돌아설 것이다. 이 정점은 1940년대에 이를 것으로 보이는데 무엇보다도 이는 출산율 추세에 기인한 것이다.

이런 추세의 가장 중요한 변화의 배경은 물론 오래전부터 이어져온 출산율의 저하다. 일반적인 신생아 수, 즉 인구 1,000명당 신생아 수(조출생률)는 실질적으로 1800년대 내내 그리고 훨씬 그 이전에도 30명을 유지하며 1880년대까지 이어졌다. 천천히 신생아 수가 줄어들기 시작한 것은 1880년대에 들어서다. 1880년대 말에는 인구 1,000명당 신생아 수가 약 28명이었다. 세기말에는 27명이었고, 10년 이후에는 25명이었다. 1910년경 이미 신생아 수의 감소가 더 빠르게 진행되어 전쟁이 끝날 즈음에는 이미 약 20명으로 감소했다. 예외적으로 1920~1921년 사이에 전후 평화에 대한 낙관주의로 갑자기 신생아 수가 증가하기는 했으나 이후에 신생아 수는 점점 더 빠른 속도로 감소하기 시작했다. 1928년에는 16명, 1931년에는 15명 밑이었다. 작년에는, 즉 1933년에는 그 숫자가 겨우 13.69명이었다.

신생아 수와 같은 맥락에서 일반적인 사망자 수도 감소하기 시작했다. 1800년대 중반까지 인구 1,000명당 사망자 수(조사망률)는 거의 20명으로 지속적으로 유지되어왔다. 1880년대 초반에는 17명, 세계대전 이전에는 14명, 12명으로 떨어졌다가 1933년 현재는 11.22명밖에 안 된다.

이 기간 동안 출산율 발전의 영향으로 현재 중년층이 인구에서 과대 대표되었다. 이 비정상적인 인구분포로 출산율이 높게 유지되고 있는 것으로 보이지만, 현실적인 출생의 감소는 반영되고 있지 않다. 1870년대에서 1931년까지 출산은 50퍼센트 감소했는데 같은 기간 15~49세 기혼 여성 1,000명당 자녀의 수는 70퍼센트 급감했다. (혼외 임신은 같은 수준으로 떨어지지 않았다.) 전체 임신의 수에 변화가 없고 가임 여성의 수가 줄어들면 신생아 수는 상당히 떨어질 것이다. 고령이 사망의 원인이고 영유아도 사망하는 경우가 있어서 사망 위험의 변화가 없다면 특정 연령 집단에서는 사망률이 증가할 것이다. 인구가 일정 수준으로 유지된다고 가정한다면 현재보다는 20년 정도 평균수명이 늘어나 현재의 사망률이 지속된다.

신생아 수나 사망자 수는 어떤 의미에서는 허구적이다. 실질적인 출생과 사망에 비추어 신생아 수는 너무 많아 보이고 사망자 수는 적어 보인다. 자연증가율이 현재 10에서 2.5로 떨어졌다는 것도 같은 의미에서 허구적이다. 고정된 연령 분포를 가지지만 다양한 연령층 내에서 현재와 동일한 출생률과 사망률을 보이는 인구에 적용하도록 수정한 자연증가율은 음수가 될 것이고 이것이 의미하는 것은 출생률이 사망률보다 낮아 결국 현재 인구 유지가 불가하다는 것이다.

이와 같이 단순하게 계산하는 것과 마찬가지로 인구 유지에 대해 순재생산율이 유지되는 것을 의미하기도 한다. 순재생산율이란 어느 세대의 어머니가 된 여자 수에 대한 다음 세대에 어머니가 될 여자 수의 비율에 각각 임신할 수 있는 동안에 사망으로 감소되는 것을 반영한 비율이다. 이 비율은 장래 인구의 증감을 나타내는데, 1을 기준으로 1보다 크면 인구가 늘고 1보다 작으면 인구가 줄어드는 것으로 본다.

1800년대 내내 그리고 1910년까지, 즉 인구 증가의 시기에는 순재생산율이 1.5까지 올라갔었다. 1911~1915년 동안에는 1.3으로 떨어졌다. 1924년에는 인구 1,000명당 신생아 수가 18.11명이었는데 순재생산율은 1.02이었다. 직후 인구 1,000명당 신생아 수는 17.58명으로 감소했는데 순재생산율은 기준선을 밑돌았다. 1925년에는 순재생산율이 0.985였다. 1928년에는 인구 1,000명당 신생아 수는 16.05명, 순재생산율은 0.876을 기록했다. 다음 해는 순재생산율이 0.802로 떨어졌다. 1930년에 잠시 0.828으로 올라갔지만 이내 1931년에는 0.777이었다. 1933년에는 인구 1,000명당 신생아 수가 13.69로 조사되었으며 순재생산율은 0.725에 불과했다.

이 통계들이 의미하는 것은 스웨덴에서는 장기적으로 인구가 늘지도 줄지도 않고, 현 상태가 유지되는 데 필요한 인구수의 70퍼센트만 태어나고 있다는 사실이다. 만약 출산율이 이대로 유지된다면 두 세대가 지나갈 경우 인구가 절반으로, 네 세대 후에는 1/4로 감소하게 된다. 이런 상황인데도 인구 증가율이 2.17퍼센트로 집계되는 이유는 불균형한 연령 분포 덕분이다. 임신하는 여성의 수가 점점 적어지고 있지만 과도기적으로 그렇게 보일 뿐, 스웨덴은 인구를 장기적으로 유지할 수 없는 상태다.

따라서 현재는 인구가 천천히 증가해도 조만간 급격한 감소세로 돌아설 것이다. 연령 분포의 불균형으로 감소세가 과장되게 보일 것이다. 절대 수가 많은 노년층, 지금은 중년층이지만 조만간 노년층이 될 인구는 당연히 출생률의 저하에 기여하게 될 것이고, 동시에 사망률 증가로 이어질 것이다.

전체 인구조사는 연금위원회의 조사와 스벤 빅셀Sven Wicksell 교수의 《인구론에서Ur befolningsläran》(스톡홀름, 1931)를 참고하기를 바란다.

향후 몇 년간의 추세

최근 수십 년간 스웨덴 인구의 가장 중요한 변화는 자녀 출산이 모든 사회계층에서 더는 당연한 일이 아니며 점점 더 많은 가정이 이를 통제한다는 것이다. 이제 아이는 원했든 원하지 않았든 남녀 관계의 자연스러운 결과가 아니다. 아이는 부주의 또는 부적절한 피임으로 이 세상에 태어나는 존재일 가능성이 크다. 그러나 부모가 원해서 태어나는 경우가 점점 더 일반적이게 되었다.

사람들은 이제 더는 예전처럼 많은 자녀를 원하지 않는다. 그러므로 신생아 수가 줄어든 것이다. 출산율의 감소가 피임의 확대와 직접적인 관련성이 있다는 것은 의심의 여지가 별로 없다. 낙태도 이미 많이 실행되고 있다. 최근 들어 남자와 여자 모두에게서 불임이 비교적 많고, 불임이 아니더라도 여성의 임신 가능한 신체적 능력이 떨어졌다는 가설도 나왔다. 어떤 이들은 남녀 성관계의 빈도수도 감소했다고 주장한다. 이런 가설을 뒷받침하는 과학적인 설명은 없으며 이전과 다르게 이에 해당하는 남녀의 수가 크게 다르다고 볼 수는 없다.

우리나라의 미래 인구문제를 판단하기 위해서는 예를 들어 출산율의 추세가 바로 다음 세대에는 어떻게 될 것인지 알아보는 것이 매우 중요하다. 지금 바닥인가? 지금의 추세가 유지되거나 아니면 증가할 것인가? 아니면 계속해서 감소할 것인가?

출산율의 추세를 근거 있게 예측하려면 먼저 아이를 갖지 않는 동기를 규명해야 한다. 동기는 개인별로 복잡할 것이다. 그리고 사회계층마다 그 내용이 다를 것이다. 단기적으로는 경기 발전에 따른 것이겠지만 장기적으로는 사회경제의 제도적인 면뿐만 아니라 생활양식과 패턴의 변화에 따를 것이다. 이에 대해서 우리는 아는 것이 별로 없고 그저 어떨 것이라는 느낌만 조금 있을 뿐이다. 가까운 미래의 출산율을 예측하는 일은 그래서 쉬운 일이 아니다. 우리가 점이라도 치자고 하면 이미 언급한 상황하에서 할 수밖에 없을 것이다.

오늘을 살아가는 사람들의 세속적인 '이성'의 발전이 삶에 대한 태도 및 삶의 방식의 발전과 피임의 확산에 영향을 미친 것은 확실하다. 산업화와 도시화가 변화시킨 물질적인 생활 조건들도 영향을 미친 것이 확실하다. 이런 가정들이 점들을 잇는 불안한 선에 기초한 것은 사실이다. 그러나 이런 연결들을 앞으로도 지속적으로 관찰해야 한다.

신맬서스주의적인 결혼은 비교적 제한된 사람들에게만 완전히 가능한 것이었다. 지적 계급 또는 중산층 또는 대도시의 노동자에게만 해당하는 이야기였다. 이 계급들에서 일어난 일들이 다른 계급에도 확산하리라는 것을 예상하기란 불가능한 일이 아니다.

같은 심리적인 동기들은 어디에서나 효과를 나타낸다. 현재 이들 계급의 생활양식과 삶의 관망이 계속해서 확산하는 것을 목도하고 있다. 이러한 확산은 직접적으로 심리적인 영향을 받아서 일어나고, 이 계급들은 사회의 모범을 어느 정도 정의한다. 무엇보다도 간접적인 영향 아래에서 진행되고 있으며 산업화와 도시화로 이 계층들의 경제적, 사회적 환경의 요소들이 생활 조건들에 점점 더 많은 영향을 미치고 있다. 이들 계급 내의 출산율이 가장 낮은데 앞으로 다른 사회집단도 마찬가지일 것이라는 점을 예상할 수 있다.

농촌인구의 출산율은 도시인구의 출산율보다도, 특히 대도시보다도 평균적으로 높다. 이는 연령 분포의 차이를 고려한다면 더 극명하게 나타난다. 도시, 특히 산업도시에서는 가임 연령 인구의 비율이 높다. 1933년에는 전국 신생아 수가 인구 1,000명당 13.69명이었는데 농촌 지역은 14.79명이었지만 도시 지역은 11.19명에 불과했다. 스톡홀름의 경우는 10.3명이었다. 이보다 더 낮은 도시들도 있었다.

어떤 특정 농촌 지역의 인구는 (특히 북부 지방 거주 농민, 농업 종사자, 소규모 소작농 등 농민으로 대표되는 직업군들은) 아직도 비교적 높은 출산율을 보인다. 전쟁 전까지는 농촌의 산업 노동자들도 높은 출산율을 보였는데 (불균형한 연령 분포의 차이를 고려한다고 해도) 이들은 같은 지역의 농민들보다 출산율이 더 높았다. 자율적인 산아제한이 실시되기 전에 산업화는 노동과 서비스의 기회를 여는 효과가 있었다. 이후 농촌에서 새로운 산업단지로 대규모의 이주가 시작되었고 이들은 결혼하고 자녀를 많이 출산했다.[1]

그러나 무엇보다도 전쟁 중과 전후에 도시의 출산율처럼 감소하지는 않았으나 농촌 지역의 산업화로 말미암아 이 지역의 출산율이 급감했다. 이런 추세하에서 농촌 지역의 인구는 전쟁 전에도 그다지 높은 출산율을 보이기는커녕 오히려 당시 상황을 고려하면 비교적 낮은 출산율을 보였지만 아직도 추세를 뒤에서 따라오고 있다. 출산율의 하향 추세는 분명하다. 그러나 초기에는 그 곡선의 기울기가 급격하지 않았다.

농촌인구와 농민들은 사실 국가 전체적으로 평균 출산율을 유지하고 있다. 도시인구 중에서는 소도시 및 지방 도시의 경우 더 높은 출산율을 보인다. 산업 종사자들과 대도시에 사는 사람들은 훨씬 낮은 출산율을 기록하고 있다. 스톡홀름의 경우 현재 인구 규모를 유지하는 데 필요한 신생아 수의 40퍼센트만 태어나고 있을 정도로 출산율이 매우 낮다. 스톡홀름의 인구가 증가한다면 이는 지방에서 이주하는 인구 때문이다. 또한 해당 이주민들의 나이가 가임 연령대이면서 그 수도 많기 때문이다.

위의 관찰 결과를 살펴보면 농촌인구에 대한 조사와 연구가 필요하다는 것을 알 수 있다. 비교적 근대에 들어서 인구는 계속 감소해왔다. 1800년대의 첫 50년과 산업화 직전까지 스웨덴 인구의 대부분은 농업에 종사했다. 1870년의 인구조사에서도 72.1퍼센트의 인구가 농업과 그 관련 업종에 종사하는 것으로 조사되었다. 가장 최근 조사인 1920년의 인구조사에 따르면 이 비율은 44퍼센트밖에 안 되었다. 정황 등을 고려할 때 현재는 40퍼센트대 아래라고 추정할 수 있다. 절대적인 것은 아니지만 농촌인구는 비교적 1880년 이후 감소했다고 주장해도 무방하다.

현재 우리가 맞닥뜨리고 있는 경제 위기는 오늘날 진행 중인 산업화의 진행 속도를 당분간만 늦출 가능성이 있다. 따라서 전체 인구에서 농촌인구가 차지하는 비율은 비교적 그 집단의 높은 평균 출산율을 감안하더라도 계속해서 감소할 것이다.

경제 위기 전에는 많은 이들이 산업화가 과도하게 진행되어 미래는 다시 땅으로 돌아가는 것에 있다고 믿었다. 그러나 그들은 완전히 틀렸다. 스웨덴의 농토는 지금까지도 그랬던 것처럼 집중적으로 활용될 테지만 인력 의존도는 점점 줄어들 것이다. 기술의 발전이 현재의 추세를 이어간다면 이것은 자명한 일이다.

세계경제의 발전에 관한 문제는 이런 단호한 예측을 하기가 어렵다. 자유로운 국제무역 덕분에 우리가 이익을 더 많이 취할 수 있는 것은 분명하다. 전쟁 전에도 그러했지만, 국제무역의 규모가 점점 더 확장될 것을 고려하면 스웨덴은 농업에서 벗어나 산업 생산에 더 특화해야 한다. 사람들은 농업이 확장되기가 어렵다는 사실을 받아들이지 못하고 있지만, 가까운 미래에 국제적인 경제 제도에 합류하거나 이해관계가 같은 국가 간의 연맹 같은 그룹에 소속되는 것에 적응해야 한다. 농업은 이미 우리가 필요한 만큼 생산하고 있다. 소비가 더 늘어나면 더 생산해야 한다. 우리는 수출도 하지만(특히 동물성 생산물), 수입도 한다(주로 채소와 사료).

우리가 농산물 생산을 자급자족할 수 있는 방향으로 전환하고 소비가 늘어난다고 해서 농업에 투입되는 고용이나 노동력이 늘어나지는 않는다. 오히려 반대로 그 비율은 감소하고 있다. 기술의 발전과 현재 농업이 노동력 투입에 소극적인 것을 보면 그 감소세에 가속도가 붙을 것이다. 어찌되든 간에 현재 출산율이 높은 이 집단이 전체 인구에서 차지하는 비율은 줄어들 것이다. 그렇지만 또한 농촌 내의 사고방식도 빠르게 변화하고 있음을 우리는 기억해야 한다. 커뮤니케이션의 발달(신문, 인쇄물, 자동차 및 버스, 라디오)과 교육을 통한 세속화 및 조직화 반경의 확장, 교회의 쇠락 등으로 이 변화는 무서운 속도로 진행되고 있으며 멈출 것 같지 않다. 따라서 1920~1930년대에 농촌인구의 출산율은 다른 집단과 마찬가지로 급격히 감소할 것이다. 다른 사회집단의 출산율이 횡보한다고 하더라도, 물론 그럴 가능성은 적지만 도시인구의 출산율을 따라잡기 위해 더 떨어질 것이다. 다른 모든 사항들이 출산율의 감소를 가리키고 있다.

계속된 산업화는 두 가지 측면에서 영향을 미치고 있다. 농촌인구의 감소와 산업인구의 증가, 동시에 농촌인구의 산업화다. 모든 면에서 관찰되었듯이 산업화는 전통적인 가족과 자녀 출산에 대한 개념을 약화시키고 있다. 지난 100년보다 최근 10년 동안 농촌 지역의 심리는 더 강력하게 변화하고 있다. 스웨덴은 현재 의심의 여지없이 유럽에서 가장 '미국화'된 국가이고 10년, 20년 뒤에는 더 그렇게 되어 있을 것이다. 이 변화의 더 깊은 가족 사회적인 내용은 마지막 장에서 다루어질 것이다.

몇몇 큰 사회집단 내에서 피임의 확산은 문제다. 여기저기서 피임의 확산 여파로 출산율이 급감할 수도 있을 것이다. 피임은 아직까지 비교적 가족의 수가 많은 새로운 집단 사이에서 빠르게 확산 중인데, 잠시 동안 만혼 가정의 출산율을 (더불어서 평균 출산율을) 떨어뜨리고, 장기적으로는 가족의 규모를 유지하거나 또는 더 작게 만들 수 있다. 이런 가정은 연령이 높은 집단의 출산율이 연령이 낮은 집단보다 낮다는 것을 전제로 하면 성립된다. 1931년 각기 다른 연령대의 출산 여성의 비율을 1870년대의 그것들과 비교하면 다음과 같았다. 15~20세 99퍼센트, 20~25세 60퍼센트, 25~30세 47퍼센트, 30~35세 38퍼센트, 35~40세 31퍼센트, 40~45세 25퍼센트, 45~40세 20퍼센트였다. 혼외 임신은 더 강조된 경향을 보인다. 이 결과는 피임이 세대의 구별 없이 전체적으로 사용되었다는 사실을 내포하지만, 이 결과가 반드시 우리의 가정을 뒷받침하지는 않는다. 물론 계속해서 낮은 출산율을 보이는 인구에서 임신과 출산이 젊은 연령대에 집중된 것은 매우 자연스럽고 당연한 현상이다.

이와 관련해서 한 가지 관찰해야 하는 것은 높은 비율의 혼외 출산이다. 농촌 지역에서는 최근 몇 년 동안 이 비율이 15퍼센트였다. 대도시에서는 20퍼센트, 스톡홀름에서는 25퍼센트가 넘었다. 이 비율이 의미하는 것은 다른 데이터와 같이 보면 결혼이라는 합법적인 자녀 출산의 제도가 제대로 작동하고 있지 않으며, 개인의 측면에서 더 많은 관심이 필요하고 또 행동의 변화에 따른 제도의 변화를 책임지는 정치의 역할이 더 커져야 한다는 뜻으로 다음과 같은 이유에서 중요하다.

예전에는 사생아라고 불렸던 혼외 자녀들은 결혼이라는 합법적인 제도 밖에서 살아간다. 이들은 부모들이 낳기를 원해서 태어났을 수도 있지만 대체로 대부분의 혼외 자녀들은 사고의 결과일 가능성이 크다. 피임에 대한 정보가 확산하고 기술이 발전하는 동시에 피임의 상업화를 개혁하고 성교육의 개선과 임신중절의 합법화가 이루어진다면 이런 혼외 출산은 줄어들 것이다.

혼외 출산의 수가 높은 것은 아직 이성적인 피임이 목표하는 수준에 이르지 못했기 때문이다. 심지어 혼인 관계 내에서도 아직 그러하지 못하다. 이런 높은 숫자들을 마주하면 가족 내에서 또한 그 밖의 경우에서 임신중절이 많이 이루어진다는 것을 알 수 있다. 이런 상황이 없어지려면 상당히 오래 걸릴 것이다.

정리하자면 스웨덴은 앞으로 수십 년간 출산율의 지속적인 감소를 목도하게 될 가능성이 매우 크다. 신생아 수의 감소와 비정상적인 연령 분포가 그 힘을 발휘하기 때문이다. 아동의 수도 줄어들 것인데 이는 여성의 임신이 줄어들고 가임 여성의 수가 줄어들 것이기 때문이다.

출산율 감소는 멈출 것인가?
멈춘다면 어디서 멈출 것인가?

우리가 추정할 수 있는, 급격하게 진행 중인 가족 구조의 변화에 대해서는 계속해서 이 책에서 다루어질 것이다. 특히 마지막 장에서 자세히 논의할 예정이다. 그렇다면 다음 문제는 출산율 감소를 멈추게 하고자 한다면 어디서 멈출 것인지에 관한 것이다.

1880년대의 신맬서스주의자들은 자연스러운 이유로 이 문제를 더는 취급하지 않았다. 왜냐하면 생활수준이 형편없고 너무나도 많은 아이를 낳고 매년 수만 명이 국외 이주로 내몰리는 상황에 있었기 때문이다. 그런 상황에서 그들은 출산 제한을 주창하게 되었다. 이런 주장들은 진심이었고 또 사실이어서 보수의 내부 깊이까지 이를 이해하고 있다. 신맬서스주의자들은 씁쓸하고 때때로 지저분한 추궁 끝에 그들에게 반감을 보였던 보수적인 목사들, 기자들, 도덕주의자들 또는 잘 다듬어지지 않았던 의견으로 비판했던 중상류층이 조심스럽게 그들의 의견을 받아들이면서 제대로 된 평가를 받게 되었다.[2]

물론 신맬서스주의자들은 자주 반대 의견에 부딪혔다. 즉, 한 국가가 대규모로 출산을 제한하고 이를 지속한다면 멸종으로 끝날 수밖에 없다는 반론이었다. 그것에 대한 두려움은 비현실적이며 빅셀은 이를 '키메라' 같은 생각이라고 비판했다. 빅셀은 자신의 《베란다잡지 _Verandiskrift_》와 그의 거시경제학 교과서 제1장을 인구문제로 대체한 저서에서 "지배 계층의 관점만이 아니고 국가적으로 신생아 수가 증가하길 바란다고 가정하면, 사회는 다자녀 가정에 대한 재정적 지원을 아끼지 않으면 된다"라고 주장했다. 그는 또한 "그렇게 해서 출산율이 무한정으로 높아진다고 생각한다면 이는 인간에 대한 이해를 의심해야 한다"라고 덧붙였다. 그가 마지막에 이렇게 이야기한 것은 가벼워 보인다. 왜냐하면 빅셀도 인간을 이해하는 것과는 거리가 멀었기 때문이다. 그는 기본적으로 종교적으로 색안경을 끼고 있었고 청교도적인 도덕주의자였고 인간을 그런 측면에서 이상화했다. 출산 제한에 대해서는 계속해서 주장했듯이 부모의 커다란 희생이라고 보았다. 사회적으로 해로운 행동을 삼가는 거리 두기, 즉 결핍이라고 보았다. 이 결핍은 사람들이 견뎌내는 데 그리 어렵지 않은 것이라고 빅셀은 생각했다. 더욱이 그는 이 문제에 대해 깊이 사고하지 않았다. 그에게 또 그 시대에는 출산율을 낮추는 것만이 중요했기 때문이다.

과거 신맬서스주의자들은 미래의 문제에 대해서도 추정하곤 했다. 그들은 그들의 생각을 앞 장에서 말한 통계학적인 이론에 접목해 '최적의 인구'를 생각했다. 당시에는 분명하게 말하지 않았던 이 사고의 근거는 피임 정보를 충분히 알고 자녀 출산을 이성적으로 판단해 아이를 낳는다면 인구의 규모가 조만간 최적의 상태에 이를 것이라는 추론이었다. 이런 이상한 추론이 어떻게 가능했는지 이해하려면 당시가 자유주의 시대였음을 기억할 필요가 있다. 신을 폐기하려고 노력하는 중이었지만 신 없이는 또 살수가 없는 시대였다. 그래서 1700년대와 마찬가지로 자연의 조화로운 섭리를 따르는 것이 최선이라 믿었다.

그렇지만 순전히 이론적으로 이 추론은 말이 안 되는 것이었다. 몇십 년 후에는 그렇게 될 가능성이 있는 출산 제한이 완벽하게 되는 사회에서는 임신과 출산을 각 가정의 개인적인 판단으로 결정할 것이다. 개인이 출산을 결정하는 경향은 최적의 인구를 추구하는 사회정치적인 입장과는 다른 것이다. 그리고 출산율이 어떤 이유로 그런 높은 수준에 머무르며 늘 일정 수준을 유지하고 감소하지 않아야 하는지 알 수가 없다.

일정 수준의 인구 규모를 유지하기 위해서는 기혼 가정의 출산율이 높아야 한다는 것을 기억해야 한다. (평균 세 자녀를 낳은 가족 규모다.) 스웨덴 인구는 현재 유지되고 있지 않다. 순재생산율은 1933년의 출산율에 해당하는 것으로 이미 앞에서 밝힌 바 그 수치가 0.725였는데, 이는 안정적인 인구 규모를 유지하기 위해서는 작년에 40퍼센트가 더 태어났어야 한다는 의미다. 출산율이 더 떨어지게 되면 더 적은 수의 인구가 유지되고 이는 이미 일어나고 있는 현상이다. 린데스F. J. Linders 교수는 그의 미발표 연구에서 향후 20년간의 신생아 수를 예측했다. 그가 스스로도 아직 부정확하다고 강조한 그의 예측은 매우 공포스럽다. 전쟁 전까지만 해도 연간 13만 명의 신생아가 출생했는데, 작년 출생아 수는 8만 6,000명이었다. 린데스 교수의 예상에 따르면 앞으로 출생아 수가 1936~1940년에는 7만 3,000명, 1941~1945년에는 6만 명, 1946~1950년에는 5만 명도 안 될 것이다. 1950년에는 초등학교 입학생 수가 현재의 절반이 될 것이다. 이는 인구 감소다.

어떤 수준에서든지 간에 인구를 유지하려면 급격한 출생률의 증가 후에 인구가 줄어드는 것이 필요하다. 그렇다면 언제 이렇게 될까? 그리고 왜 그렇게 되는 것일까? 왜 하필이면 최적의 인구 수준에 이르렀을 때 그런 것일까? (이미 앞에서 최적의 인구에 대해 의견을 피력한 바 있다.)

진행 추세를 자세히 살펴보면 출산율의 저하는 개인적인 동기와 현재 가족의 처지가 반영되어 나타나는 것이지, 후에 우리가 다룰 포괄적인 사회정책의 조치 등의 결과가 아니다. 오히려 출산율의 최저점이나 균형은 인구 전체의 균형을 의미하는 것이 아니라 그 반대로 지속적으로 인구가 비교적 빠르게 감소함을 의미한다.

지금 개개인이 자신의 정치적인 성향 때문에 인구의 유지 또는 증가를 바란다고 해도 이는 출산율에 전혀 영향을 미치지 않을 것이다. 왜냐하면 이미 말했듯이 이는 정치적인 성향 문제가 아니고 개개인의 행동 양식의 문제이기 때문이다. 사회 전체적으로 인구가 늘어나길 바란다고 해서 곧 자기 가족 수를 늘리겠다는 것은 아니다.

이런 관점에서 자유주의 철학은 삶에 대한 가치 접근을 상당히 불분명하고 형이상적으로 두 가지, 이성적으로 구분하면 개인의 이해와 일반의 이해를 같은 것으로 설명하려 함으로써 무너지고 만다. 자유주의의 이런 설명은 잘못된 것이다. 정치적인 가치는 물론 개인의 가치에 영향을 미칠 수 있다. 하지만 이는 간접적인 영향이고 사회의 개입을 이야기하는 순간 동기는 아예 사라지고 만다. 이런 면에서 개입이 효과가 있으려면 매우 깊게 진행되어야 한다.

여기에서 오랫동안 인구가 균형 상태를 이룬 프랑스의 이야기를 안 할 수가 없다. 출산 제한은 프랑스에서 수백 년 동안 있었던 일이다. 그들은 주로 도시인구에 집중된 출산 제한을 농촌인구에 적용하기 시작했고, 그 결과 세상에서 제일 보수적인 나라가 우리나라와는 다른 성격을 띠고 다른 사회적 조건을 갖추게 되었다. 프랑스 시골에 가서 농민이나 소시민을 본 사람들이면 이것이 무슨 말인지 금방 알 수 있다. 산업화로 생겨난 현대적이고 복잡한 가족 구조와 사고 및 가치관의 변화는 프랑스도 예외가 아니라는 점을 이해한다면, 인구 균형점이라는 것은 각각의 사회적 요소를 임시로 조합한 결과일 뿐 생산요소와 인구 규모의 자연스러운 균형점이 아니라는 것을 알 수 있다.

또한 '자연의 자정 능력'을 지지하던 믿음도 자세히 보면 존중할 수 없다. 다른 수많은 관습처럼 출산 제한 역시 처음에는 상류층에서 시작해서 점점 아래로 내려간다는 '사회적 무게의 법칙'을 주장하는 자들도 있다. 바닥을 치게 되면 반대로 아이를 갖는 것이 특권이고 가족에 대한 가치관도 아래로 확산할 수 있다고 생각한다.

이 생각에도 고려해볼 점이 있다. 그러나 우리는 비율을 잊어서는 안 된다. 먼저 애국심을 부추겨서라도 상류층의 출산율이 증가할 것이라고 믿어야 하는 근거가 하나도 없다. 에딘의 조사 결과를 보면 상류층에서는 저소득층과 비교하여 조금 높은 출산율을 기대할 수 있다.

그리고 앞으로는 '사회적 무게의 법칙'을 더더욱 믿을 수 없다. 이를 뒷받침하는 전체 사회심리학적인 근거는 사라지고 없다. 소위 말하는 '하층'은 스스로의 가치와 관습을 만들어 나가고 있다. 사회적 무게의 법칙은 오로지 더 근본적인 사회적 가족 구조의 변화에만 작용한다. 그리고 마지막 장에서도 다루겠지만 가족 심리학에서는 과거로 회귀하기보다는 오히려 더욱 강한 변화를 보인다.

결론은 다음과 같다. 이미 현재 스웨덴의 출산율은 인구를 일정 수준으로 유지할 수 없는 정도로 떨어졌다. 그리고 앞으로 출산율은 더 떨어질 가능성이 매우 크다. 어떤 수준인지는 잘 몰라도 인구가 증가해 균형을 이루려면 자연적인 해법으로는 가능하지 않다. 여기에는 자유주의적인 시각과 이전의 종교적 관점이 사라진 대중심리적인 면도 반영되었다. 현재 스웨덴은 급격한 인구 감소를 경험하고 있으며 이런 미래 전망을 시작으로 인구정책의 입장을 취하고자 한다.

먼저 인구 통계와 무엇보다도 진행 추세에 대해 즉시 조사와 연구가 필요하다는 데 모두 동의해야 한다. 지면의 제한으로 이 장에서 우리는 인구 감소에 대한 주요한 설명인 출산율 추세와 출산율의 차이에 관해 기술하지 못했다. 현재 가용한 자료들과 통계를 가지고도 더 깊게 들어가 연구할 수 있다. 주민등록상에 있는 내용을 토대로 한 기초 자료들을 활용하면 더욱더 깊은 연구가 가능하다. 그리고 이런 기초 자료는 이 중요한 문제를 명확히 파악하는 방향으로 확대될 수 있다.

그렇지만 이것은 학자 개개인의 영역, 심지어 연구기관의 역량을 뛰어넘는 일이다. 인구 감소 문제에 관한 조사는 정부가 해야 한다. 통계 관련 기관의 연구 방법을 신뢰할 수 있으므로 이주 문제와 같은 인구 감소 문제도 중앙통계국과 연계해 외부에 독립적인 조사를 의뢰하고, 1940년의 인구조사뿐만 아니라 1930년의 인구조사도 연구 대상에 포함해야 한다. 하지만 보다 중요한 것은 독립적인 통계 기관이 이 중요한 문제를 집중적이고 현실적이며 사회학적으로 조사, 연구하는 것이다.

인구 감소에 대한 조사는 인구학적인 측면에서만이 아니라 사회통계학적이고 경제통계학적인 측면으로까지 확대해 진행되어야 한다. 일반적인 생활수준과 먹고사는 문제를 조명하기만 해도 이 인구문제는 제대로 파악될 수 있다. 이 조사를 정부가 미룰 가능성도 있다. 그러나 우리 민족에게 현재 어떤 일이 일어나고 있는지 실감한다면 그리고 인구 감소의 결과가 현실적인 분야(노인인구 부양, 교육정책, 농업정책, 주택정책 등)에서 이미 그 영향을 미치고 있음을 안다면 이 문제에 대한 지식과 여러 가지의 진행 추세에 대해 잘 이해할 필요가 있다. 전 세대의 국외 이주처럼 현재는 인구 감소가 중대한 문제이나 그 영향과 결과는 훨씬 더 심각하다.

4장

가까운 미래의
인구정책에 대한 입장

그렇다면 이제 우리의 인구 감소에 대한 정치적인 대응은 어떻게 해야 할까?

대부분 이 문제에 별로 관심이 없을지도 모르겠다. 보통은 현재 인구 규모 자체에 익숙하고, 아마도 인구 변화의 지수들에 대해서는 익숙하지 않은 것이 사실이다. 그리고 곧 수명이 연장되면서 인구 규모를 변화시키는 요건들이 인구 규모에 직접적인 영향을 미치려면 비교적 상당한 시간이 걸릴 것이다. 왜냐하면 이미 연령 분포의 불균형으로 출산율이 일시적으로 그대로 유지되는 현상이 예상되기 때문이다.

그러나 인구는 곧 정점을 찍고 감소세로 돌아설 것이고, 동시에 출산율이 연령 분포의 불균형 때문에 확연히 감소하는 추세를 보일 것이다. 게다가 우리가 이미 예상한 바와 같이 피임이 더 확산해 사회에 뿌리 깊게 자리를 잡게 되면 인구문제는 훨씬 더 활기차게 논의될 것이다. 스웨덴 미래 인구의 시기별 감소가 논의의 쟁점으로 부상할 것이다.

가족 규모의 축소와 노령인구의 증가

출산 제한의 효과는 우리 모두가 일상에서 느낄 수 있게 될 것이다. 이미 여러 번 지적했지만, 연령 구조는 강력하게 무너질 것이다. 현재 인구수가 가장 많은 중년층의 노령화가 진행되면 사회는 아동이 아니라 노인으로 채워지게 될 것이다. 인구는 중년층 이상에서 증가하고 있다. 어느 순간 전체적으로 인구가 감소하게 되더라도 해당 인구는 계속해서 증가할 것이다.

1880년대까지만 하더라도, 이 나라에는 15~65세 사이의 인구가 65세 이상 한 명당 12명이 존재했다. 1890년대가 되면서 이 비율은 일곱 명을 약간 넘었는데 향후 10년간은 이 수치가 유지될 것으로 보인다. 왜냐하면 중년층으로 접어드는 연령대의 규모가 크기 때문이다. 그러나 그 이후 이 비율은 출산율이 증가하지 않는 한, 10년 아니 세기말까지 세기 동안 계속해서 낮아질 것이다. 비교적 낙관적인 전망을 감안하더라도 1970년대에 이 비율은 네 명까지 낮아질 것이다. 이는 오늘날보다 경제활동인구가 부양해야 하는 노인인구가 2배로 증가하는 것을 의미한다.

급작스러운 노인인구의 증가로 초기에는 부양의 문제가 대두될 것이다. 국가의 수입 중 상대적으로 많은 돈이 증가한 노인인구 부양에 쓰이게 될 것이다. 사회적으로나 개인적으로 부양의 책임은 더욱더 무거워질 것이다.

인간의 본성이 원래 배은망덕함에 깊이 기인한다는 것의 방증인지는 모르겠지만, 사실 원시사회든 고도의 문명사회든 상관없이 인간이 태어나 성장하는 데 투입되는 것에 대해서는 비용의 낭비라고 생각하지 않는다. 반면, 노인을 부양하는 것은 문자 그대로 '비생산적'이라고 여길 수 있다. 자녀로부터 기쁨을 찾고 자녀를 갖는 것이 인생에서 가치 있는 일이라고 생각하지만, 노인부양은 그렇게 생각하지 않는다. 물론 인간의 동기는 동기대로 매우 강해서 노인을 부양할 것이고, 그것도 잘 부양할 것이다. 그러나 그것은 사회 전반에 걸쳐 강제성을 띠는 분위기에서 이루어질 것이다.

비정상적으로 많은 노인인구 부양에 대한 강제적인 사회 정서는 다음 세대의 노인인구 부양에 중요한 요소로 작용할 것이다. 그리고 여기에 또 다른 하나의 요소가 등장한다. 지난 반세기 동안 이루어진 비약적인 산업 발전이 이제는 우리 생활에 깊숙이 영향을 미치고 있으며, 우리의 인격에도 영향을 미치고 있다. 우리는 이제 앞으로 지속적인 경제의 확장을 목도하게 될 것이다. 도시가 건설되고 산업이 확장될 것이며 모든 관련 그래프가 우상향할 것이다.

산업 확장과 함께 합리화와 현대화가 용이해졌다. 양적으로 팽창하는 사회 속에서 개인은 여기에 참여하고 또 발전할 수 있었다. 산업 확장을 통해 사회적 계층 이동과 직업 유동성이 증가하고 생산자본 자체도 증가했다. 소비자본, 특히 노년층의 자본이 증가할 것이다. 예를 들어, 학교 대신에 양로원이 늘어날 것이다.

경기 호황 이후 불경기를 맞이하는 사회의 분위기를 가볍게 생각해서는 안 된다. 기술 발전과 자본 증가가 아무리 확대된다고 하더라도 모두의 부양을 책임질 수는 없기에 정치가 이 문제를 잘 다루어야 한다. 우리가 단순히 경기의 축소나 사회 퇴보를 예상하고 계획한다면 사회 전체의 발전 동기가 사라지게 된다.

지금 중년인 우리 세대가 나이 들면서 노인인구는 증가할 것이다. 사회에서 제공하는 일반적인 부양을 받거나 아니면 가까운 인척의 돌봄을 받을 수 있는 우리 세대의 일부 경우를 제외하더라도 노인인구의 증가는 사회 전체의 활기에 부정적인 영향을 끼칠 것이다. 의학의 발전과 건강한 생활 습관의 도입으로 수명이 연장되어 황혼의 나이까지 신체적으로 건강하게 생활할 수 있다고 하더라도 자연스럽게 진행되는 지적 능력의 퇴화 등을 막아주는 과학의 발전은 아직 미약하다. 치매 등을 겪는 인구가 인구의 노령화로 향후 몇십 년간 점차 증가할 것이다. 그리고 이것은 젊은 세대에게 상당히 곤란한 문제가 될 것이다. 왜냐하면 역사적으로 전례가 없지만, 앞으로의 노년층은 사회적 지위와 더불어 자산 소유에서도 권력을 가지게 될 것이 분명하기 때문이다. (1920년 기준, 전체 재산의 63퍼센트를 50세 이상이 소유하고 있으며, 나머지 37퍼센트는 60세 이상이 소유하고 있다. 이들이 전체 인구에서 차지하는 비율은 각각 21퍼센트, 12퍼센트다.) 앞으로 이러한 현상은 단지 인구정책의 논의에만 영향을 미치는 것이 아니라 전체 사회발전 차원에서 그 논의가 진행될 것이다.

국외의 인구 압박

부양해야 하는 노인인구의 증가에도 인구 감소와 전혀 상관없이 실질적으로 의미 있는 범위 내에서 다른 국가들과 비교했을 때 우리의 경제적인 부와 번영은 장기적으로 크게 발전할 것이다. 스웨덴은 현재 수준과 비교해서 절대적으로 부와 번영이 증가할 것이다.

위기와 다른 여러 가지 문제에도 낙관적인 전망을 하는 이유는 다양하게 존재한다. 한 가지 독자들에게 당부하고 싶은 것은 이런 주장이 앞으로 이어질 논의의 기본적인 전제라는 점이다. 또한 이는 타국과의 비교선상에서 그렇다는 점을 다시 강조한다. 과거 법치주의의 정치적인 입장을 고려해 절대 번영의 증가에 대해 우리나라와 다른 나라와의 비교 신뢰성에 회의적인 의견을 가진 자들이 있다.

국제적인 이주 문제는 스웨덴 정치의 심각한 의제로 대두될 것이다. 스웨덴으로 이주하기를 원하는 사람들의 국가 중 우리보다 더 낮은 생활수준을 영위하는 국가들도 있을 것이다. 이 문제에 대해 스웨덴 노동자들은 아마도 미국 노동자들과 같은 행동을 할 것으로 생각된다. 이미 그런 상황이 벌어지고 있다. 전후 이민 제한과 같은 법안을 지지하거나 노동 현장에서 직접적인 행동을 통해 스웨덴 노동자들은 이 문제에 대한 자신들의 노선을 분명히 정했다.

앞으로 스웨덴 노동자들에게 더 나은 생활수준을 제공할 수 있는 몇 안 되는 국가들, 예를 들어 미국이나 영국 지배하의 식민

지들도 이민에 대해 더 엄격한 제약을 둘 것이다. 외국인을 위해 국경을 열어둘 정도의 호혜의 원칙 같은 것은 없을 것이다. (스칸디나비아 국가들은 예외다. 그들과 우리는 서로 간의 더욱 자유로운 이동을 허용할 수 있을 것으로 생각한다. 북유럽은 하나라는 전제를 앞으로도 사용하고자 한다.)

그럼 구체적으로 스웨덴으로의 노동 이주는 어떻게 전개될 것인가? 간단하게 말하면 국내 임금을 압박하기 위한 수단으로서 고용주들이 외국인 노동자들을 흡수하려고 시도할 수 있다. 이는 중요한 문제다. 법은 추상적으로 국제적인 이상을 지향해 제정된다고 하더라도 현실적으로 구체적인 상황이 발생하면 반드시 이상적으로 대응하는 것은 아니다.

여러 가지 사항을 고려해보면 위기 이후 대량 실업이 발생할 가능성이 크다. 영구적인 실업의 끔찍한 문제는 우리가 생각할 때, 근본적인 분배와 생산 개혁 없이는 해결이 불가능하다. 그리고 다행히 개혁이 신속하게 진행된다고 해도 영구 실업의 문제는 상당 기간 동안 지속될 것이다.

무엇보다도 그런 상황이 되면 외국인 이민을 받아들이기가 곤란해진다. 그때가 되면 임금에 대한 압력이 아니라 실업의 증가가 더 문제다. 자국의 낮은 생활수준 때문에 이민을 결심한 이주 노동자들은 결과적으로 스웨덴 노동자의 가치를 떨어뜨리게 되어 증오의 대상이 될 수 있다.

북미 및 대영제국 국가들의 노동계급 연구를 보면 스웨덴과 비슷한 상황으로 흥미롭다. 특히 미국 노동자들의 경우에 최근 들어서야 이민 제한을 실시할 수 있었던 것은 미국이 이민을 오랫동안 자연스러운 사회현상으로 받아들여온 사회이기 때문이다. 그러나 스웨덴은 그렇지 않다. 또한 미국 노동자들은 스웨덴과는 달리 노동조합을 통해 정치적으로 조직되어 있지 않았다.

국가적으로 설정된 비교적 안정적인 임금제도와 사회제도를 가진 곳에서는 내부적으로 이민의 문제에 취약하다는 것을 잊지 말아야 한다. 사회정책적인 제도 자체가 이민 방지 대책을 '요구' 하게 되는 것이다.

그러나 스웨덴이 이민을 가기에 매력적인 나라가 되는 상황이 되면 저출산은 사회적인 위협으로 받아들여지게 된다. 특히 노동 계층의 시각에서 더욱 그러할 것이다. 현재 정부가 불분명한 의견을 내면서 이민에 대한 갈등을 더욱 부추기고 있는 상황에서 노동자들의 이민에 대한 반감은 자연스러운 것이다. 이 문제에 대해서는 열린 결말로 남겨놓고자 한다. 여기에서 실수는 가능성의 범위를 넘어서는 것이 아니다. 제네바의 국제노동사무국 등에서 어떻게 국제적인 이의 협의를 하는지에 따라 많은 것이 달라질 수 있다. 아무리 불경기라 해도 이 움직임에 대해 희망이 없다고 생각해서는 안 된다. 그러나 국가 내부적으로 (그리고 궁극적으로 몇몇 국가 간의) 결속력이 강해질 것이라는 가정은 해볼 수 있다. 움직임의 전개를 보면 '계획경제'의 징후들이 보이기는 하지만 아직은 몇몇 단일민족 문화의 국가들만이 이를 입법으로 강제할 수 있다.

장기적으로는 이 문제를 해결하기 위해 국제적인 협력이 가능할 것이라고 믿어야만 한다. 그렇게 되지 않는다면 적어도 유럽의 경우는 문화적으로도, 경제적으로도 실패하게 될 것이다. 그러나 서구 엘리트들이 희망을 버리지 않는 국제화가 우리가 생각하는 현재보다 더 자유롭고 자율적인 이동이 아니라 오히려 단단하고 경직된 상황을 야기할 수 있다고 생각해서는 안 된다. 모든 조직의 문제는 그런 성격을 띤다. 적어도 국제적으로 자유로운 이동은 과거의 문제로 인식될 것이다.

이 문제에 관해서는 세상이 우리가 원하는 대로 되어야 한다는 뜻이 아님을 강조하고 싶다. 이 책의 저자인 우리는 모든 국가 간의 장벽을 증오하고 이 점에 관해서는 우리와 의견이 같은 사람들이 이 나라에 많을 것이라고 생각한다. 그러나 우리는 현실을 외면하고 앞으로의 전개에 대해 거짓을 기술할 수는 없다.

제네바의 국제노동사무국에서는 더 자유로운 노동 이민에 대한 심각한 이사회 보고서를 발표했다. (이 보고서는 장기적인 해결책인 동시에 위기 해결의 해법으로도 활용할 수 있다.) 다른 국제 조직에서도 이 아이디어가 나오기 전에 비슷한 주장을 했다. 그러나 이런 노력은 가혹한 현실에서 평가절하되고 있다.

이미 언급했듯이 스웨덴의 인구문제는 내부의 문제라고 단호하게 말할 수 있다. 국외 이주와 국내 이민은 가까운 미래에는 인구문제에 그다지 큰 문제로 대두되지는 않을 것이다. 더 실질적으로 엄격한 이민정책이 스웨덴에서 실시될 가능성은 있다. 그러나 인구 감소가 너무 급격하게 진행되고 외부의 압력이 더해져서 이 경계가 사라지고 평화마저도 위협받는 최악의 상황으로 이어지는 결말이 생길 수도 있다는 것은 더는 언급하지 않되, 다만 강조하고자 한다.

적어도 문화적으로 유사한 스칸디나비아반도의 세 국가 간의 자유로운 이동은 가능하기를 희망한다. 그렇다면 스웨덴은 이민자들을 받아들이는 국가가 될 것이고 앞으로의 전개에 큰 책임을 지게 될 것이다. 농산물의 국제시장 상황을 보면, 특히 영국과 독일의 경우를 고려하면, 덴마크의 경우 스웨덴보다 훨씬 더 자급이 안 되는 상황이다. 따라서 덴마크에서 스웨덴으로의 이민을 희망할 수 있다. 또한 노르웨이도 국제경제의 어려움으로 스웨덴보다 더 경제적으로 어려운 처지다.

스웨덴이 풍부한 천연자원을 바탕으로 생산을 좀 더 이성적으로 조직할 수 있다면 위에 언급한 두 나라로부터의 이민을 받아들이지 않을 이유는 없어 보인다. 스칸디나비아 국가 간의 자유로운 이동은 특히 문화적인 이유가 강력한 동기로 작동하는 경제적, 정치적 스칸디나비아주의Scandinavism의 전제일 가능성이 크다. 현재의 특화와 차별화의 발전을 고려하면 인구와 경제 규모가 작은 세 스칸디나비아 국가들이 완전한 국가 내의 문화를 유지하기는 어렵다. 현재는, 적어도 가까운 미래에는 세계가 경제적, 정치적으로 나뉘어져 있으므로 국가 자체보다도 더 넓고 이동이 자유로운 시대로 들어가야 한다. 그럼으로써 문화적, 정치적으로 야만주의로 낙인찍히지 않고 중부유럽 전체에서 목도되고 있는 불안정의 위험에서 벗어날 수 있다.

민족주의에 신물이 난 핀란드인들이 스웨덴으로의 이민을 원한다면 국경을 개방하고, 현재 폐쇄적인 정책을 펴는 중이지만 해당 정책을 실용적으로 적용하는 것이 필요하다. 핀란드 전체가 스칸디나비아주의에 동참하기를 바라지만 현재 핀란드 내 북유럽 공동체 의식의 수준을 보면 그 가능성이 작아 보인다.

독재국가의 모든 이민을 받아들이는 것은 불합리하지만 인종, 종교 및 정치적인 믿음 때문에 자국에 머무르지 못하는 문화예술인이나 과학자 등 뛰어난 개인의 이민을 받아들이는 것은 권장할 만하다. 그러나 우리는 이것이 아직 스웨덴에서 방어하기 힘든 주장이라는 것을 잘 알고 있으며, 실질적으로 실시가 될 수 있을지 아직 불확실하다는 것을 인정할 수밖에 없음을 매우 부끄럽게 생각한다. '대학 교육'을 받은 이들의 노조에서는, 학생회까지도 이미 이것에 반대를 표명했고 그들의 어두운 편협함을 보여주는 수많은 자료를 발표했다.

미래 인구정책의 입장

그런데도 아주 의미심장한 질문이 남아 있다. 스웨덴 국민은 추락하는 출산율과 급감하는 인구 그리고 위협적인 상대적 인구 감소에 대해서 어떻게 생각하는가?

인구구조의 변화와 국외 이주 논쟁 등의 영향으로 현재의 분위기로는 인구의 현행 유지 그 자체에 대해서는 긍정적일 것 같다고 추측한다. 그러나 이 두 요소가 매우 중요함에도 질문에 획기적인 답을 제시하지 못하므로 지금부터 조사가 필요하다.

일반적으로 이 중대한 문제에 대해 신맬서스주의에 심리적으로 이미 저항했던 일반적인 정치적 시각을 지닌 사람들 대부분은 이제 출산율의 감소가 국가적인 위기라고 인식하게 되었다고 생각한다. (적어도 그런 정치적인 입장을 고수하면 사회정책적 결과를 더 분명히 보게 될 것이며 이 책에서는 그것을 다루고자 한다.)

그러나 더 흥미로운 질문은 다른 상황에는 어떻게 대응할 것인가다. 신맬서스주의에 약간이라도 동조했던 사람들과 급진적인 사회적 의견을 가졌던 집단들은 이에 대해 어떻게 생각할 것인가? 무엇보다도 사회주의적 노동자 계급은 이 문제에 대해 어떤 입장을 취할 것인가?

오랫동안 급진적인 사회적 주장들은 광범위하게 이해 가능한 것으로 받아들여졌으며 또 커다란 인구 규모는 사회적으로 추구할 가치가 없다는 주장도 수용되었다. 이는 구##인구주의자들에 맞서 신맬서스주의자들에게 돌파구를 제공한 주장이기도 하다. 그러나 모든 것은 상대적이다. 그리고 인구수가 제대로 감소하기 시작하면 그런 설교 전체가 빈 수레라는 것이 드러나게 될 것이다. 아마도 여론은 오르락내리락하겠지만 정치적, 사회적 급진주의자들은 출산율을 높게 유지하는 방법을 찾으려고 시도할 확률이 높다. 그렇게 믿는 이유는 여러 가지다. 그러나 이에 대한 설명은 잠시 뒤로 미루도록 하겠다.

한 가지 분명한 것은 분배정책, 사회정책, 생산정책의 전반적인 개혁이 실질적인 출생률을 높이는 효과적인 방법이라는 사실이다. 이미 다른 이유로 이런 방향으로 개혁이 진행, 발전되고 있는 상황에서 하나의 목표에 대한 이해가 높아져야 하는 것을 피할 수 없으며 그를 통해 방법을 찾을 수밖에 없다.

그 반대 상황에서는 어떻게 출산율을 높일 수 있을지 고민하는 사람들이 적어질 것이다. 그들의 임무는 쉬운 것은 아닌데, 그들의 사회철학을 근본적으로 바꾸지 않을 것이기 때문이다. 피임법이나 형법으로 출생률을 높이려는 시도는 하면 할수록 비합리적으로 보일 것이다. 이런 방법으로 결과를 낼 수 있을 것이라는 생각은 변화를 위한 사회적인 이유와 그 근본적인 원인에 대해 무지하다는 것만 드러냈을 뿐이다.

출산율 감소의 원인은 가족제도의 변화된 사회구조 및 변화된 사회윤리적 내용에 있다고 봐야 한다. 산아제한에 대한 동요는 논의의 모멘텀을 생성했다. 그러나 이전 장에서도 이야기했듯이 우리나라가 산업화의 과정을 겪으면서 따라온 변화가 가정을 이루려는 사회적, 경제적 근본 이유를 바꿈에 따라 사람들의 생각과 입장이 바뀐 것에 우리에게 필요한 해답이 있다. 출산율의 감소는 실제로 이전 사회에서 물려받은 가족제도가 오늘날의 경제, 사회에 맞추기 어려워졌음을 의미한다. 그리고 변화된 경제, 사회적인 토대에 가족의 형태가 적응하지 못하면 (그럴 가능성도 있어 보이는데) 예언한 대로 인종이 전부 자살하는 형상이 되고 말 것이다.

이제 잠시 우리가 어디서든 목도하게 되는 의견과 말들을 통해 사람들의 동기와 태도를 살펴보자. 오늘날 자녀는 이전의 자급자족 사회 시절보다 돈이 많은 드는 존재다. 주거 공간도 전보다 더 비싸고, 교육에 대한 요구도 더 높아졌고, 노동시장의 전망은 더 불분명하며, 전에는 집 안에서 아이가 담당함으로써 도움이 되던 일들도 이제 더는 이상 필요하지 않게 되었다. 그리고 과거보다 지출에 대해 훨씬 더 많이 고려하게 되었고 이를 예전보다 더 중요하게 생각한다.

과거에는 꽤 굳어진 계층을 기반으로 하는 안정적인 계급사회였고 다른 계층 사이의 의사소통이 미약했다. 계급사회는 도덕적이며 전통적인 것으로 인정되었다. 즉, 비슷한 사람끼리 살아왔고 세대가 지나면서도 그다지 변화가 없는 삶이 지속되었다. 그러나 산업화는 예전 계급사회를 뒤흔들어놓았다. 이제는 아래로 또 위로 의사소통이 활발하다. 사람들은 모두 상대적 생활수준을 (단지 유지가 아닌) 향상시키려고 노력한다. 그렇기 때문에 아이가 짐이 되는 것이다. 이런 사실을 일반적으로 이해한다면 이렇게 생활수준의 향상을 추구하는 것은 상당히 새로운 경향 아닌가? 이러한 사고는 이전의 농경사회에서는 찾아볼 수 없었다. 그리고 지금까지도 이런 사고는 소작 계층에서 존재하지 않는다.

생활수준의 향상을 위한 노력은 현재 우리 사회의 기본적인 집단 사고방식이다. 나날이 발전하는 산업화 속에서 우리는 여성들이 자본주의 시대 이전과는 다르게 어떻게 경제적 기능을 잃게 되었는지 인식할 필요가 있다. 이제 여성들은 그 기능을 시장에서 찾고 있다. 오늘날 그들이 여전히 주부로만 머무른다면 밖에서 끌어당기는 힘이 강함에도 그렇게 하는 것이다. 집 안에서는 아이들과 전통이 이 여성들을 속박할 것인데 예전과는 달리 직접적인 경제적 기능을 통해서 속박하지는 않을 것이다. 현대의 노동 분화와 특화는 원시 경제 상황에서 가능했던 역할들을 여성들로부터 박탈했다.

여성들에게는 새로운 동기가 부여되었는데 그 동기란 정신적인 자신감으로 노동시장에 참여할지 여부를 결정하는 요소가 될 수 있다. 이 동기를 좀 더 합리적으로 표현해보자면 현재 출산과 육아가 동기의 실현에 점점 더 방해 요소로 인식된다고 할 수 있다. 새로운 사고방식으로 볼 때 결과적으로는 기술적이고 경제적인 의지 때문에 출산과 육아가 방해로 받아들여지게 된다는 것이다. 도시화로 말미암아 도시에 정착하게 되면서 아이를 집에 놔두고 스스로 알아서 잘 자라기를 기대할 수 없게 되었다. 그러한 이유로 자녀를 출산하는 것은 경제활동에 방해가 된다. 상위 계급의 여성들은 스스로를 '해방'시켜 독립적인 사회생활에 대한 요구를 높이고 있다. 이러한 사고방식은 금방 자리를 잡는다. 경제활동에서 여성의 역할 변화와 발맞추어 진보하고 있다.

따라서 출산율 저하를 막으려면 산아제한으로 거의 무자녀를 추구하는 이 복잡한 심리적인 동기를 없애는 방법 외에는 달리 다른 방법이 없다. 즉, 자녀를 가짐으로써 드는 비용을 줄여야만 한다. 이는 가족의 지속적인 생활 향상을 위한 노력에 자녀가 방해되기 때문이다. 여성들이 사회생활을 하는 데 자녀가 방해 요인이 되지 않도록 해야 한다. 이는 인구 감소가 위협적으로 부상하면서 야기된 사회정치적인 문제를 해결할 현실적인 주장이다.

간단히 말해서 가족제도의 사회적, 경제적 기반을 조직적으로 변경해 그에 따른 구조와 의미를 바꿔야 한다. 우리가 한 가지 기억해야 하는 것은 가족은 이미 산업화의 결과로 변화했고 추락하는 출산율은 그것을 입증하는 하나의 증거일 뿐이라는 점이다. 뿌리 깊은 전통과 변화된 경제적 조건 사이 어딘가에서 가족들이 타협하게 만드는 것은 우리의 목표가 될 수 없다.

이것은 보수적 도덕주의자들이 잘 잊어버리는 사항이기도 하다. 이제 과거로 돌아가는 것은 완전히 불가능하다. 자본주의적 생산 질서에서 다시 농경 수공업 사회로 돌아가지 못하는 것이 그 커다란 이유다. 변화하는 경제적 조건에 따라 사회적 제도도 지속적으로 변화해 적응해야 한다. 적응하는 방법에는 여러 가지가 있는데 몇몇 잘못된 방법에 대해 언급하고자 한다.

다행스럽게도 우리는 일정 범위 내에서 변화에 적응하는 방식을 조정할 수 있다. 우리는 골절된 다리를 그냥 방치해 아무렇게나 낫게 두지는 않는다. 그 대신 깁스를 한다. 이성적인 정치란 변화하는 기술적, 경제적 환경에 따라 사회제도를 수정하고 지적으로 적응시키려고 하는 노력을 끊임없이 하는 정치를 의미한다. 이 노력의 방향은 정치적 노선에 따라 달라진다. 그래서 이러한 것들을 연구하고 이해해서 출발점으로 삼아야 한다. 그러나 이것은 너무 당연해서 목표와 방법 속의 용어들로 설명하기 어려울 수 있다.

출산율 저하를 막기 위해서는 매우 급진적으로 분배정책 및 사회정책을 변화시키는 것 외에는 방법이 없다. 그 변화는 기술의 가능성 안에서 생산성과 효율성이 향상된 급진적인 생산정책의 변화에 기반할 수밖에 없다. 이에 따른 문제는 다음 장에서 다루겠다. 여기에서 한 가지 지적한다면 정치적, 사회적 정보가 증가하고 국가 활동의 모든 면에서 경제적 기본 선택이 확대되면서 인구정책이 동기를 차지하더라도 효과적이고 고비용이 드는 사회정책의 수요가 증가할 것이라는 점이다. 동시에 사회주의적인 방향으로 생산을 급진적으로 재배치하라는 요구가 기술적으로, 또 조직의 변화로 높아질 것이다. 이에 정치적인 동기와 관심이 출현하는 것에는 의심의 여지가 없다.

가족의 새로운 형태에 관한 문제는 다른 말로 하면 분배정책, 사회정책, 생산정책의 논의에 반드시 포함될 것이다. 모든 것을 제대로 이해하고 난 후에는 전체적인 인구문제에 대해 매우 다르게 접근하게 될 텐데, 무자녀 가정이나 한 자녀 가정의 형태로 현재 나타나고 있는 산아제한이 자유 시민의 일반적인 이상향이 되는 것이 불가능함을 깨닫게 된다. 자유 시민은 평상시에 행복하게 사회적, 경제적 관계를 맺고, 자신의 경제적 삶에 결정권을 행사할 수 있는 현명하고 강한 시민이다. 어떤 시민도 불안정한 계층 사회에 의존해 살 필요가 없다. 또한 이들은 자신의 물질적인 불안감에 시달릴 시민이 아니다. 급격한 인구 감소의 추세는 점점 더 많은 사람에게 과도기적인 현상으로 이해될 것이다. 가부장적인 자본주의 이전의 시대에서 자유 자본주의적 개인주의 사회로 가는, 민주주의의 기본 선택권이 보장된 계획에 따라 사회주의적 공동 시민사회로 가는 과도기의 역동적 현상으로 이해될 것이다. 신맬서스주의가 전력을 다하고 난 후에 인구문제는 심도 있고 급진적이며 사회주의적인 사회구조를 위한 가장 강력한 논거가 될 것이다. 인구문제는 정치적인 요구를 증가시켜 사회가 그에 따라 변화하여 시민들이 새로운 의지로 원하는 만큼의 자녀를 낳아 우리 민족이 멸종하지 않도록 할 것이다.

맬서스는 150년 전에 이 문제를 기술적으로 잘 소개한 이후 그 명성이 높아졌는데, 오히려 그의 이론은 반대로 사회주의적 급진주의에 대항하는 가공할 만한 무기로 작용해 부르주아 가족제도의 계층 구별과 자산의 차이를 방어하는 데 쓰였다. 이러한 운명은 종종 거대한 정치적 투쟁의 문제로 이어지기도 한다.

5장

스웨덴 민중의
생활수준

자녀의 수를 제한하려는 추세의 확산은 아마도 모든 계층에서 더 나은 생활수준에 다다르고자 하는 욕구와 깊은 관련이 있다. 그리고 이러한 욕구는 다른 어떤 요소보다 우리가 처한 산업화와 합리화가 계속해서 진보하는 상황을 더욱 잘 대변하며, 이 또한 다른 시대와는 매우 다르다. 이 욕구가 무엇인지 파악하고 그에 대한 사회정책적인 가치를 부여하기 위해서는 모든 계층의 스웨덴인이 이루고 싶어 하는 실질적인 생활수준이 무엇인지에 대한 지식이 있어야 한다.

임금과 소득

먼저 각기 다른 사회계층의 가구별 소득수준을 알아볼 필요가 있다. 하지만 이에 관한 통계는 매우 제한적이다. 소득 통계는 세수를 위한 소득 신고와 그에 대한 세금 징수에 기반하는데, 이 자료는 매우 부족한 것이 사실이다. 일반적으로 여러 가지 이유로 소득이 너무 낮게 측정되었다고 전제할 수 있다. 그래도 전체적으로는 그 결과가 어느 정도 정당하다고 추정되어왔다. 그러나 소득 정보에 대해 판단할 때 우리나라는 예를 들어 앵글로색슨 국가들과는 달리 소득세 징수 시 중앙정부뿐만 아니라 지방정부도 아주 적은 소득에도 세금을 징수한다는 것을 염두에 두어야 한다.

1920년 인구조사에서 소득에 관한 분석은 가장 믿을 만한 자료다. 그러나 그 당시는 소득이 꽤 낮았고, 이는 이미 15년 전 자료다. 비슷한 분석 작업이 1930년 인구조사에서도 이루어졌는데 스톡홀름 시와 12개 주^{län}의 자료만 분석되었다.[1] 이 자료들도 이미 오래된 것들이지만, 다른 자료가 부족하기 때문에 이런 제한적인 자료에 의존하는 수밖에 없을 것 같다. 스웨덴의 공식 통계자료는 광범위하고 심도 있는 조사와 분석이 이루어져 지난 200년 동안 다른 국가의 모범이 되었다고는 하지만, 전반적으로 조사와 분석에 너무 시간이 걸려서 자료가 나오면 실질적으로 사용하기에는 이미 오래전 것이 된다는 문제가 있다. 이렇게 조사와 분석이 오래 걸리는 것은 일의 성격상 어쩔 수 없는 부분이기도 하다. 조사가 하룻밤 사이에 이루어질 수는 없다. 그러나 그렇게 자료가 늦게 발표되는 중요한 이유는 조사와 분석이 일정 기간 안에 집중적으로 이루어지지 않기 때문이다. 이는 많은 투자를 하지 않고도 해결할 수 있는 문제다. 예를 들어 상급 공무원들이 더 많은 저임금 노동자들을 지도하면 저비용으로도 조사와 분석이 가능하다. 그렇게 한다면 몇 년에 걸쳐 비용을 분산시키지 않아도 될 것이다.

스웨덴 전체 인구 285만 2,289명 중 100만 6,750명의 남성과 53만 3,156명의 여성이 직업을 갖고 있는 것으로 조사되었다. 또한 총수입은 26억 2,567만 8,000크로나이고 자산은 84억 2,285만 1,000크로나였다. 이는 1인당 소득이 900크로나를 약간 상회하나 자산은 3,000크로나만큼도 못 된다는 것을 의미한다.

이 수치는 스톡홀름 시와 12개 주만을 분석한 자료이기에 어느 정도 왜곡된 모습을 보이고 있고, 저임금 지역들의 상황이 충분히 반영되지 못했다. 게다가 1920년의 전체 분석 자료는 1인당 평균 소득은 9크로나에 불과하고 자산은 1930년 스톡홀름 시와 12개 주의 분석 수치보다 12퍼센트 더 낮은 것으로 집계되었다. 1930년이 1920년과 같은 경향을 보인다고 하면 전국 1인당 평균 소득은 약 840크로나이고 자산은 1인당 2,600크로나일 것으로 추정할 수 있다. 지금부터 이어지는 소득 자산에 관한 수치는 이와 비슷한 추정을 바탕으로 한 것이다. 특정 직업군의 수치는 백분율의 변화가 미미하다는 점을 여기에서 지적하고 넘어가고자 한다. 스톡홀름 시와 12개 주의 높은 소득과 자산은 아마도 이곳들에 사는 인구 중 평균임금보다 임금이 높은 직업에 종사하고 자산이 많은 인구가 비교적 많고, 저임금과 저자산 인구가 비교적 적은 사실에 대부분 기인할 것이다. 물론 자료의 절반 이상이 어떤 이유에서인지 분석되지 않은 점을 고려할 때 소득과 자산 자료는 매우 보수적으로 다루어질 것이다.

한 가구를 성인 남녀와 아이 둘이라고 가정한다면, 1930년의 경우 가구당 3,350크로나의 소득과 1만 400크로나의 자산을 가진 것으로 추정된다. 그러나 이런 계산은 매우 허구적이다. 왜냐하면 그것이 평균 가족의 규모가 아니기 때문이다. 소득과 자산을 가진 인구 중 많은 이가 미혼이거나 결혼했다 하더라도 자녀가 없거나 있더라도 한 명의 자녀만 가진 경우가 대부분이기 때문이다. 또 몇몇 가구는 동시에 두 명 이상의 자녀를 두고 있다.

또한 평균을 내는 것은 다른 중요한 이유로 왜곡된 모습을 보여준다. 소득과 자산의 분배가 특히 불균형해서 소수의 인구가 대부분의 소득과 자산을 차지하고 있기 때문이다. 대부분의 시민들은 더 적은 소득에 만족해야만 한다. 그리고 그들 중 적은 수는 자산을 아예 소유하지 않고 있다. 자산을 소유하고 있다 하더라도 많은 이가 아주 적은 규모의 자산을 소유하고 있다. 따라서 인구와 사회정치적인 면을 고려할 때 자산을 많이 소유하고 있거나 높은 소득을 올리는 자들의 이해를 고려해야 할 것이 아니라 그 반대로 다수의 시민이 적은 임금을 받고 적은 자산을 가지고 있다는 사실을 고려해야 한다.

소득이나 자산이 높지 않은 직군을 살펴보면 전혀 다른 그림이 눈앞에 펼쳐진다. 우리는 우선 농민들의 경제 사정을 연구해보는 것이 우리의 이해에 부합한다고 생각했다. 1930년 자료를 보면 소농과 대지주를 분리하지 않았고, 게다가 농부의 동거 자녀들과 15세 이상 부양가족들이 다른 집단과 합쳐져 있다. 1920년 자료 중에는 더 차별화된 자료가 있지만, 농민들의 경제 상황은 그동안 상당히 많이 변화하여 기존의 자료들이 지금 우리 문제를 이해하는 데 도움이 되지 않는다. 게다가 세금을 기초로 한 임금 통계자료는 일반 근로자의 자료보다 농민의 그것이 다른 이유로 정당하지 않아 이 중요한 사회계층을 현재의 소득 분석에서는 제외할 수밖에 없다. 그러나 여기에서 한 가지 지적하고자 하는 점이 있다. 일반적으로 잘 알려져 있듯이 농부들은 일정 생활수준을 보장하기 위한 국가의 지원정책이 있어도 앞으로 오랫동안 지속될 것으로 예상되는 농업의 위기로 그들의 삶이 계속 악화되고 있다는 점이다.

따라서 우리는 '기타 농업'에 종사하고 있는, 숙련된 기술이 그다지 필요치 않은, 즉 하인 등을 포함한 부류만을 다루기로 한다. 이 부류는 1930년 조사 당시 12개 주에서 22만 7,506명으로 집계되었는데 이 중 10만 1,804명의 남성 및 1만 1,219명의 여성이 '임금노동자'로 분류되었다. 이 카테고리로 분류된 이들의 총 과세 가능한 소득은 7만 9,663크로나였으며 자산은 2만 5,405크로나였다. 이는 약 1인당 350크로나의 소득과 100크로나의 자산을 소유했음을 의미한다. 통계에 포함되지 않은 주들의 소득수준을 감안해서 추정해도 숫자들은 크게 달라지지 않는다. 한 가구가 4인이라고 가정하면 연간 가구 소득은 약 1,400크로나 정도 될 것이다. 이것으로 생존에 필요한 최소한의 기초 생활이 가능한 것인지에 대해 분명히 의문을 가져야 할 것이다.

어부와 그들의 가족의 경우 전체적으로 1인당 연간 소득이 300크로나, 자산은 1,000크로나 정도다. 임업, 목재 운반 및 숯 제조 종사자들의 경우는 연간 평균 1인당 소득이 350크로나이고, 자산은 100크로나 정도다. 이 두 부류의 소득과 자산은 농장노동자들과 대략 비슷하다. 이러한 통계에 보충이 필요하다면 1926년 페테르손-스텐호프스카Petterson-Stéenhoffska의 주거 조사를 참고할 수 있다. 앞으로 주택에 관한 문제를 다룰 때 언급하겠지만, 이 조사는 19개 교구sock[2]의 5,671가구를 조사했으며 조사 대상 1/3을 빈곤층으로 분류했다. 빈곤의 범위는 1인당 300크로나까지 낮게 책정되었으며, 자녀 두 명을 한 명의 성인으로 취급해 계산했다. 따라서 가구 구성이 부모와 네 명의 자녀인 경우는 1,200크로나가 필요하지만, 부모와 두 명의 자녀인 경우에는 900크로나만 필요한 것으로 계산될 수 있다. 이 조사의 대상은 농업, 목축업, 어업, 임업, 사무직, 상업 및 제조업에 종사하는 이들로 구성되었다. 조사 대상자들 중 농장노동자들의 절반이 빈곤층에 해당하며, 어부의 경우는 25퍼센트가 빈곤층에 해당하는 것으로 나타났다.

조사 대상 중 가장 많은 수를 차지한 제조업 종사자들은 1930년 스톡홀름 시와 12개 주에서 조사한 자료에 따르면 전체 70만 391명의 인구 중 28만 7,295명의 남성과 6만 3,878명의 여성이 임금노동자로 조사되었다. 이들의 총 과세 가능한 소득은 63만 9,895크로나, 자산은 20만 7,526크로나로 집계되었다. 이것이 의미하는 바는 1인당 연간 소득이 900크로나 이상이고, 자산이 300크로나라는 것이다. 임금노동자 1인당 소득이 1,800크로나가 넘는다는 사실을 알 수 있다. 다른 주들의 사정을 감안해 다시 계산하면 평균 소득은 1인당 850크로나이고, 자산은 290크로나다. 전국적으로 적용하면 임금노동자의 평균 소득은 1,780크로나로 계산할 수 있다. 이에 따르면 농업 종사자보다 산업 종사자들이 훨씬 더 많은 소득을 올리고 있다. 산업 종사자들의 높은 소득을 이야기할 때 산업 종사자들이 농업 종사자들보다 생활비를 더 많이 지출한다는 점, 전체 소득도 농업 종사자의 그것보다 여러 가지 이유로 너무 낮게 측정되었다는 점을 고려해야 한다. 산업 종사자들은 자녀 수도 상당히 줄어들어 적고 또 일을 하지 않는 부양 자녀의 수도 적어서 이 두 요소가 개인 소득이든 아니면 가정 내 임금 소득이든 상관 없이 소득의 증가에 기여했다.

앞에서 말한 통계는 1930년의 자료에 근거한 것으로 특히 이 자료는 경기 호황의 정점과 그 끝에서 산업 종사자들이 그 혜택을 누린 해의 통계다. 그 이후 산업 종사자들의 실질소득은 매우 낮아졌다. 또한 이 자료는 통계적으로나 원칙적으로 약점을 가졌다. 소득에 대한 좀 더 합리적인 판단은 아마 임금 통계를 통해 내릴 수 있을 것이다.

1932년의 임금 통계에서는 1932~1933년의 농업 종사자들의 임금이 집계되어 있다. 정부에서 고용한 운전기사의 연간 현금 소득은 617크로나까지 올라갔는데 정부에서 제공하는 여러 혜택을 포함하면 소득은 1,213크로나다. 사용자가 숙식을 제공할 경우에는 임금이 비교적 낮게 책정되었다. 비정규직이나 일용직일 경우 일당이 하절기에는 4.43크로나, 동절기에는 3.47크로나로 조사되었다. 남성 농업 종사자들의 전체 연간 평균임금은 1,083크로나였다.

같은 자료를 보면 임업 종사자(나무꾼)의 경우 1932~1933년 겨울에 4.40크로나까지 올라갔다. 도로 작업자의 평균 시간당 임금은 1933년 77외레öre[3]였다. 불규칙한 노동으로 이 항목의 연간 임금은 전체 임금 조사에서 크게 의미가 없다.

산업, 수공예, 상업, 운송 및 일반 사무 등 통계에서 가장 많은 부분을 차지하는 항목의 연간 총 임금 소득은 18세 이상 남성 성인의 경우 1932년 2,597크로나로 집계되었으며, 1933년에는 2,612크로나로 예상된다. 여성의 경우는 각각 1,583크로나,

1,556크로나다.

그러나 이러한 현실적인 임금 및 소득에 관한 통계가 우리에게 말해주는 바는 거의 없다. 중요한 문제는 그대로 남아 있다. 한 가족이 살아가기 위한 최소한의 필수품과 서비스를 구매할 수 있을 만큼의 소득이 되는가? 특히 현재 수적으로는 적으나 정치적으로 점점 더 중요해지고 있는 부유층과 중산층은 자신들이 몇 배나 높은 소득을 올리고 또 그 때문에 비교적 걱정 없는 삶을 영위할 수 있어서 아주 환상적인 전제를 내세우며 우리 국민의 대부분인 저소득층이 구매 능력을 어떻게 갖춰야 하는지에 대해 제시하고 있다. 따라서 지금부터는 어떻게 하면 자신의 소득으로 살 수 있는지에 관해 이야기해보고자 한다. 주택과 식품 등 주요 생활 필수 항목에 관해 연구하는 동시에 실업과 농업의 위기로부터 비롯되는 압박도 다루고자 한다. 인구의 관점에서 주거 수준은 매우 중요하기에 이에 무게를 두고 논의하고자 한다.

주거/주택

생활수준에 대해 그 구체적인 내용을 파악하기 위해서 우리는 사회 통계 전체의 기본적인 항목을 채택하고 그에 따른 합리적인 사회정책을 논하고자 한다. 현재 이를 뒷받침하는 통계가 매우 미약하다.

그중 가장 취약한 통계는 전후 비용 절감으로 거의 무너지다시피 한 주택에 관한 통계일 것이다. 최근 몇 년 동안 비교적 큰 비용을 들여서 임대주택의 통계를 조사하기 시작했는데, 대개 부동산 가격이 비싼 지역을 대상으로 한 조사가 주였으며 이는 스웨덴에서 거의 사라질 뻔한 사회 통계가 그나마 유지될 수 있게 했다. 이런 조사의 틀 내에서, 주택 통계는 표면적인 시장의 현황과 임대료 그리고 공실률에 초점이 맞춰졌다. 가구의 규모, 각기 다른 사회와 소득 계층이 사실상 어디서 어떻게 주거하고 있는지에 대한 분석은 전혀 이루어지지 않았다.

최근 경제 위기로 어려웠던 몇 년 동안 실업 인구를 활용해 생산적인 일자리 창출을 통한 위기 해결의 가능성을 조명할 때, 한편으로는 혼란스러운 건설 경기를 두고 왜 이런 위기 시 실업 인구를 국민들의 보건 향상을 위한 일자리나 주택 건설로 유도하지 않았는지에 관해서는 현재로서 우리가 알 수 있는 지식이 없다.

이런 부족한 점들은 적어도 지방 소도시들이나 도시와 같은 형태를 가진 지역에서는 보완되기 시작했다. 주거 사회적 조사에서는 광범위한 통계 조사가 현재 이루어지고 있으며 표면적인 시장 현황, 임대료, 공실률 외에도 다양하게 조사되고 있다. 그러나 이런 조사가 완료될 때까지 우리는 매우 취약한 조사 자료와 부분적으로 과거 자료에 근거해서 논의를 이어갈 수밖에 없다. 우리나라의 시급한 주택 문제를 이야기하기 위해서 대도시 상황부터 짚고 그다음으로는 농촌 지역을 살펴본 후 아파트의 불만족스러운 품질이 야기하는 과밀 주거 해결의 시급성(주택 부족)에 대해 논의하고자 한다.

스웨덴 도시에서 과밀 주거 문제는 스웨덴의 경제나 일반적인 생활수준을 다른 나라와 비교했을 때 더 심각하다. 가장 일반적인 가족 주택은 방 하나에 부엌 또는 더 작은 공간으로 이루어진 형태다. 인구 1만 명 이상인 도시의 경우 1928년 말에는 약 50퍼센트 이상이 임대주택이었다. 이 비율은 조사되지 않은 더 작은 도시에서도 그다지 크게 달라지지는 않는다. 노르셰핑Norrköping의 경우 임대주택의 3/4이 위에서 말한 작은 크기다. 에스킬스투나Eskilstuna의 경우는 3/4이 약간 넘는다. 예블레Gävle의 경우는 70퍼센트가 넘는다. 베스테로스Västerås와 쇠데르텔리에Södertälje는 60퍼센트가 조금 넘고, 외레브로Örebro, 보로스Borås 및 웁살라는 50퍼센트가 조금 넘는다. 스톡홀름과 말뫼Malmö는 50퍼센트가 조금 안 된다. 이는 임대주택만 고려한 수치로 전체 아파트를 포함한다면 이 비율은 조금 줄어들 것이다. 이러한 상황에 반해서 도시와 산업지대의 아파트들의 절반 정도가 방 하나에 부엌 하나이거나 더 작다는 사실로 비슷한 비율의 인구가 그곳에 살고 있다고 추정할 수 있다. 작은 아파트의 대표적인 형태인 방 하나와 부엌 하나가 딸린 주택에 사는 평균 인원수는 1926년 55개 도시를 조사한 결과, (대부분 스톡홀름에 집중되어 있지만) 3.4명이었다. 그 도시들의 아파트 중 40퍼센트가 방 하나에 부엌이 딸린 형태였고, 40퍼센트의 인구가 여기에 살고 있었다.

이런 아파트의 평균 과밀도는 표면적인 것으로서 과밀 주거의 실상을 보여주지는 못한다. 1인 가구가 사는 경우, 아이 없는 젊은 부부가 사는 경우, 아니면 한 자녀 가정이 사는 경우들은 평균을 아래로 끌어내릴 수 있다. 또한 방 두 개에 부엌 하나인 (실질적으로는 방 하나에 부엌으로 봐야 하는) 크기의 아파트에 5~6명이 사는 비율이 1926년 23.2퍼센트인 것으로 나타났는데, 이는 전체 인구 중 41.3퍼센트가 이런 형태의 아파트에 살고 있고 과밀도는 훨씬 더 심하리라는 것을 의미한다. 이런 아파트들 대부분은 많은 이들이 동시에 거주하고 있다. 이런 아파트들에 더 많은 사람이 모여 살면서 비율적으로 더 많은 인구가 이런 형태의 아파트에 거주하고 있을 것이다.

이에 대한 이해를 좀 더 분명히 하고자 우리는 1924년의 임대주택 조사를 참고할 필요가 있는데, 이 조사는 220개의 인구수 5,000명 이상의 모든 도시와 산업지대(스톡홀름은 제외)를 포함한 조사로서 72개의 도시와 150개의 지방 중소도시를 포함한다(주로 2,000명 이상의 인구를 가지고 있는 곳들). 이 자료에서도 우리가 여기에서 언급했듯 방 하나에 부엌이 딸린 형태의 아파트가 전체 아파트의 40퍼센트 이상을 차지하고, 거기에 40퍼센트 정도의 인구가 거주하고 있었다고 밝히고 있다. 일곱 명 이상이 사는 경우는 7퍼센트, 이 아파트 카테고리에 해당하는 17퍼센트의 인구(518,314명 중 86,503명)가 상당히 좁은 공간에서 살고 있다고 조사되었다. 극심한 경우, 즉 아홉 명 이상이 방 하나에 부엌이 딸린 아파트에 사는 비율은 2퍼센트 이상인 것으로 추정할 수 있다. 이렇게 극심한 과밀 아파트에서 사는 인구의 비율은 5퍼센트(26,498명) 이상이었다.

위의 끔찍한 통계 숫자를 정확하게 보려면 가구의 규모가 저출산으로 많이 작아지고, 대가족은 그 자체로 상당히 드문 현상이 되었다는 것을 이해해야 한다. 1924년의 임대주택 조사에 따르면 72.3퍼센트의 가구가 최대 4인 미만이었으며, 소규모 아파트(방 두 개에 부엌이 딸린)는 전체 아파트 중 76.5퍼센트였다. 일곱 명 이상의 가구는 흔하지 않아서 약 7퍼센트 정도밖에 되지 않았다. 이 조사는 전체적으로 비교할 수는 없으나 생활 필수 요건을 갖추어야 하는 대가족의 경우, 사회보건학적인 측면에서 볼 때 절대적으로 말이 안 되는 좁은 공간에서 살고 있다는 주장을 뒷받침한다.

　우리는 지금까지 아파트 중 스웨덴에서 가장 일반적인 가족의 주거 형태인 방 하나에 부엌이 딸린 형태에 해당하는 아파트만 다루었다. 그러나 스웨덴 북쪽 지방의 경우 방 하나(방 하나에 화덕 하나)의 아파트 형태도 가족의 주거지로 많이 사용되고 있다는 사실을 짚고 넘어가야 한다. 1926년 쉔스몬Skönsmån에서는 41.6퍼센트, 키루나Kiruna에서는 44.5퍼센트의 비율로 방 하나에 세 명 이상이 살고 있어 각각 85.2, 66.8퍼센트의 주민이 심각한 과밀 거주에 노출되어 있었다. 남쪽 지방의 경우는 여러 도시에서 해당 크기의 아파트 10퍼센트가 가족의 거주지로 사용되고 있어 상황은 더 나은 듯하다. 그러나 1926년 55개 도시를 대상으로 한 조사에 따르면 19.7퍼센트의 비율로 방 한 개짜리 아파트에 세 명 이상, 즉 42.8퍼센트의 인구가 사는 것으로 나타났다. 광범위한 조사가 이루어졌던 1924년 조사로 돌아가보면, 방 한 개짜리 아파트 사용자가 많은 곳을 조사한 결과 각각 21.5퍼센트와 45.8퍼센트로 나왔다. 좀 더 상세한 결과를 알아보기 위한 분석을 수행한 결과, 10퍼센트의 비율로 방 한 개짜리 아파트에 네 명 이상이 살고 있고, 29퍼센트의 비율로 다섯 명 이상이, 응답자의 16퍼센트의 비율로 대다수 인구가 과밀한 환경에서 살고 있음을 알 수 있다.

　방[4] 하나에 부엌이 딸린 형태의 아파트 다음으로 일반적인 주거 형태는 방 두 개에 부엌이 딸린 형태의 아파트다. 이는 아이를 낳아서 기르며 살 수 있는 최소한의 주거의 크기라고 조심스럽게 희망해본다. 1926년 55개의 도시를 대상으로 한 조사에서 12.2퍼센트가 방 하나, 38.9퍼센트가 방 하나에 부엌이 딸린 형태인 반면, 방 두 개에 부엌이 딸린 형태는 25.9퍼센트고, 세 개 이상의 방을 가진 아파트는 23퍼센트에 해당하는 것으로 나타났다. 방두 개짜리 아파트에 사는 인구 비율은 27.8퍼센트였다.

그러나 방 두 개짜리 아파트에서도 과밀 현상은 있었다. 이런 형태의 아파트에 일곱 명 이상이 살고 있는 비율은 9퍼센트 가까이 되었으며, 이런 형태의 아파트에 사는 인구는 18.4퍼센트나 되어 과밀도가 높았다. 이 항목에서 더 높은 과밀은 흔하지 않았는데 그 이유는 대가족이 점점 없어지기 시작했기 때문이다. 1924년 조사에서는 10명 이상이 함께 사는 경우가 1퍼센트의 아파트에서 조사되었으며, 이는 해당 인구의 3퍼센트에 해당한다.

이제까지 우리는 방의 개수에 따른 과밀 주거에 대해 다루었다. 면적이나 공간에 대해서는 어떤 통계자료도 찾을 수 없다. 예테보리Göteborg와 룬드Lund를 대상으로 한 집중 조사 결과를 살펴보면 방의 치수까지 고려하게 된다면 과밀 주거가 더욱 심각함을 알수 있다. 작은 크기의 아파트들은 방의 크기도 작은 것이 일반적이고, 제일 작은 방들에 여러 사람이 거주하는 과밀 상태다. 방 하나당(방 또는 부엌) 두 명 이상이 거주하는, 방 두 개에 부엌이 딸린 아파트 또는 그보다 더 작은 아파트는 예테보리의 경우 1인당 주거 면적이 7제곱미터였다. 방 하나에 부엌이 딸린 경우 가족 1인당 주거 면적이 5제곱미터밖에 안 되는 것으로 알려졌다. 주거의 절대 최소 요건은 10세제곱미터의 공간으로 이는 성인 한 명 또는 15세 아이 두 명에게 필요한 크기다. 이 요건은 아파트가 습기가 없고 환기가 잘된다는 것을 전제한다. 이 표준을 적용했을 때, 방 두 개에 부엌이 딸린 형태의 아파트 또는 그보다 더 작은 아파트의 60퍼센트는 물리적으로도 이미 상당히 과밀하다는 것을 알 수 있다.

과밀 주거는 도시나 산업 지역의 하층민이 주로 노출된 문제로 (그들 덕분에 지역의 출산율이 그래도 유지되고 있다) 생활비 조사에서도 마찬가지로 나타난다. 1923년 전국의 1,400가구의 생활비를 조사했는데 조사 대상의 절반이 산업 종사자이고 나머지는 낮은 직급의 공무원이나 중산층이었다. 조사 대상의 대부분의 가구는 성인 남녀와 몇몇 어린 자녀로 구성되었다. 가구의 가족 수는 평균 4.5명 정도였다. 소득은 크게 차이가 나기도 했지만, 이 계층이 일반적으로 그렇듯이 대부분 소득이 많은 편에 속했다. 근로자들의 평균 소득은 3,500크로나를 상회하고 낮은 직급의 공무원인 경우에 평균 소득은 4,500크로나 정도였다. 조사 대상으로 선정된 가구는 조사의 필요로 절약을 생활화하고 잘사는 가구로 1년 동안의 조사 및 집계를 통해 통계자료 확보가 가능한 이들이다. 그러니까 이들의 생활은 인구의 대부분인 하층민에게는 해당하지 않는다.

조사 대상 가구들의 주거 형태도 방 하나에 부엌이 딸린 아파트가 일반적이었다. 747가구 중 436가구가 비슷한 형태의 주거 공간에서 살았으며(약 18가구는 방 하나에 부엌 하나인 곳에서 살았다. 후자의 아파트 범주의 작은 분포는 선택을 나타낸다), 국가 공무원의 경우는 상황이 매우 달랐다. 낮은 직급의 공무원 445가구 중 208가구가 방 두 개에 부엌 하나가 딸린 형태의 아파트에서 거주했던 반면(54가구는 방 두 개짜리, 3가구는 방 네 개짜리, 1가구는 방 다섯 개짜리 아파트에서 거주했다), 176가구만이 방 하나에 부엌 하나인 주거지에 거주했다(3가구만이 방 한 개짜리 아파트에 거주했다). 이러한 차이점은 이전에도 지적했듯이 이 두 직군 특히 산업 직업군에 속하는 이들이 다른 직업군보다 비교적 너무 높은 소득을 올리고 있기 때문이다.

위의 연구에 따르면 낮은 직급의 공무원도 마찬가지이지만, 다른 근로자들도 아파트에 살지 않은 경우 중산층보다 적은 개수의 방에서 거주하고 있는 것으로 알려졌다. 산업 근로자의 경우 거주 공간의 크기는 42.3세제곱미터였고 공무원은 44.4세제곱미터, 중산층의 경우 51.4세제곱미터였다. 방의 개수가 적다고 해서 크기로 보완되는 것도 아니었다. 위의 자료를 분석한 결과 41.6퍼센트의 산업 노동자들과 40.2퍼센트의 공무원들이 아파트에 거주하고 있는 것으로 나타났으나 각 방의 크기는 매우 작거나 작은 편이었다. 중산층은 13.5퍼센트가 아파트에 거주했다.

과밀 거주는 앞서 언급한 세 계층 간에 커다란 차이가 있었다. 주거하는 주택의 방의 개수(부엌도 하나의 방으로 취급했는데도)는 산업 근로자들은 2.13개, 공무원은 2.73개, 중산층은 4.16개였다. 반면, 방 또는 부엌 100개당 산업 근로자들은 187명, 공무원은 164명, 중산층은 109명이 사는 것으로 조사되었다. 근로자 계층의 55퍼센트가 방 하나에 두 명 또는 그 이상이 살았고, 32퍼센트가 세 명 또는 그 이상, 17퍼센트가 네 명 또는 그 이상이 살았다. 공무원의 경우에는 39퍼센트가 방 하나에 두 명 또는 그 이상이 살았고, 17퍼센트가 세 명 또는 그 이상, 8퍼센트가 네 명 또는 그 이상이 살았다. 중산층의 경우에는 8퍼센트가 방 하나에 두 명 또는 그 이상이 살았고, 2퍼센트가 세 명 또는 그 이상, 1퍼센트가 네 명 또는 그 이상이 살았다. 이 숫자를 전체 조사한 대상에 적용했을 경우 과밀도는 산업 근로자의 경우 64퍼센트가 방 하나에 두 명 또는 그 이상이 살았고, 42퍼센트가 세 명 또는 그 이상, 24퍼센트가 네 명 또는 그 이상이 살았다. 공무원의 경우에는 46퍼센트가 방 하나에 두 명 또는 그 이상이 살았고, 24퍼센트가 세 명 또는 그 이상, 13퍼센트가 네 명 또는 그 이상이 살았다. 중산층의 경우에는 9퍼센트가 방 하나에 두 명 또는 그 이상이 살았고, 3퍼센트가 세 명 또는 그 이상, 2퍼센트가 네 명 또는 그 이상이 살았다. 방이나 부엌에 두 명 이상 거주하는 것을 과밀 거주 아파트라고 한다면(즉, 방 하나에 세 명 이상, 방 하나 부엌 하나에 다섯 명 이상, 방 두 개와 부엌 하나에 일곱 명 이상이 거주하는 등), 산업 근로자와 공무원의 경우 모든 방 한 개짜리 아파트는 과밀 거주인 상태이고, 방 하나 부엌 하나인 아파트는 40.8퍼센트가 과밀 거주인 상태이며, 방 두 개에 부엌 하나인 아파트는 9.1퍼센트가 과밀 거주인 상태라고 볼 수 있다. 이 조사는 특히 방 하나 부엌 하나인 아파트의 과밀 거주 상태에 대한 몇몇 예를 보여주는데, 이전까지 주택 문제에 문외한이었던 이들에게는 상당히 믿기 어려운 내용이었을 것이다.

이 조사는 또한 과밀 거주와 소득수준과의 연관 관계를 아주 잘 조명한다. 과밀 거주를 이와 같이 정의한다면 산업 노동자의 경우 49.3퍼센트가 과밀 거주에 해당하고 최저 소득계층(소비 단위 1인당 1,100크로나 이하[5])의 57.4퍼센트가 그에 해당하지만, 최고 소득계층(소비 단위 1인당 1,650크로나이거나 그 이상)은 겨우 2.3퍼센트와 3.2퍼센트만 해당한다. 낮은 직급의 공무원 상황은 별반 다르지 않다. 앞의 퍼센트 수치들은 계산 방법에 따라 소득수준이 자녀의 수에 따라 결정되고, 과밀 거주 또한 마찬가지로 결정된다는 점에서 의미가 있다. 공간의 크기 같은 경우는 저소득층보다는 고소득층이 평균 2배나 넓은 곳에서 살고 있으며, 산업 노동자나 공무원 가족의 경우도 좁게 사는 것은 마찬가지다.

이러한 심각한 상황에 대한 논의에서 지속적으로 개선되는 과밀 거주의 상황이 항상 언급되면서 이후의 조사에서는 더 나은 통계가 나오곤 했다. 여러 가지 조사에 포함되었던 53개 지역(규모가 큰 도시에 한정)의 방 두 개에 부엌 하나가 딸린 크기의 아파트의 경우 100개의 방에 거주하는 인구수는 1912~1915년 166명, 1920년 164명, 1924년 154명, 1926년 151명이었다. 단위 크기당 거주민의 수가 지속해서 낮아지는 추이가 모든 도시에서 목도되었고 통계 전문가들도 이 수치를 자칫 오해하여 근거 없는 낙관주의를 낳았다.

이를 이해하기 위해서는 몇몇 상관 요소들을 이해할 필요가 있다. 그러고 나면 과밀 주거 문제의 개선 현황에 대해 다소 만족할 수 없다는 것을 알게 된다. 먼저 가구당 자녀 수가 감소하고 있다는 사실을 기억해야 한다. 고령층은 저연령층을 희생시키면서 계속해서 증가해왔다. 작은 아파트에서 사는 100가구당 15세 이하 아동의 수는 예테보리에서 1911년 135명, 1921년 113명, 1931년에는 77명에 불과했다. 여기에 100개의 방에 해당하는 곳에 '거주' 하는 인구를 파악하여 과밀 거주를 계산하는 데 오류가 있다. 사실 '거주'하는 사람들의 상당수가 더 많은 물리적 공간이 필요한 성인들로 구성된다.

15세 이하 아동이 성인이 필요로 하는 공간의 절반만을 필요로 한다고 가정한다면 해당 아동은 1/2인으로 계산할 수 있으며, 이를 적용할 시 과밀 현상은 개선되는 것으로 나타났다. 예테보리의 경우, 장기간 비교할 수 있는 통계가 있어 이를 살펴보면 벽난로 100개당 사람 수로 측정한, 최대 두 개의 방과 부엌 하나 아파트의 과밀도는 1911년 186명, 1921년 179명, 1931년 149명으로 조사되어 20퍼센트 개선이 있었다. 그러나 인당으로 계산할 경우에 1911년 154명, 1931년 153명, 1931년 132명으로 개선율은 14퍼센트에 머문다.

어떻게 계산하든 간에(주거 과밀의 평균치는 매우 불완전하다) 전후 물리적 주거 수준은 상당히 개선된 것이 분명해 보인다. 그러나 우리가 기억해야 하는 중요한 사항은 남아 있는데, 바로 인구 정책의 관점에서 특별히 중요한 점을 지적해야 한다는 것이다. **주거 수준은 주택의 크기가 커져서 좋아진 것이 아니라 자녀 수가 적어지면서 가구의 크기가 작아졌기 때문에 좋아진 것이다.** 과밀 현상이 개선되고 있다고 우리가 좋아했던 것은 사실 현실을 제대로 반영하지 않은 것이었다. 단지 전쟁 이후 급격히 떨어진 출산율의 반작용 결과였다. 그리고 이런 현 추세가 계속된다면 주거 과밀 현상은 스웨덴의 인구 감소와 함께 빠르게 개선될 것이다.

이러한 주장을 뒷받침하기 위해서 몇몇 알려진 상관관계를 언급하자면, 전쟁 이후 건설 경기 호황으로 주로 작은 크기의 아파트, 특히 방 하나 부엌 하나의 형태를 가진 아파트가 많이 건설되었다. 건설 경기의 호황이 실제로 가족 주택 수 증가에 기여한 것은 사실이다. 그러나 이는 인구 이동과 비정상적인 연령 분포로 주택을 필요로 하는 가구의 수가 증가해 예전의 가족이 필요로 했던 똑같이 큰, 아니 더 정확하게 말하면, 똑같이 작은 크기의 많은 주택을 필요로 하는 것을 예측하는 데에 그쳤다. 주거 과밀 현상이 개선되었다면 그것은 주택 건설 활동이 가족에게 필요한 더 큰 주택을 제공했기 때문이 아니라 새로운 가족이 자녀 수를 엄격히 제한함으로써 주택의 필요가 달라졌기 때문이다.[6]

누가 이를 의심할 수 있겠는가? 제한된 출산이 실제로 주거 과밀을 감소시킨 것처럼 출산율을 유지하면 전쟁 이전 수준의 인구 과잉을 유지했을 것이다. 각 가정이 과밀의 사회적 문제를 '해결'하기 위한 실질적으로 유일한 방법은 피임이었다. (다른 문제들도 향후 다룰 것이다.) 이것은 자유경제적인 해결 방법이고 '개인의 이니셔티브'가 정부의 공적인 영역에 가담한 셈이다. 그리고 주택의 관점에서 장기적으로 이는 매우 효과적이다. 우리가 주장한 것처럼 좀 더 이런 추세가 지속될 것이라고 충분히 예상할 수 있다.

물론 무자녀 또는 한 자녀 가정은 겨우 방 하나인 공간에서도 간신히 살아갈 수 있다. 그러나 그런 환경에서 여러 명의 자녀와 행복한 가정생활을 영위할 수 있다고 생각하는 사람은 어느 누구도 없을 것이다. 이제는 과밀 아파트와 구시대의 가족 형태가 점점 사라지고 있다. 앞으로 가정을 꾸릴 많은 젊은이들은 앞에서 언급한 방 한 개짜리 협소한 공간에서 잠도 자고 먹거리도 만들어

먹으며 자랐다. 사회보건학적인 관점에서도 이런 과밀 생활은 개인적으로도 사회적으로 유해하다. 그들은 그런 환경을 원하지도 않고, 그것이 옳지도 않다는 것을 스스로가 잘 알고 있다. 결론은 분명하다. 현재 건설된 그리고 미래에 건설될 아파트에서 아이들은 태어나지 않거나 아니면 매우 제한적으로 태어날 것이다. 그리고 우리 스웨덴 국민은 이 교훈을 배우는 데 오래 시간이 걸리지 않을 것이다. 지난 10년 이상 우리는 세계에서 가장 낮은 수준의 출산율을 보여왔고 앞으로도 지금보다 더 떨어져서 아마 세계를 놀라게 할 가능성이 크다.

지금까지 사회역사학자들이 주택 건설 붐과 소득의 증가로 과밀 현상이 해소되었다고 주장하고 지적이고 온정적인 사람들이 이를 기뻐했으나 사실은 출산율의 저하때문인지 몰랐던 자신들의 무지를 깨닫게 되면 이들이 과연 이 사실을 어떻게 받아들일지 흥미롭다. 이 시기에 심지어 사회적으로 책임 있는 사고를 해야 하는 사람들조차도 주택 문제를 진취적으로 해결하면 된다고 믿었다. (그들이 의미했던 것이 설마 임신중단과 피임에 관한 개개인의 진취성은 아닐까? 그러나 옳은 것은 옳은 것이다. 그 진취성이 그나마 과밀 현상의 개선을 이만큼 가져온 것이나 마찬가지다.) 또한, 이 시기에 긴축 운영이 일상이었던 공공기관들은 평면 설계가 제대로 되지 않고 관리도 부족한 상황에서 작은 크기의 아파트 증설, 특히 방 하나 부엌 하나인 형태의 아파트 건설에 집중했다. 이러한 소형 아파트라도 지어서 경제적으로 어려운 다자녀 가정이 살 수 있게 하고, 또 그런 아파트에서 가정을 만들고 자녀를 낳으며 살게 해서 출산율을 끌어올려야 한다는 순순한 동기가 소형 아파트 건설 추진의 배경이기도 했다.

이런 관점에서 소위 말하는 현대적인 아파트에서의 가족 및 주거 생활을 더 자세히 알아보는 작업은 흥미로울 것으로 생각된다. 단, 두 가지만 지적하자. 조금 규모가 큰 도시들에서는 방 하나에 부엌 하나인 형태의 아파트들을 가족 주택으로 인식한다는 여러 가지 징후가 나타나고 있다. 부엌 하나의 주거 형태보다는, 물론 부끄럽지만 주거의 표준이 더 향상되었다고 말할 수 있을 것이다. 그러나 방 하나 부엌 하나의 형태인 아파트 수가 늘어났다고 하더라도 공간의 측면에서 이는 오히려 상황이 더욱 악화했음을 뜻한다. 또한 일반적으로 소형 아파트 건설 비용의 상승과 기타 이유가 임대료 상승으로 이어져 어쩔 수 없이 더 좁은 공간에서 많은 수의 사람들이 살게 되었다. 따라서 현대 신축 소형 아파트에서의 거주가 오히려 주거의 질적인 면에서 빠른 하락을 가져왔다는 사실을 부인할 수 없다. 공공 임대 아파트에서는 이런 현상이 일반적이다. 경제적인 보조가 필요한 가정을 위해 지어진 일반 분양 아파트에서도 사정은 마찬가지다.

최근 부동산 관련 기관의 조사에 따르면 스톡홀름에서는 1929~1933년 사이에 건설된 전체 주택의 1/4을 차지하는 소위 값싼 아파트의 경우, 100개의 화덕당 방 하나에 간단한 부엌이 딸린 아파트에는 209명이, 방 하나 부엌 하나인 아파트에는 177명이 사는 것으로 조사되었다. (기타 다른 임시 주택의 경우는 더욱 높은 통계를 보일 것이다.) 조사 대상 아파트들은 소형 아파트들이다. 이런 조사의 평균 뒤에는 다자녀 가정들의 고통스러운 과밀 주거가 숨어 있다. 보조금이 지급되고 경제적인 능력이 되는 가정이 좁은 공간에 스스로를 구겨 넣으며 살고 있다고 해도 정작 보조금과 주택이 필요한 사회계층에게 제대로 도움이 전달되지 않았다. 임대료가 너무 높게 측정되었고, 코뮌들이 주도권을 가진 임대인들을 돕기 위한 보조금들은 의도한 대로 집행되지 않았다. 특히 몇 안 되는 조금 큰 주택의 임대료 수준이 너무 높아 가난한 다자녀 가족이 이곳에 살기에는 무리다. 보조금 계획은 1933년 여름에 '변화된 부동산 시장 사정'으로 철회되었지만, 이는 현실을 직시한 결과로 목표한 바를 전혀 이루지 못하는 계획이었음을 인정한 것이다. 스톡홀름 시는 광범위하게 다자녀 가정을 위한 작은 조치를 실시했다. 비용이 높게 유지되었는데도 시간이 지나면서 줄어들기는 했으나 소규모라도 정말 도움이 필요한 목표 가정을 도울 수 있는 조치들이었다. 1927년 신규 건설된 소형 주택의 경우 이곳에 거주하는 가구들의 평균 자녀 수는 1.5명, 1933년에는 0.8명이었고, 점점 수가 줄어들어 현재는 0.5명에 가깝다.

위에서 언급한 것들은 전후 보조금을 지급받은 건설업에 관한 것들이었다. 도움이 필요한 사람들을 위해서 주택 가격을 낮추는 데는 실패했다. 과거 기준의 통계학적으로나 위생적으로 봤을 때조차도 심각한 과밀 주거라고 할 수 있을 정도의 과밀 거주가 가난한 '중산층'에게 강요되었다. 코뮌은 저소득층의 보조금 지급과 관련하여 해당 보조금을 코뮌 소유의 오래된 주택에 사용하거나 아니면 임시 건물을 짓는 데 사용하는 등 일반적으로 주거의 질을 하락시켰고 과밀 주거를 일정 수준 이상으로 방치했다는 비판을 피할 수 없을 것이다. 현실적으로 또 정치적으로 해결책을 내려고 해도 경제적으로 그래도 좀 살 만한 가정들이 과밀 거주에 내몰리고 있다는 것이 여러 장애물 중 하나다.

현재 진행되고 있는 주거 조사의 초기 결과는 일반적으로 방의 개수가 늘어나는 것으로 나타나고 있는데, 스톡홀름은 예외이고 남부 스웨덴은 혼선을 보인다. 조사 결과는 과밀 거주가 줄어들고 있다고 말해주지만, 사실 이는 아동 수의 하락 때문이다. (또한 핵가족화의 진행 때문이기도 하다. 그전보다도 아파트 내에 세 들어 사는 사람들의 비율이 줄어서 그런 것은 아닌 것 같다.) 그러나 대부분의 대도시에서는 아직도 방 하나 부엌 하나의 아파트가 가족 주택의 대표적인 형태이고 비율적으로 가장 많은 아이들이 그런 형태의 주거지에서 살고 있다.

여기에서 중요한 문제가 부상한다. 스웨덴의 노동인구 중 얼마만큼의 인구가 경제적인 강요로 과밀 주거를 선택할 수밖에 없는지의 문제다. 또는 가난 때문이 아니고 자신의 선택, 즉 주거 위생이나 주거 환경에 관심이 적어서 과밀 주거를 선택하는지에 관한 문제다. 이유가 무엇이든 두 경우 모두 과밀 주거는 사회적인 해악이다. 특히 자녀가 있는 가정인 경우는 더욱 그러하다. 두 경우의 원인이 다르다 하더라도 둘 다 사회정책적인 시각에서는 매우 중요하다. 첫 번째 경우는 주택 보조금을 충분히 늘림으로써 해결이 가능하다. 두 번째의 경우라면 이는 홍보와 교육 그리고 보건상, 아동주거상의 규정을 통해서 사회적으로 해악이 되는 관습을 깨고 변화하도록 해야 한다.

위에서 언급한 과밀 주거의 두 가지 원인은 전후 재앙적인 상호작용을 일으킨다. 임대료는 세계경제 위기의 기간에 약간의 하락도 보였지만 계속해서 상승했다. 전쟁 직전의 임대료를 100이라 하면, 1923년에는 169로 상승했다(이와 유사한 물가 지수는 생활비 177, 식비 163). 그 뒤로 생활비는 계속해서 하락해 작년에는 154(식비는 121)였지만, 동시에 임대료는 1932년 206, 1933년에는 약간 떨어져 203이었다. 1923년 전까지는 건설 경기가 매우 가라앉았고 주택 부족으로 주거의 질을 향상시키는 것은 현실적으로 불가능했다. 이후 건설 경기가 살아났지만 임대료가 지속적으로 상승하는 바람에 노동자들의 실질임금이 이를 따라잡지 못해 노동자들은 공간적으로 더 나은 곳에서 생활하지 못했다.

임대료 상승으로 부동산 가격도 상승했다. 현재의 가격 하락에도 불구하고 경제 위기 중에는 이자율 하락으로 부동산 가치가 유지되었다. 부동산 소유주들은 집값의 최고점을 즐기면서 모기지론이 그대로 유지되는 바람에 말도 안 되는 이익을 보았다. 이런 이익은 안정적으로 집을 소유한 사람들이 아니라 경기의 흐름을 이용하는 부동산 투기 세력이 가져갔다. 투기 세력이 정당하지 않은 이윤을 그들의 주머니에 챙겼다는 사실은 스웨덴 사회 역사에서 아주 극악무도한 현상으로 기록될 것이다. 그러나 프로파간다가 매우 잘 진행되었다. 이들은 여느 때처럼 자유 거시경제의 이론을 인용해 자본의 이해가 국가적인 이해와 일치한다고 주장했다. 심지어 임금상승법 내에서도 막대한 이익을 취하는 것이 가능했다. 이미 부동산 투기 등으로 취득한 이익에 대한 법적인 이해가 있었지만 1923년에야 완전히 폐지되었다. 당시 수십억의 이익은 전체 주택시장을 오늘날과는 완전히 다른 것으로 바꿔놓았을 수도 있었는데도 법이 미진하게 개정되었다. 건설 비용의 상승은 자재업, 도시들의 잘못된 토지정책(스톡홀름과 국가도 포함), 부동산 투기 세력과 자본 건설노동자의 임금 상승 등 다른 분야의 독과점을 부추겼다. 건설 비용의 상승 요인들은 모두 오래된 부동산의 임대료와 가격도 상승시켰다. 스웨덴의 사회기관들은 이런 막대한 불공정한 이익에 대해 책임을 물을 생각을 하지 않았다. 또한 공급과 수요를 통제하지도 않았다. 이런 사기의 시대에 '수요와 공급'이라는 자유경제의 이데올로기를 키우고 이것이 부동산 시장을 규제할 수 있을 것이라 믿었다. 만약 이런 착취의 경제적 이론이 적용된 적이 있다면 아마 바로 부동산 시장에서다. 이 점에 대해서 더는 언급하지 않겠다.

임대료의 지속적인 상승은 노동자 계급의 가족들을 위한 공간의 질을 높이는 것을 방해해왔다. 이는 심리적으로도 커다란 영향을 미쳤다. 즉, 소득이 오른다고 하더라도 계속해서 가격이 오르는 물건에 대해서 소비를 확대하는 것은 어렵다. 부동산은 가장 보수적인 물건이다. 예테보리와 룬드에서 진행된 조사[7]를 살펴보면 전부는 아니지만 대다수의 과밀 거주가 가난 때문이 아니라 자발적인 이유에서 즉, 잘못된 소비의 선택 때문이라는 것을 알 수 있다. 주택의 사회적이고 통계적인 조사는 이렇게 중요한 문제를 조명하기 위해 설계, 실시되고 있다. 몇몇 특정 도시들의 조사 초기의 결과들은 이런 가정들을 증명한다.

실업의 위험 등 경제적 안정이 보장되지 않기에 노동자 계급은 더욱 압박에 시달릴 수밖에 없는 상황에서 소득과 관계없이 자발적으로 과밀 주거를 선택하게 되는 것을 예테보리 조사에서 알 수 있다. 여기에 더해서 더 중요한 문제로 지적되는 것은 다음이다. 비교적 소득이 높은 가정이 더 나은 주거를 선택할 수 있음에도 그렇게 하지 않는 경우, 이미 자녀가 성인이 되어 자기 소득이 있는 가정이 많았다는 것이다. 이처럼 소득이 있는 성인 자녀가 부모 집에서 같이 사는 경우, 물론 얼마간 거주비를 부담하기는 하지만 이것으로 거주비를 충당하기에는 부족한 것으로 나타났다. 이런 경우, 가족 관계가 악화하면 자녀들을 높은 비용이 드는 외부 생활로 몰아내게 되는데 이런 고비용의 외부 생활이 만족할 만한 가족생활을 유지하는 데 커다란 장애로 작용한다. 앞의 조사는 '현대사회에서 가족생활의 기능 약화를 조명하게 한다'라고 보고하고 있다.

다자녀 노동자 가정의 주거 문제는 완전히 다른 것이다. 이들 가정의 경우에는 생활비와 식비가 소득의 대부분을 차지하기 때문에 아무리 절약을 한다고 하더라도 이들 가정의 소득이 충분한 공간과 위생적인 상태의 주거를 허락하지 않는다. 아이가 없는 젊은 부부 또는 자녀가 하나 내지는 둘까지도 있는 부부들은 부부가 버는 것 이외의 소득이 없겠지만, 그 소득으로 만약 더 나은 주거 환경에서 사는 것이 가능하더라도 자녀를 더는 출산하지 않을 것이다. 이렇게 알뜰한 사람들이 더 나은 주거 환경 대신 아이 출산을 원할 것 같은가? 이 상관관계를 우리는 이해하는가?

이제까지 우리는 현대 주거 문제를 과밀 거주의 측면에서만 살펴보았다. 그리고 여기에는 현실적인 이유가 있다. 즉, 현재 우리의 주거 문제는 주로 과밀 주거에 치중했다. 그러나 주택의 질적인 문제도 크다는 사실을 잊어서는 안 된다. 얼마나 많은 주택이 그런 문제를 가졌는지 알기가 어렵고, 이에 대한 통계는 아직 찾아볼 수가 없다.

그러나 모든 도시들의 보건 당국은 습기, 추위, 햇빛 부족 그리고 다른 유사한 이유로 거주에 부적합한 주택을 조사하고 있음을 우리가 알고 있다. 예테보리의 경우 약 6퍼센트의 주택이 거주 부적합 판정을 받았다. 다른 도시들에서는 설문 조사를 통해서 거주 부적합 판정을 받은 소형 아파트 비율이 4~8퍼센트 사이인 것으로 조사되었다.

거주 편의에 대해서는 최근 몇 년 동안 조사에 큰 진전이 있었다. 예테보리의 특정 지역에서는 현관이 없는 소형 아파트가 절반 이상이고, 룬드의 경우는 현관이 있는 소형 아파트가 1/3밖에 되지 않았다. 현재 진행되고 있는 주택 통계에서는 1/3~1/2가량의 주택들이 중요한 시설이 없는 것으로 조사되었다. 옷장이나 옷 수납 공간은 더욱 심각한 상태다. 몇몇 도시들의 경우에는 2/3 정도의 주택이 상하수도가 없다. 야외 화장실도 없는 경우가 허다하다. 1931년 예테보리의 노동자 아파트 중 30퍼센트만이 수세식 화장실을 갖추고 있었다. 야외 공동 화장실을 사용하는 경우가 많았다. 85.8퍼센트의 야외 공동 화장실은 세 가구 이상의 가정이 함께 사용하고, 21.5퍼센트는 네 가구 이상의 가정이 나누어 사용했다.

외국의 많은 도시에서 볼 수 있는 '슬럼'이 스웨덴에는 없다고들 말하는데, 이것은 열악한 주거 환경이 전반적으로 흩어져 있고 슬럼의 성격이라고 할 수 있는 부분이 어느 특정 지역에 집중되어 있지 않은 데 부분적인 이유가 있다. 또한 어려운 상황에서도 스웨덴 가정은 일정 수준의 주거 문화를 유지하고 있다는 데 또 다른 부분적인 이유가 있다. 이것은 어느 정도까지는 진실이다. 그러나 욘셰핑이나 말뫼 등(제일 큰 두 도시를 언급하지 않더라도)

스웨덴의 많은 도시에서 슬럼가가 생겨나고 있다. 호기심으로 이에 관해 언급해보자면 우리나라의 두 대학 도시의 경우, 상류층과 중산층이 많이 집결되어 있는데도 슬럼이 존재한다. 예를 들어 웁살라는 뒷마당에 허술한 집들이 들어서 있고 룬드는 소위 유대인 거리가 그러하다. 교수들과 학생들이 수년 동안 이 전통의 도시들을 걸어 다니면서 이 사정을 몰랐을 리가 없다고 생각한다. 스웨덴에서 빈곤과 필요는 외부에서 특히 목가적으로 그려진다.

통계가 없으면 정확하게 알기 힘들다. 슬럼에 대해서는 정치적, 사회적으로 관심이 많은 학생들이 연구하길 바란다. 룬드는 슬럼에 대한 연구를 조만간《북유럽 위생 잡지Nordisk Hygenisk Tidskrift》에 발표가 예정되어 있는 올로프 욘손Olof Johnsson의 집중적인 조사에서 시작하면 될 것이다. 웁살라는 임대인협회가 흥미로운 조사를 진행했는데, 아이가 있는 가족들과 저소득층이 몰려 있는 가장 열악한 상태의 주거 지역이 면적당 임대료가 가장 높다는 사실이 밝혀졌다. 거기에서 살 수밖에 없는 가난한 자들이 많은데 사회가 가격에 개입하지 않으면 임대료는 우리가 편리하게 적용하는 수요와 공급에 따라서 결정된다.

반복해서 말하지만, 질적인 측면은 주거 문제에서 중요도가 떨어진다. 스웨덴 사회에서 열악한 주거 환경의 문제는 향후 수년 동안 정상적인 신축으로 해결될 수 있다. 문제는 양이다. 주택 정책에서 과밀 주거는 가장 시급한 문제다. 스웨덴의 과밀 주거는 다른 나라들과 비교했을 때 훨씬 더 열악하며, 우리가 피임에서 다른 나라보다 앞서가고 있다는 점을 고려하면 과밀 주거 문제가 정말 심각함을 알 수 있다.

우리가 생각하는 것과는 반대로 출산율 저하가 주거 문제와 관련이 있다면 다자녀 노동자 계급이 왜 작고 열악한 주택에서 살고 있는지 의문을 품어봐야 한다. 더 나은 주거 환경에서는 오히려 반대로 여유 있는 노동자 가정들이 살고 있으며 이들은 특히 자녀 출산에 매우 조심스럽다. 이와 반대로 주장하는 것은 피상적이다. 자녀가 많은 가정은 더 나은 주택에서 거주해야 하지만, 오히려 많은 자녀 때문에 심지어 주택 가격이 저렴한 도시에서도 더 열악하고 좁은 공간을 찾을 수밖에 없다. 더 나은 주거 환경을 누리고 있는 가정은 아이를 갖지 않음으로써 소득 기준을 높게 유지해 그런 생활이 가능한 것이다. 그러나 이런 '개인적인 책임'은 또한 자본주의 사회의 법칙이기도 하다.

다자녀 노동자 가정의 주거 환경이 열악해지는 데는 임대인 역할도 있다. 가난한 다자녀 노동자 가정이 아무리 허리띠를 졸라매고 주택을 구하려고 해도 어렵다. 그 이유는 임대인들이 개인 자본주의 불로소득의 태도를 깊게 가지고 있어서다. 임차인에게 아이들이 있으면 관리 유지가 어려우며 이들이 계단에서 뛰어다니는 등 여러 불편함이 따라와 임대해주기를 꺼리기 때문이다. 그들에게 아이들은 솔직히 말해서 부모에게만 짐이 되는 것이 아니라 주위에 사는 이웃들에게도 짐이고 또한 부동산 가치에도 부담이다. 주택 건설이나 주택 관리가 무자녀 가정이나 아이가 소수만 있는 가정에 집중이 되어 있고 다자녀 가족에게는 불리하게 되어 있다.

부동산 소유주들을 비난하는 사람들은 없다. 그들의 입장에서 보면 그들의 태도는 매우 자연스러운 것이다. 가난한데 왜 아이를 많이 낳나? 이것은 평소에는 멀쩡하고 정의로운 시민이 자신의 이해와 관련해서는 반사회적인 모습을 보이는 많은 사례 중 하나다.

이제까지는 중소도시를 포함한 도시의 사정에 관해서 기술했다. 잘 알려져 있듯이 지방은 주택 상태가 일반적으로 더 열악하다. 일반적으로 지방에서는 특히 더 협소한 공간에서 생활하는 사람들이 많고, 과밀 거주가 도시에 비해 훨씬 더 심각한 것으로 알려져 있다.

지방 주거에 관한 공식적인 통계자료는 적절하게 구비되어 있다.[8] 처음 주거에 대해 조사를 시작한 1912~1914년으로 돌아가 보면 도시의 주거에 관해서는 많은 제약이 있었지만, 지방은 비교 가능한 자료가 존재한다. 230개의 조사 대상 지역 중 108개의 전국에 있는 지방 코뮌들에서 약 1/10의 지방 인구가 살고 있었다. 따라서 5개의 지방 코뮌이 연구 대상이 되었고 지방 논문으로 발표되었다.

아파트의 크기에 관해서는 도시나 지방이나 크게 다를 바가 없었다. 중요한 요소인 주택의 형태가 차지하는 비율은 거의 같았다. 지방에 있는 아파트 중 40퍼센트가 방 하나 부엌 하나의 형태인 아파트였고, 25퍼센트가 방 두 개 부엌 하나의 형태인 아파트였다. 각 방의 크기에 대해서도 도시와 평균적으로 그리 큰 차이 없이 거의 같다고 조사되었다.

그러나 과밀 거주는 같은 규모의 주택의 경우 도시보다 지방에서 더 높은 것으로 나타났다. 방 하나 또는 부엌에 두 명 이상이 사는 것을 과밀 거주라 한다면 지방에서는 1/3의 주택이 과밀한 반면, 도시에서는 1/5밖에 되지 않았다.

또한 출산율의 저하로 도시에서는 과밀 거주가 상당히 줄어들었다. 가족의 규모는 지방에서도 줄어들기 시작했지만, 도시보다는 감소 속도가 나지 않았다. 지방에서는 신축 건설도 비교적 적어서 인구의 증가와 가족의 증가가 약한 점을 감안하더라도 현재 과밀 거주는 도시보다 지방에서 더 심각하다고 주장하는 데 무리가 없어 보인다. 또한 주택의 질의 평균도 낮은 것을 고려한다면 지방의 주거 생활 은 사회위생적으로, 또 사회정치적으로도 매우 불만족스러운 상태일 것이다.

특히 농민들의 주택 요구는 일반의 관심을 끌기에 아주 심각하다. 1920년 여러 지방의 농민과 촌장 및 여러 직군을 포함해 지방의 372가구의 생활수준을 조사한 결과를 보면 상황을 이해할 수 있다. 보통 1가구는 다섯 명의 가족으로 구성되지만, 촌장과 전문직들은 좀 더 작은 수의 가족을 꾸리는 반면, 특히 소작농과 소규모 농장인들은 더 많은 가족 구성원을 가지고 있었다.

이들 중 62퍼센트가 방 하나 부엌 하나인 형태의 아파트에 살았으며, 30퍼센트는 방 두 개 부엌 하나인 형태의 아파트에 살았다. 이런 비율은 각 항목에서 비슷하게 나타났다. 소규모 농장주인 경우는 사정이 조금 나아서 42퍼센트는 방 하나 부엌 하나인 형태의 아파트에, 40퍼센트는 방 두 개 부엌 하나인 형태의 아파트에, 18퍼센트는 방 세 개 이상인 아파트에 살았다. 한편, 가정을 막 꾸리기 시작한 경우에는 69퍼센트가 방 하나 부엌 하나인 형태의 아파트에, 30퍼센트만이 방 두 개에 부엌 하나인 형태의 아파트에 살았다. 모든 항목의 가구당 방 개수의 평균은 2.4개였다(부억도 방으로 계산함).

　방 두 개에 부엌 하나인 형태의 아파트는 스웨덴 남쪽에서 볼 수 있는 것으로 아파트 상태가 열악하고 또 방의 크기도 작아서 부엌이나 두 번째 방의 경우는 종종 방이나 부엌이라고 부를 수 없을 정도로 협소했다. 스웨덴 중부 및 북부 지방은 소형 아파트도 보잘것없었으나 방의 평균 크기는 컸다. 조사된 아파트들 중 60퍼센트가 수납공간이 있었고, 40퍼센트 조금 넘는 집들이 찬장을 갖추고 있었다. 네 개 아파트만이 상수도가 들어왔으며, 다른 아파트들은 우물에 가서 물을 길어와야 했으며, 그중 1/3은 우물도 100미터 이상 떨어져 있었다. 다른 주택의 상태는 조사에서 제외되었다.

　이러한 아파트에서는 평균 5.12명이 거주했다. 방 하나당 두 명이 거주하는 경우(부엌도 방으로 계산함)는 스웨덴 중부에서는 47퍼센트, 북부에서는 60퍼센트, 남부에서는 18퍼센트였다. 방 하나에 세 명이 사는 경우는 스웨덴 중부에서는 14퍼센트, 북부에서는 32퍼센트, 남부에서는 2퍼센트였다. 이것이 의미하는 것은 조사 인구의 60퍼센트는 중부에, 73퍼센트는 북부에, 28퍼센트는 남부에 살고 있었으며, 과밀 거주 비율은 각각 22퍼센트, 45퍼센트, 3퍼센트에 해당함을 의미한다. 1인당 평균 거주 면적은 18세제곱미터가 안 되었다. 조사 인구의 16퍼센트는 10세제곱미터도 안 되는 면적에서 생활했으며, 49퍼센트는 물리적인 한계라고 알려진 15세제곱미터 미만의 면적에서 생활했다.

　알프레드 페테르손Alfred Pettersson과 스텐호프G. Stéenhoff에 의해 1926년에 특별 주택거주 조사가 실시되었고 베르틸 뉘스트룀

Bertil Nyström이 통계청장으로서 통계 집계 및 분석을 도왔다. 이 조사는 19개 교구의 5,671개 아파트에 살고 있는 2만 2,497명과 1만 7,857개의 방을 대상으로 이루어졌다. 조사 대상 중 33.1퍼센트가 농부, 임대인, 농업 관련 사무직에 종사했으며 7.6퍼센트가 어부, 15.8퍼센트가 농업 종사자 및 소작농, 11.9퍼센트가 수공예 및 사무직, 15.6퍼센트가 산업 노동자, 16퍼센트가 퇴직자 및 보조금 생활자였다. 해당 조사는 일반적인 지방의 인구 구성을 보여주고 있으며, 경제적으로 어려운 사람들이 대부분을 차지하지 않도록 조사 대상을 선별했다. 이 조사는 주거 위생에 대해 집중적으로 이루어졌으며 조사의 의미가 상당했다. 여기에서는 조사 결과를 다 다루지 않았으니 별도로 공부해보기를 권한다. 이 책에서는 몇몇 결과만 이야기해보겠다.

35퍼센트의 가족 주택은 방 하나 부엌 하나인 형태이거나 또는 그보다 작았다. 6퍼센트의 주택들이 20제곱미터 이하의 면적이었다. 농민 가족의 주택은 여기에 해당하는 경우가 10퍼센트였다. 주택의 천고는 7퍼센트 정도가 2미터 이하였으며, 17퍼센트는 2.10미터 이하였다. 주택의 1/3만이 2.5미터의 천고를 가지고 있었다. 9퍼센트 미만의 주택은 전체 공간이 50세제곱미터 이하였다. (45.6퍼센트의 침실 공간은 50세제곱미터 아래였다.) 21.5퍼센트의 주택이 1인당 주거 면적이 15세제곱미터밖에 되지 않았는데, 농민 주택의 전체 절반이 여기에 해당한다.

60퍼센트의 아파트가 현관이나 홀이 있었다. 농민 아파트는 현관이 없는 경우가 54퍼센트였다. 햇빛이 드는 아파트는 매우 드물었고 40퍼센트만이 마루 바닥 면적의 12퍼센트가 창문인 아파트였다. 24퍼센트의 주택만이 땅에서 충분히 떨어져 습기를 막을 수 있었다. 1/3의 주택이 습기, 추위, 또는 환기의 문제를 가지고 있었다. 농민 주택의 경우는 절반의 주택이 같은 문제가 있었다. 5퍼센트 정도의 주택이 허물어지기 일보 직전으로 조사되었다. 이와 같은 주택들의 가치를 측정하기 위해 특별히 설계된 점수 체계를 사용했는데, 이미 너무 낮게 설정된 특정 점수 아래는 거주 불가로 평가되었다. 조사 대상 주택 중 14.5퍼센트가 거주 불가 평정을 받았으며 여기에 17.8퍼센트의 조사 대상 인구가 살고 있었다.

룬드 학생회의 클라테섹손Clartésektion은 1928년 소작농의 주택과 농장 노동자의 기거처를 몇몇 스코네 지역에서 조사했다. 스톡홀름의 클라테섹손과 스톡홀름의 사회학 전공 학생회는 1930년 쇠름란드Sörmland의 농가를 조사했다. 이 두 조사는 농민들의 주거 환경이 얼마나 열악한지 공공 부문이 상기하도록 했다는 데 의미가 컸다. 이 두 조사의 몇몇 통계만 조금 짚어보자면, 조사 대상의 47퍼센트의 주택이 바닥 면적이 35제곱미터 이하였다. 또한 191명이 화덕 100개에 거주하고 있었다. 방 하나에 두 명 이상이 사는 경우는 30퍼센트에 달했는데 조사 대상 인구의 절반이 그렇게 살고 있었다.

이제 통계는 언급하지 않겠다. 이 두 조사의 통계를 요약하면서 강조하고 싶은 것은 지방의 평균 주거 환경이 도시의 그것에 비해 열악하다는 것이다. 심지어 과밀 거주는 더욱더 심각하다. 농민들의 주거 환경은 인간이 살 수 있는 기준 이하다. 이는 위기 예산의 사용에도 문제가 있음을 말한다. 너무나도 적은 돈이 농민을 위한 주택에 쓰였다. 그러나 농민들도 도시민과 같이 아이를 낳지 않음으로써 문제를 스스로 해결해가고 있다. 지방의 주택에 대해서도 정기적으로 조사를 시행하면 아마도 과밀 거주는 감소할 것이다. 그렇지 않다면 이상할 것이다.[9]

"한 민족이 그리고 한 문화가 자신들의 거주 문제를 해결하지 못해 멸망할 것이라는 생각 자체가 긍정적인 면은 하나도 없다"라고 이 분야의 전문가인 알프 요한손Alf Johnsson이 잡지《티덴 Tiden》1930년도 판에서 주장했다. 문제는 우리 스웨덴이 그런 상황에 처했냐는 것이다. 주택의 크기와 품질은 사회에서 살아가는 데 가장 중요한 부분들이다. 지금 현재 합리적이고 책임감 있는 사람들을 외적 삶의 가능성에 적응시키는 것이 전체 국민의 생존에 관한 관심과 조화를 이루지 않고 있다. 뻔뻔한 이들은 현대의 물질주의를 원망하면서, 예를 들어 좁고 열악한 환경에서 사람들은 "노아와 똑같은 맥락은 아니더라도, 더 오래되고 더 영적인 시대처럼 번식하여 지구는 채우고 특히 묘지를 채우라"는 성경 말씀을 따르라고 할 수도 있다. 그러나 어떤 경우라도 '도덕적으로 설교하여 정신 나간 생각을 제대로 되돌릴 수 있는 것'은 현실적으로 불가능하다.

영양 표준

가족이 살 곳으로 주택이 필요한 것과 마찬가지로 건강하고 충분한 음식의 섭취도 삶에서 중요한 부분이다. 현재 이에 대한 요구는 스웨덴 내에서 상당히 만족스러운 결과를 보인다. 스웨덴에서 굶어 죽는 사람은 없다고 알려져 있다. 기아, 아사는 완전히 과거에만 존재했던 일이 되었다.

이런 믿음은 현대적인 생활 패턴에 따라 날씬하고 근육질인 몸매를 유지하기 위해 고통도 마다하지 않는 계층에게는 더욱 자연스러운 것이다. 신문에서는 조금 덜 먹는 것이 건강에 좋다며 여러 가지 종류의 단식 방법을 소개하고 있다. 신문 내용만 가지고 판단한다면, 아마도 영양 표준보다는 다이어트가 더 중요한 문제일 것이다. 그러나 기아는 매우 상대적인 개념이고 사회과학의 연구에서 일반적인 개념과 판단에 대해서는 의구심을 가질 수밖에 없다. 각기 다른 사회계층의 영양 상태에 대해 통계를 알아보는 것은 매우 흥미로운 일이다. 그렇게 함으로써 실제 육체노동자들이 더 많은 칼로리를 사용하고, 또 더 많은 음식 섭취가 필요하다는 점을 분명히 하고 넘어가야 한다.

영양 섭취에 관한 공식적인 통계는 사회복지위원회Socialstyrelses 의 생활비 조사를 참고할 수 있다. 관련 조사가 1913~1914년, 1920년, 1923년에 실시되었다. 현재 대규모의 생활비 조사가 진행되고 있기도 하다. 산업 노동자, 저임금 사무직 노동자, 중산층, 농업 종사자와 임업 종사자 및 농민 2,500가구의 1년간 생활비 지출에 대한 조사다.

정확한 조사를 위해서 사회과학자들, 여론 및 권력자들의 지지가 필요하고 사회복지위원회는 전체 이익을 대변하기 위해 중요하다. 전국적 소비의 규모와 다른 사회계층의 소비 방향에 관한 문제들은 비단 사회정책적 시각에서만 중요한 것이 아니라 영양

정책, 특히 농업정책상 중요하다. 이런 맥락에서 가장 값진 기본 자료인 각 가정의 가계부 내용을 최대한 수집, 집계하여 활용하는 것은 기대된다. 이후에는 영양학과 사회보건의 합리적인 시점으로 자료를 분석하고 소비, 가족 규모, 가계소득 간의 상관관계, 소비 방향과 가격 변동에 관한 집중적인 연구와 연계하여 분석해야 한다. 또한 분석 작업을 진행하면서 이미 관련 없는 사항들을 끌어들여 끊임없는 논의만 지속하고 결론을 내지 않는 상황을 만들지 않도록 해야 한다.

그런데 앞의 가계 비용 조사는 경제적으로 다소 여유가 있고 교육 수준이 높은 가계들을 중심으로 조사 대상을 설정했다는 이유로 중요한 의제로 대두되지 못하고 있다. 무엇보다도 식품의 품질과 조합 그리고 이 전체에 관한 각 가정의 생활이 앞의 연구에서 중요한 것을 감안한다면, 이 조사의 대표성이 부족한 것은 매우 유감이다. 이러한 이유와 조사에 포함된 가계 수가 매우 적은 것은 일반 소비 통계와 현장의 집중적인 앙케트 조사를 통해 보충될 수 있다.

소득과 어느 정도 관계가 있는 식료품 소비에 대한 보충 조사와 소비와 건강의 연관 관계에 대한 조사는 지금까지 스웨덴에서 전무했다. 사회보장정책을 논할 때 이에 관한 더 많은 지식이 축적되었더라면 논의는 훨씬 더 구체적으로 현실적일 수 있었으리라는 아쉬움을 감출 수 없다. 외국에서는 이 점을 이미 인정하고 있으나 스웨덴에서는 아직 인정하지 않고 있다. 최근에 의학위원회가 베스테르보텐Västerbotten 주와 노르보텐Norrbotten 주의 사회보건에 관한 조사를 실시한 적이 있는데(소위 '노를란드 조사Norrland undersökning'라고 한다) 이러한 조사들이 영양 표준에 대한 실질적인 지식의 필요에 대한 목소리를 내는 계기가 되어야 한다. 그러나 이 조사도 사회 통계의 시각이 더 보충되었더라면 더 유익한 결과가 도출되었을 수도 있을 것이다.

사회 통계의 중요성에 대한 정치적인 책임도 이전에는 찾아볼 수가 없었다. 앞에서 언급한 노를란드 조사의 결과가 말해주듯, 무엇보다도 최근 계속 제기되는 사회 및 경제정책 계획 설립과 관련해서도 이미 진행 중인 생활비 조사를 빠르고 집중적으로 실시해야 한다. 그뿐만 아니라 정기적인 일반 소비 통계 조사 및 다른 사회계층의 생활수준에 대한 집중적인 앙케트 조사 실시를 심각하게 고려해야 한다는 사고의 전환이 이루어지길 희망한다. 주거 통계 개선과 마찬가지로 이 희망 사항을 더는 미룰 수 없는 전반적인 사회 통계 개혁의 중요한 목표로 삼고자 한다.

그러나 현재 우리가 희망하는 개선은 불가능하다. 우리나라에서 경제적으로 소외된 가정의 영양 상태를 언급하고자 할 때 우리가 기대하는 만큼의 자료가 충분하지 않다. 우리나라에서 아사, 특히 어린아이의 아사는 없다고 편하게 전제해왔지만, 이는 사실이 아니다. 지방 의사들의 보고서를 보면 때때로 이 점에 대해 잘 알 수 있다. 사회적인 인식을 잘 갖춘 교육자들은 어린아이들의 영양 섭취가 부족하다고 단호히 말한다. 최근에는 앞에서 언급한 노를란드 조사도 이 문제에 대해 새롭게 조명하고 있다. 이 조사는 이 부정확한 사실이 노를란드 지역뿐만이 아니라 전국적으로 커다란 사회계층에서 전형적으로 나타나는 현상이라는 것을 알리고 있다.

각 가정의 영양부족을 지원하기는 어려운데 소외 계층의 소득에서 식비가 대부분을 차지할 것이고, 소득이 적을수록 더욱 그러할 것이기 때문이다. 영양 표준이 부족하다는 사실은 더는 표현할 말이 없다. 소위 말하는 식비 비율이(이 비율이 적을수록 생활수준이 높고, 이 비율이 높을수록 생활수준이 낮다) 생활수준 향상의 지표로 사용되고 있다.

1923년의 생활수준 조사에서는 비교적 경제적으로 여유가 있는 가정을 선별했지만, 전체 소득에서 식비가 차지하는 비율이 노동자는 45.5, (대부분 육체노동자가 아닌) 지위가 낮은 사무직의 경우 39.5, 중산층은 26.9로 나타났다.[10] 더욱 흥미로운 것은 소득수준으로 조사 대상을 나눴을 때다. 노동자들 중 가장 낮은 소득을 보이는 그룹(소비 단위 1인당 825크로나)[11]은 전체 소득에서 식비가 차지하는 비율이 52.7이었다. 이후 고소득층(소비 단위 1인당 1,925크로나)은 35.5으로 떨어졌다. 사무직 가계의 경우에는 소득 계층에 따라 전체 소득에서 식비가 차지하는 비율이 각각 50.2와 32.5였다.

따라서 전체 소득에서 식비가 차지하는 비율은 부분적으로는 저소득과 자녀의 수와 관련이 있다. 전체 소득에서 식비가 차지하는 비율이 30 아래인 노동자 계급 가정의 경우, 평균 가내 소비자 수는 두 명(무자녀 내지 한 자녀 가정)이었고, 전체 소득에서 식비가 차지하는 비율이 60 이상인 경우에는 가내 소비자 수가 평균 2배 이상으로 비교적 자녀 수가 많음을 알 수 있다. 자녀 수가 늘어나고 소득이 줄어들어 소비자 한 명당 절대 비용도 줄어들지만, 전체 소득에서 식비 비율이 올라가는 것이다. 고소득 노동자 가정과 저소득 가정을 비교하면 이 비용의 합은 평균 절반 이상 줄어들지 않는다. 1인당 지출액은 고소득 노동자 가정이 791크로나, 저소득 가정이 372크로나다. 이 숫자들을 보면 출산을 제한해 소비의 결핍을 해결하려 한다는 것을 유추할 수 있다. 또한 자녀 수와 가족 수가 많아지고, 특히 소득이 적을 경우 만족스러운 영양 섭취가 어렵다는 점을 이해할 수 있다. 현재 진행 중인 생활비 조사의 초기 조사는 자녀 수나 가계소득과는 연관 지어서 실시되고 있지는 않지만, 여기에서 지적한 일반적인 관련 사항이 포함되어야 한다.

지방의 경우 노동자 가정의 전체 소득에서 식비가 차지하는 비율이 더 높게 나타난다. 1920년의 조사에 따르면 평균은 62였고 소작농 가정은 66.6으로 매우 높은 수치를 보였다. 소득이 낮을수록, 자녀 수가 많을수록 소득의 많은 부분이 식비로 지출되는데도 영양 섭취가 만족스럽지 않다는 것을 관찰할 수 있다. 이들 중 고소득 가정의 전체 소득에서 식비가 차지하는 비율은 48.7인 반면, 저소득 가정의 전체 소득에서 식비가 차지하는 비율은 66.9였고, 동시에 1인당 식비 지출은 45퍼센트로 감소했다. 이 집단들의 가족 구성원 수는 평균적으로 고소득 가정은 2.06명, 저소득 가정은 5.42명이었다. 가장 취약한 집단의 전체 소득에서 식비가 차지하는 비율은 가족 수가 적은 가정의 경우 52.4였고, 가족 수가 많은 가정은 63.0이었다. 식비 지출은 대가족인 경우에 58퍼센트 더 많았다. 이 통계는 노동자 계급에만 해당하는 것이다. 농민 계급은 통계가 존재하지 않는데 현재 진행 중인 생활비 조사에서는 농민 계급도 포함할 예정이다.

인구 위기

식재료 소비를 연구하는 것은 더욱 흥미롭다. 소득 증가와 발맞춰 소비도 놀라운 속도도 증가했다. 산업 노동자들과 지위가 낮은 사무 노동자들의 경우 1923년 1인당 소비지출이 가장 낮았다. 이들은 돼지고기 및 소고기 31.8킬로그램, 우유 및 크림 240리터, 버터 7.5킬로그램, 계란 117개를 소비한 반면, 고소득층은 돼지고기 및 소고기 54킬로그램, 우유 및 크림 352리터, 버터 18킬로그램, 계란 288개를 소비했다. 지방의 경우도 비슷한 소비 형태를 보였다. 저소득층은 돼지고기 및 소고기 21.7킬로그램, 우유 및 크림 338리터, 버터 5.7킬로그램, 계란 59개를 소비한 반면, 고소득층은 돼지고기 및 소고기를 41.2킬로그램, 우유 및 크림 448리터, 버터 11.9킬로그램, 계란 142개를 소비했다.

　사회복지위원회에 따르면, 물론 매우 초기의 집계이지만 현재 진행되고 있는 도시와 산업 지역의 생활비 조사에서 평균 식비 소비의 변화가 있었다고 한다. 빵과 곡물, 우유 소비는 현저하게 줄어든 반면, 소고기, 돼지고기, 계란, 치즈, 버터, 특히 마가린 소비가 증가했다고 한다. (마가린은 버터만큼 소비되고 있다고 한다.) 마찬가지로 채소와 과일 소비도 증가했는데 평균 가정(성인 두 명과 아이 두 명)의 경우, 토마토 4킬로그램, 당근 10킬로그램, 다른 신선 채소 4킬로그램, 바나나 3킬로그램, 오렌지 21킬로그램, 사과와 배를 44킬로그램 소비하는 것으로 나타났다. 중산층과의 차이는 여전히 크지만 저소득층도 평균적으로 더 다채로운 음식을 섭취하고 더 고품질의 식재료를 사용하는 것으로 나타났다. 1923년 이후 실질소득이 증가하자 식료품 가격은 하락했으나 부동산 가격과 임대료는 상승했다. 여기에서 기억해야 하는 것은 현재까지 조사 대상이 된 가정들은 실업 등의 상태를 고려하지 않았고, 또 이들이 전체를 대표하지도 않고 오히려 소득이 높은 층을 대변했을 가능성이 있다는 것이다. 지금까지 본 숫자들은 평균에 불과한 것들이다. 방금 논의한 사회계층별, 소득 계층별 소비의 차이는 깊이 조사, 분석되지 않아서 확실한 결론을 내리기가 어렵다. 그런데도 가난한 다자녀 가정과 경제적으로 여유가 있으며 자녀 수가 적은 가정의 차이가 존재하고 전체 소비의 수준이 상승되었음은 분명하다.

재무부 내에서 다양한 소득 증가에 따른 소비 규모의 지속적인 보고를 위해 1920년과 1923년의 생활비 조사를 분석했다. 결과는 다음의 표와 같다.[12]

이 표를 보면 소득의 증가가 동물성 단백질 소비의 증가로 바람직하게 이어졌음을 알 수 있다. 그러나 그 차이를 보면 엄청나다. 소득이 1,000~2,000크로나인 가정과 10,000크로나 이상인 가정을 비교하면 소득이 많은 가정이 돼지고기와 소고기를 2배나 더 많이 섭취하고 우유와 크림은 60퍼센트, 버터는 2.5배, 계란은 5배나 많이 섭취하고 있다. 이 차이는 현재 조금 줄어들었을 것이다. 그러나 이 숫자들이 말하는 바는 분명하다. 현재 우리나라에 저소득층이 많다는 것을 감안한다면, 가난한 다자녀 대가족의 주부가 건강하고 만족할 만한 영양 섭취를 위한 살림을 하려면 엄청나게 많은 어려움을 겪으리라는 점을 이해하는 데 이런 통계들이 도움이 된다. 또한 이러한 통계들을 연구하면서 평균의 함정을 잘 기억해 같은 저소득 가정 중에서도 더 많이 소비하는 이들이 있을 것이고, 평균보다도 더 적은 소비를 하는 사람들도 있을 것이라는

일반 가정(3.3인 소비자)의 동물성 단백질 소비 표

가구당 소득 (크로나)	소고기 및 돼지고기 (킬로그램)	우유 및 크림 (리터)	버터 (킬로그램)	계란 (개)
1,000~2,000	88	700	19	210
2,000~3,000	108	810	26	400
3,000~4,000	126	905	31	540
4,000~5,000	140	975	36	660
5,000~6,000	152	1,040	41	755
6,000~7,000	162	1,085	45	840
7,000~8,000	169	1,105	49	910
8,000~9,000	174	1,125	51	970
9,000~10,000	178	1,140	52	1,020
10,000~11,000	181	1,145	53	1,060
11,000~12,000	183	1,150	53	1,085
12,000~13,000	184	1,150	53	1,200

점을 이해해야 한다. 더욱이 다자녀 가정들이 가장 심한 곤경에 처해 있다는 사실을 기억해야 한다.

더 나아가 식재료의 품질이나 조합, 다양함의 측면에서 저소득층은 비합리적인 소비생활을 할 가능성이 크다. 이 사실은 소비의 차이가 조사된 결과보다 훨씬 더 심각함을 의미한다. 따라서 소비의 차이가 부유층의 낭비 때문이라는 주장은 근거가 없다고 해도 무리가 아니다. 오히려 반대로 저소득 다자녀 가정에 합리적인 소비 역량이 없으면 없었지, 그 반대는 아닐 것이다. 또한 부유층의 건강에 좋지 않은 과소비로 소비의 차이가 벌어졌다는 주장도 말이 안 된다. 설사 그런 과소비가 있다고 하더라도 그것이 가지는 의미는 이러한 비교 분석에서 미약하다. 왜냐하면 육체노동을 주로 하는 저소득층의 영양 요구가 더 크기 때문이다. 또한 가장 가난한 계층의 식료품 소비에서 보이는 우발적인 과소비(월급날!)가 오히려 더 자연스러운 현상이기 때문이다.

먹거리의 부족은 아직도 저소득 다자녀 가정에게는 끔찍한 현실이다. 여기까지는 그저 저렴한 기초 식재료의 소비에 관한 연구였다. 생선, 채소, 수입 식품, 조리된 음식에 대해 조사하다 보면 소비의 차이는 더 극명하게 벌어질 것으로 생각된다. 여러 가지 고가의 사치품들이 저소득층 가정에는 존재하지 않을 것이며, 또한 사회적으로도 중요도가 떨어진다. 다시 말하지만 여기에서 언급된 자료들은 가정에서 조사된 것으로 가계부 작성이 가능한 품목들이었다. 현재 소득이 낮고 경제적으로 어려운 가정도 먹거리 양이 조금 적긴 하더라도 식재료를 마련할 수는 있다. 그러나 식재료의 품질과 조합 혹은 조리의 수준이 평균보다 더 낮은 수준이라는 것이 사실임을 안전하게 주장할 수 있다.

스웨덴 국민의 음식 섭취에 대한 영양생리학적인 판단을 위한 시각은 스웨덴에서 전무하고 사회위생학이 연구 분야로 전혀 발전하지 않았다. 영국과 같은 다른 나라에서는 이런 연구가 오래전부터 진행되어왔고, 그 결과를 바탕으로 실질적인 사회정책을 설정하고 있다. 스웨덴은 구체적인 문제들에만 집중해 사회보장 정책의 논의가 타협적으로 추상적이며 지적이지 않고 사실에 대한 정보가 부족한 상태에서 진행되는 경우가 허다하다. 앞에서 언급한 노를란드 조사가 우리의 실정을 알리고 사회정책에 대한 여론의 방향을 바꿔놓기를 희망한다.

앞의 주요 결과들에 의하면 스웨덴의 영양 상태에 대해 유감스럽게도 상당히 회의적이라는 결론에 도달하게 된다. 조사 지역에서는 자주 비정상적인 칼로리 섭취와 단편적인 음식 섭취가 목격되었다. 또한 여성들과 성장기 아동들은 건강상의 위험에 노출되어 있다고도 확인되었다. 다자녀와 소득 기준의 상관관계는 해당 조사에서는 다루어지지 않았다. 그러나 이 두 지역에서 조사된 자세한 사항들과 이미 알려진 자녀 수와 소득수준을 합해 생각해 보면, 음식 섭취를 둘러싼 문제에 대해 더 많은 정보가 알려지고 정기적인 건강검진으로 고립된 상태와 해로운 전통이 무너지면, 실질적인 식비에 대한 활용을 기대할 수 있는데도 많은 가족이 벌어들이는 소득으로는 만족할 만한 영양 수준을 유지할 수 없다.

이 조사는 지속적으로 충분하지 않고 영양 불균형을 유발하는 식단은 노를란드에서만 있는 현상이 아님을 지적하고 있다. 그러나 노를란드 지역의 특이점, 즉 높은 출산율에도 관심을 기울여야 한다. 1933년인 작년까지만 해도 베스테르보텐 주의 신생아 수는 인구 1,000명당 19.9명, 노르보텐 주는 인구 1,000명당 22.1명으로 전쟁 전 전국 수준을 유지했다. 1933년 전국 신생아 수는 인구 1,000명당 13.7명에 불과했다. 기타 다른 지역에서 영양 수준이 더 좋다고 가정한다면 이 결과에는 자녀 수의 감소가 따라올 것이다. 그러나 노를란드 사람들도 도시인들과 마찬가지로 피임과 낙태로 영양 수준의 문제를 해결하는 중이다. 1932년까지만 해도 두 노를란드 지방의 신생아 수는 각각 인구 1,000명당 20.6명, 23.9명이었는데 1922년에는 각각 인구 1,000명당 26.7명, 29.2명이었으며 1911~1915년에는 각각 인구 1,000명당 29.0명, 32.4명이었다. 20년 동안 신생아 수가 1/3 이상 감소한 것은 상당한 속도다. 아이들을 먹여 살리기 위해 아무것도 하지 않았더라면 우리는 이 세상에 오지 않은 아이들을 위해 엄청나게 음식을 해대었을 테니 기뻐해야 하는 것은 아닌지 모르겠다.

노를란드에서는 무엇보다도 여성과 그리고 심지어 어린아이들이 영양부족을 겪고 있다. 다른 지역에서는 이미 이야기했듯 자녀의 수가 감소하여 상황이 좀 더 낫다. 그러나 좀 더 광범위한 조사가 아직 이루어지지는 않았다. 노를란드 조사가 아마 이 분야에서는 선구적인 조사일 것이다.

산업화로 일반적인 생활수준이 향상되고 생활 습관이 변화한 것은 최근에 출판된 노르웨이 베르겐 시의 산업 지역에 대한 집중적인 사회위생학적인 조사를 보면 어느 정도 이해할 수 있다.[13] 이 조사도 마찬가지로 소득과 영양 수준 사이에 분명한 관계가 있다고 결론을 내렸다. 그러나 동시에 요소들의 역학에 관해서도 조사, 연구했다. 소득의 증가로 나타나는 첫 번째 효과인 식품 소비의 다양성과 어떤 사회위생학적인 선전이 소비의 방향을 조정했는가 등이다. 산업화 과정에서 나타나는 가족 구성원의 변화를 조명한 것도 특별히 흥미로운 지점이다. 남성들은 일반적으로 평균 체중을 유지하는 반면, 여성들은 과체중, 아동들은 저체중을 보인다고 이 조사에서 밝혀졌다. (아마도 이는 양적인 영양부족 때문이 아니라 질적으로 잘못된 영양 섭취에서 기인한 결과일 것이다.) 헤르츠베리Gerhard Hertzberg는 다음과 같이 썼다.

"직업군에 관계없이 여성은 대부분 과체중이었다. 남성은 대부분 평균 체중을 유지했으나 기능직에서는 과체중 경향을 보였다. 아동은 대부분 평균 체중을 유지했으나 전체적으로 저체중 경향을 보였다. 비교적 비위생적인 가정환경에서 자라고 비교적 잘못된 영양 섭취를 하고 있는 아이들은 어느 정도 저체중이었으며, 이 아이들은 비교적 좋은 위생 환경에서 양질의 식단을 섭취한 아이들보다 사회위생학적인 자극에 더 느리게 반응했다."

노를란드의 소규모 농장 가정에서는 여성들이 가장 영양 상태가 안 좋았는데, 이는 그들이 집 안팎에서 강도 높은 노동과 육아를 담당하기 때문이다. 헤르츠베리의 조사에서 처음으로(일반적인 결론을 내리기에는 조사 대상의 대표성 등 문제가 있지만) 우리는 각기 다른 사회집단의 생활수준을 비판적으로 관찰하게 되었다. 즉, 소득 계층에 따른 차이만 있는 것이 아니라 성별 차이도 있다는 것이다. 산업화된 가정의 주부들은 생산직에 더 이상 종사하지 않음으로써 남성들과 아동들보다 생활수준이 더 높아졌다.

여기에서 우리는 완전히 산업화된 사회에서 가족 구조가 어떻게 변화하는지에 대해 민감하지만 중요한 문제를 짚었다. 즉, 여성들이 생산직에서 제외되고 작은 아파트 안에 갇히면서 체중이 늘고 바보 같아지고 또 자주 이기적으로 변한다는 사실이다. 소득이 꽤 괜찮고 자녀 수가 적음에도 불구하고 기본적인 영양과 위생에 대한 무지와 무식으로 말미암아 아이들의 영양 상태, 더 나아가 가족의 영양 상태가 문제가 될 수 있다.

부정할 것이 아니라 더욱 강조되어야 하는 것은 노동자 계층 내에서 더욱 합리적인 식단 구성과 이성적인 지출이 이루어짐으로써 그들의 생활수준을 더욱 향상시킬 수 있다는 사실이다. 이는 사회교육적으로도 매우 중요한 점을 의미하는 바, 정책 입안자들은 더는 늦추지 말고 하루 빨리 이를 위한 행동을 개시해야 한다. 그러나 이러한 정책이 실시되어 어느 정도의 효과를 불러일으킨다 하더라도 저소득 다자녀 가정의 영양 상태는 매우 안 좋을 것이다. 그리고 이렇게 중요한 사회교육적인 임무를 완료하기 전까지 아동의 영양부족은 사회 전반에 걸친 문제로 남아 있을 것이다.[14]

실업과 농업 위기

경제적으로 소외된 이들의 주거 및 식비에 관한 연구로 그들의 생활수준에 대한 이해가 완전해지려면 반드시 실업 문제를 거론해야 한다.

지난 수년 동안 스웨덴의 노조들은 평균 20퍼센트가 넘는 실업률을 발표해왔다. 경제 위기가 닥치기 전인 1924~1930년의 경기 호황기에는 실업률이 10~12퍼센트였다. 이 수치는 전쟁 전의 실업률보다는 높지만[15] 이 기간 동안 기록한 비교적 낮은 실업률은 이상적인 목표로 보인다. 하지만 현재의 고도성장이 지속된다고 해도, 또 짧은 기간만이라도 실업률이 낮아지는 것은 생산정책을 완전히 개편하지 않고는 불가능해 보인다. 또한 노조가 발표한 실업률은 최소한의 수치로 보아야 하는데, 이는 일반 실업자 중 노조에 가입한 적이 없는 경우가 많기 때문이다. 특히 이제 정착하고 자녀를 낳아야 하는 젊은 노동자들의 경우가 그러하다.

많은 젊은 노동자들은 취업 시장에 제대로 편입된 적이 없다. 실업특별위원회가 1933년 11월에 조사한 바에 따르면 17만 203명이 실업자였으며 그중 4,560명이 16~17세였고 1만 7,731명이 18~20세였으며 3만 5,121명이 21~25세로 합하면 5만 7,412명이 청년 실업자로 전체 실업자의 33.8퍼센트에 해당했다.[16] 이 수는 최소한의 수치다. 특히 16~18세의 실업자들의 경우에는 실업특별위원회에 등록도 안 된 사람이 많다는 점을 감안하면 더욱 그렇다. 일상적으로 전체 실업에서 청년 실업이 차지하는 비율이 더 높다. 전체 비교가 불가한 조사이지만 1927년의 조사에서는 40.8퍼센트의 실업이 25세 미만의 청년 실업이었다. 1934년 청년실업특별위원회에 따르면 "종업원의 해고는 고용 기간이 짧은 순으로 발생하는 것이 원칙이다. (경제 위기일 경우) 실업이 지속될수록 나이가 많은 노동자도 실업에 포함될 수 있는 가능성이 커진다. 상대적으로 청년 실업은 전체 실업률이 높으면 적고, 또 낮으면 클 것으로 생각된다. 청년까지도 포함하는 절대적인 실업 중 청년 실업이 늘어나는 것은 실업의 자연스러운 과정에 따른 것이다."

그러나 경기가 호황인 경우는 이야기가 조금 다르다. 이때는 교육을 받은 숙련되고 나이가 있는 성인이 먼저 고용된다. 젊은 청년의 순서는 그다음이다. 따라서 1934년의 봄처럼 청년 실업률은 내려갈 수 있다. 그러나 청년 실업 중 25세 안팎의 인구로 노동시장에 편입되어 직업훈련을 받고 있다가 경기 후퇴로 실업으로 내몰린 이들이 경기가 호황으로 돌아서도 노동시장에 다시 편입되기 어려운 경우를 우리는 간과했다.

끔찍한 경기 호황의 펌프질 속에서 수만 명의 청년 노동자들의 직업교육이 쓸모 없는 것이 되면서 장기간 실업 위기에 있던 산업 예비군들의 고용이 촉진된다. 그렇게 되면 조만간 청년들이 신체적, 정신적, 도덕적으로 절망하고 반사회적으로 되어 문제를 일으킬 수 있다. 이에 대해서는 7장에서 다루고자 한다. 어린 청년 노동자들이 짧은 기간 동안 노동시장에 참여할 수 있다고 하더라도, 최근의 경기 호황기에는 노동시장 진입이 더욱 어려워 보이고 그 기간 동안은 고용이 불안하다. 다음 위기에 그들은 다시 노동시장 밖으로 내던져질 것이고, 뒤를 잇는 청년 노동자들은 더욱 쉽게 노동시장에 진입하게 될 것이다. 청년 실업에 관한 단기적인 낙관론이 지금 심지어 사회정책적인 혜안이 충분한 사람들 사이에서도 확산하고 있다는 사실을 기억해야 한다.

그러나 생활수준에 직접적인 영향을 미친다는 관점에서 나이 든 노동자들의 실업이 더 중요한 문제다. 가장으로서 실업에 처하게 되면 가족의 생활수준이 필연적으로 낮아진다. 하물며 자녀가 많거나 이전의 생활수준이 낮았다면 위기로 접어들게 된다. 사회 차원에서 이런 사람들을 위한 도움을 마련하려면 이에 관한 지식이 축적되어야 하는데도 실업이 생활수준에 미치는 영향에 대한 신뢰할 만한 조사가 이 나라에서 아직까지 진행되지 않았다. 사회복지위원회가 수집한 1,685가구의 가계부는 완전히 분석이 가능한 자료로 이 중 218가구가 전체 또는 부분 실업 가구로 포함되어 있다. 특히 이 가계부들에 대한 분석이 심도 있게 진행되어야 한다. 이런 가계의 수가 많지는 않지만 그 대신 자료의 통계적인 정확성과 세세한 사항들이 풍부할 것이다. 이에 대한 분석이 이루어지면 논의하고 있는 이 문제에 대해 더 많이 알 수 있을 것이고, 실업정책의 구매력 효과에 대해 판단도 할 수 있을 것이다.

독일이나 영국에서 실시된 몇몇 조사는 실업이 생활수준에 미치는 영향에 대해 처음에는 여가비, 의복비, 각종 회비 및 세금 등을 줄이지만, 무엇보다 가족의 식비에 영향을 미친다고 했다. 즉, 실업으로 소득이 줄면 질적으로 저하된 식재료를 구입해 필요한 열량을 섭취하다가 이내 양적인 부분에도 영향을 준다고 했다. 특히 버터, 우유, 계란, 치즈 및 돼지고기와 같은 단백질 섭취가 줄어든다. 또한 의학적으로 정의된 최소한의 식단을 꾸리는 것이 일반적인 실업 지원으로 불가능하다고 확인되었다. 실업자들과 그들 가족의 건강 문제는 국민 건강의 제도적인 저하로 이어지게 된다. 따라서 앞에서 언급한 식비 지출액은 가장 적은 임금을 받는 집단 기준에서도 많은 것으로 만일 전체 실업이 반영되면 그 수치는 훨씬 더 줄어들 것이다. 실업은 또한 주거 문제에도 영향을 미친다. 주거 수준은 평상시에도 낮았는데 실업 상태가 되면 더욱더 낮아질 것이다. 빈곤 관련 기관들과 실업특별위원회는 주거 수준을 낮추는 것을 조건으로 그들에게 도움을 제공하곤 했다.

그러나 생활수준의 관점에서 실업은 생활수준의 저하만의 문제가 아니다. 오히려 실업 위험이 실업만큼 중요할지도 모른다. 실업 위험은 모든 노동자 가정에 거의 예외 없이 적용되는 성격을 가진다. 경제적인 능력을 빼앗겨 일정 생활수준을 유지할 수 없게 되면 장기적이고 이성적인 소비 계획이 불가능하게 되는 것이 실업 위험이다. 그리고 실업 위험이 높으면 아이를 낳지 않으려는 의지가 강해지는 것도 자연스러운 결과다. 이와 관련해 자녀 양육에 가장 비용이 많이 드는 중년기에 실업 위험이 커지는 것도 기억해야 한다.

농민계급에는 이 실업 위험에 해당하는 것이 향후 가능성이 높은 영구적 농업 위기가 가져올 엄청난 가격 위험이다. 가격의 불확실성을 타파하기 위해 농민들이 특정 농작물을 재배하지 않는 것은 나라의 생산과 소비에 이성적으로 도움이 되지 못한다. 농민들이 시장의 투기꾼으로 보이는 이런 상황에서는 농업의 합리적인 생산도 불가하다.

이런 관점에서 보면 가격 위기와 생산 위기는 다르다. 또한, 농민들은 자신의 농지와 가축들이 양적으로나 질적으로 저하될 수 있는 위험에도 노출되어 있다. 이는 농민 스스로 자초하는 성격의 위험으로 농지와 가축을 잘 관리하면 이런 위험이 줄어들 수 있다. 생산 위기 때문에 그는 자연과의 싸움에서 더 기술적으로 나설 것이다. 그러나 가격 위기는 그렇지가 않다. 씨앗을 뿌리고 난 후에 자신이 거둬들인 작물 가격이 어떻게 되는지 전혀 알 수 없는 불확실성 앞에서 그는 더 좋은 농부가 될 수 없다.

생활수준의 관점에서 현재 농업의 위기가 농민계급에게 상당한 압박을 가하는 것이 사실이다. 그러나 그것이 얼마나 큰 영향을 미치는지는 현재로서 답할 수가 없다. 전체를 보존하기에는 지원이 부족한 것이 당연하다. 가격은 대부분 상당히 내려갔다.

그리고 관련 지원정책을 실시하면서 정당들은 이 문제에 되도록 적게 관여하려고 노력했다. 농업정책은 단기적인 위기 대응책으로 실시되었다. 불확실성은 지속되었다. 농민들은 지속적인 소득 위기에 노출되어 있고, 이는 또한 농민들의 생활수준 저하를 가져올 것이다. 따라서 이는 노동자의 실업 위험과 비교될 수 있을 것이다.

출산율과 관련하여

본 장에서 다룬 소외 계층의 주거와 영양 수준들을 감안하면 생활수준을 높이려는 노력은 분명 필요하며, 또 그 자체로 정당화될 수 있다. 또한 실업률 및 실업 위험, 영구적인 농업 위기 그리고 농민 소득의 위험이 현재 출산율에 왜 영향을 미치는지 그리고 앞으로도 영향을 미치리라는 점을 충분히 이해했을 것이다.

더 어려운 경제 여건 속에서도 우리는 더 많은 아이를 출산해 왔다는 것도 틀림없는 사실이다. 1800년 중반의 주거 및 영양 수준에 대한 조사에 따르면 대부분의 스웨덴인들은 현재 우리가 생각하는 위기 속에서 살았다. 그런데도 그때는 지금보다 신생아 수는 2배 이상으로 높았으며, 임신율은 3배 이상 높았다. 낮은 생활수준은 출산율을 높이는 데 아무런 방해 요소가 아니라는 것을 역사는 증명한다. 그것은 맬서스식으로 영아 사망률을 높이 유지하면서 인구 증가를 막아왔을 뿐이다.

이 지적은 사실이 틀림없지만 그렇다고 해서 앞에서 내린 결론을 바꾸지는 않는다. 이는 역사로부터 이렇게 교훈을 얻는 것이 아님을 말한다. 전체 인구의 심리가 최근 두 세대 사이에 강력하게 변화했음을 우리는 기억해야 한다. 각 가정이 생활수준의 향상을 원했기에 출산율이 감소했다. 그리고 생활수준도 출산율의 감소로 상당히 향상되었다. 가족의 생활수준과 그들의 자녀 수의 관계에 대해서는 이미 잘 설명한 바 있다.

지금 우리는 재생산의 최저점에 가까운 출산율을 유지하고 있으므로 현재의 생활수준을 유지할 수 있다. 만약 인구 규모를 장기적으로 유지하기 위한 출산율을 갖게 된다면 생활수준은 떨어질 것이다. 작년보다 40퍼센트의 아이들이 더 태어나야 하고 그 아이들을 다 먹여 살려야 한다. 인구가 증가하기를 원한다면 출산율은 더욱 높아져야 하고 그렇게 되려면 생활수준은 현저하게 저하될 것이다.

이러한 언급은 앞에서 이야기한 인구 규모와 생활수준 사이의 의미 있는 관계를 (스웨덴이라는 국가 내에서 제한해서) 찾기 위한 충분한 이유가 없다는 주장에 상반되는 것이다. 그러나 그런 비교는 규모가 변하지 않으면 둘 다 성장하거나 감소하는, 즉 출산율이 일정하고 연령 분포가 균형적인 두 그룹의 인구 규모를 비교할 때 할 수 있는 주장이다. 역동적인 과도기에는 전혀 다른 문제가 제기된다. 현재는 연령 분포가 불균형한 인구에 해당하는 비교를 해야 한다. 또한 장기적이고 일정한 인구 증가의 경우에는 아이의 수가 평균적인 가족보다 많아야 하고 감소하는 인구보다 전체적으로 더 많아야 한다. (그리고 변화하는 인구보다는 적어야 한다.) 성인들이 아이들을 먹여 살려야 한다면 인구 감소는 (인구 규모와는 상관없이) 직접적인 생활수준의 향상으로 이어진다. 이와 같은 생활수준의 향상은 인구 감소 과정에서 자연스럽게 이루어진다. 이는 일시적인 것으로 인구 감소가 멈추고 인구가 일정 수준으로 유지되려면 신생아 수가 늘어야 한다. 그래서 인구학적인 관점에서 이것은 일회성의 자본 소비로 결정된다.

출산율의 감소가 생활수준의 향상을 위한 욕구를 충족시키기 위한 것이라면 우리 국민들에게 생활수준의 향상을 포기하고 출산율을 높이거나 아니면 현상 유지만이라도 하라고 설득하는 것은 불가능하다. 이것은 정치적 독재하에서 기술적으로 완전한 대중적 제안이라고 하더라도 명할 수 없는 것이다. 독일의 경험에서도 우리가 이를 알 수 있다. 적어도 자녀 출산에 대해서는 사람들에게 "제정신에서 벗어나라고" 설교하는 것이 불가능하다. 가능한 것에서 희망하는 것으로 목표를 변경하면 가난한 자들의 생활수준을 대가로 지불해야 한다. 이를 희망할 수 없어서 우리는 이미 이에 대해 반대한다고 입장을 밝힌 바 있다. 실재 이 계층의 생활수준에 대한 우리의 분석과 무엇보다도 생활수준과 자녀 수와 연관 관계에 대한 이해가 인구정책의 입장을 더 분명하게 하길 바란다.

그러나 희망 사항을 완전히 배제하고 보면, 이 문제와 관련해 언급해야 하는 한 가지는 노동자들과 농민들의 소득이 계속해서 불안한 상황에서, 또 그들의 생활수준이 낮은 상황에서, 특히 자녀 수가 생활수준 저하의 주요 원인인 이상 산아제한은 계속될 것이다. 우리는 계산하는 법을 알고 있다. 펀스퐁의 한 주부가《모론브리스Morgonbris》에 "당연히 지금 현 수준의 노동자들의 생활수준보다 더 나은 수준이 목표가 되어야 한다. 그러나 다자녀는 가족의 기쁨보다는 빈곤 및 슬픔을 연상시킨다. 이는 나의 어린 시절의 경험에서 나오는 말이다. 아이가 한 명이나 두 명인 노동자 가정에서 불만은 거의 들리지 않는다. (…) 나는 아이를 무척 좋아하지만 가난은 무척 두렵다. 연간 소득이 2,500~3,000크로나인 집은 절약하면 최대 두 명의 자녀, 연간 임대료 300크로나 그리고 소득 6~7크로나당 1크로나의 세금을 감당할 수 있다"라고 썼다. 그러나 이보다 훨씬 더 많은 소득이 요구되는 경우가 많다.

젊고 지적이며 현대적인 이들이 우리 시대의 이상적이고 교육적인 민주주의 정신을 가지고 교육 운동과 정치적, 사회적인 움직임에 동조하고 외국과 같이 많은 수는 아니지만, 결혼도 하고 있다. 우리의 결혼 빈도는 늘 낮았는데도 말이다. 그런데 어쨌거나 그들은 아이를 원하지 않는다. 누가 그들을 탓하겠는가?

6장

사회정책과 경제 생산 및 분배의 문제

스웨덴의 실질적인 생활수준을 다룬 장을 통해서 계속되는 출산율 저하의 배경을 이해할 수 있게 되었다. 특정한 주요 사회정책의 문제에 대해 논의를 계속하기 위한 출발점으로 이미 4장에서 말한 바와 같이 일종의 가정을 세우고자 한다. 즉, 다가오는 미래에 스웨덴인들이 감소하는 출산율을 어느 수준까지는 반대하지 않으리라는 것이다.

현재 인구 규모의 하한선은 결정하지 않아도 안전할 것처럼 보인다. 이 하한선이 어디든지 간에 인구정책상의 희망 사항은 장기적으로 가구당 평균 세 명의 자녀를 갖는 것이다. 인구 규모가 작건 크건 간에 일정한 인구 규모를 유지하기 위해서는 혼인 가정 내 평균 자녀 출산율이 높을 것이 요구된다. 결혼한 부부 중 한 명이 불임이거나 아니면 사정상 자녀를 한두 명밖에 못 갖는 경우가 있기 때문에 결국은 세 명 이상의 자녀를 갖는 가정이 많아야 한다. 그러기 위해서는 평균 출산율이 지금보다 40퍼센트 더 증가해야 한다. 3장에서 다루었던 출산율 추세 분석이 맞는다면 인구 감소를 막기 위해서는 가까운 미래에 우리에게 닥칠 낮은 출산율보다 실질적으로 출산율이 훨씬 높아야 한다.[1]

선택한 가치 전제를 기반으로 이것은 사회생활의 문제다. 출산은 심리적, 사회적 의미에서 어떤 제약을 동반하는가? 출산은 여성에게 불편함과 위험을 동반하고, 여성의 경력 단절 및 다른 생활의 중단을 가져오고, 일시적이지만 만족스러운 성생활의 제약을 가져오고, 결혼 생활의 신뢰 관계에 위험을 불러일으키며, 또 가정의 비용 지출 증가를 유발하는 동시에 미래 보육에 대한 모든 걱정을 불러온다. 그럼에도 결혼한 부부들이 자율적으로 아이를 가져야 하는지, 그 동기에 대해 우리 모두 스스로 한번 되돌아봐야 한다.

인구정책상 많은 아이가 태어나길 바란다면 출산을 둘러싼 이러한 모든 문제를 설득할 수 있는 동기를 강화하고, 출산 동기를 약화시키는 요소들은 멀리해야 한다. 이는 가족제도의 사회적, 경제적 기본 조건들을 재정립하고, 출산이 직접적으로 필요한 이유를 기반으로 한 개혁을 통해서만 이루어질 수 있다.

상기 목표를 위한 인구정책은 투명하고 정직하며 급진적인 사회 개혁을 요구한다. 도덕적인 설교는 얼마든지 해도 상관없지만(마지막 장에서 도덕적인 설교가 얼마나 어리석은 일인지 설명하겠지만) 이런 개혁의 요구가 충족되지 않은 상태에서 아이를 더 낳으라고 하는 것은 헛된 수고에 불과하다.

민생의 안정

중요한 개혁 요구는 가정의 경제적 안정을 보장하는 것에서 출발한다. 현재 가난한 가정의 경제적 위험이 너무 커서 이를 최소한으로 줄여야 하며 그들의 일반적인 생활수준이 향상되어야 한다.

이 문제는 실업급여, 생활지원금 등과 같은 다른 보조금들, 예비 인력 등으로는 만족스럽게 해결될 수 있는 성질의 것이 아니다. 부부가 아이를 가지고자 하는 능력과 의지는 어디에서 시작하고 어디에서 끝을 맺어야 하는 사안이 아니다. 인구정책적인 결과를 성취하려면 노동자들이 생산적인 직업을 가질 수 있고, 농민들까지도 일정 수준의 소득이 보장되는 경제적 민생 계획을 세워야 한다. 우리 모두가 안정적인 직장을 가지고 인구정책적인 시각에서의 생활수준이 원하는 수준까지 향상되어야만 그런 성취가 가능하다. 이와 같은 스웨덴의 민생 안정 경제계획의 밑그림만 그리려고 해도 책 한 권을 또 써야 해서 이 문제는 여기에서 다루지 않겠다. 대신 특정 사항에 대해서만 언급해 현실적인 문제를 조명할 것이다.

민생 안정의 가장 커다란 어려움은 국제무역과 노동 분화가 현재 매우 비조직적인 환경에 처해 있다는 사실이다. 더욱 불행한 점은 앞으로도 계속해서 그럴 가능성이 크다고 예상된다는 것이다. 스웨덴이 세계 발전에 영향을 줄 수 있는 능력은 매우 제한적이다. 그러나 우리의 이해와 세계의 이해를 활용하려는 최대한의 노력을 기울여 국제 협력의 재건을 도모해야 한다. 우리나라의 주요 수출 품목들이 비교적 국제시장에서 필요로 하고 원하는 것들이라는 사실은 불행 중 다행이다.

국제무역은 스웨덴의 민생 안정에 주어진 틀이다. 외국과의 무역, 즉 우리의 수출이 늘어나면 늘어날수록 민생 안정의 문제가 해결될 가능성은 높아진다. 수출 경기가 살아나면 살아날수록 민생은 안정될 것이다. 그러나 수출이 확대된다고 해도(물론 이런 분야도 장애물을 맞닥뜨릴 확률이 높지만) 특히 현재 급속히 발전하는 산업과 내수 시장 또한 생산의 확장을 경험하더라도 실업률이 떨어질 수 있으므로 생산자본을 십분 활용해야 한다.

내수 시장에서 생산 확대는 그에 해당하는 소비 증진을 필요조건으로 한다. 실질적인 '포화'를 고려할 때 소비 증진은 불가능한 것이 아님을 앞 장에서 실질적인 생활수준을 분석한 내용에서 알 수 있었다. 반면, 현재는 소득이 제한적이기 때문에 소비 증진이 불가능하다. 생산이 증대되면 어느 정도 그에 맞춰 소득도 증가한다. 마찬가지로 소비 증대는 생산 증대의 필요조건이기도 해서 생산 자체도 소비 증대를 전제로 한다. 다른 시각으로 보면, 현재 생산 질서의 부족한 점은 생산과 소비의 균형이 맞지 않는 것이다. 따라서 위기와 일반적인 불안감이 도래하며 영구적인 대량 실업이 발생한다. 자라나는 세대들의 임무는 산업화가 불러온 생산 증대 분업을 유지하되 생산이 사회적인 필요로 증대되도록 해서 최대 생산이 최대 소비, 또 최대 소비가 최대 생산이 될 수 있도록 하는 것이다.

특정 산업 중 먼저 농업을 살펴보면, 국내에서 농업은 생산과 소비의 균형이 존재하지 않는다. 농산물의 수입이 점점 더 과도해지고 있는 실정이다. 농업을 위한 생산품의 수입도 증가하고 있으며, 마가린 산업과 관련된 농업은 경쟁에서 밀려나고 있다. 미래의 수출 가능성은 접어두는 편이 현명할 것이다. 현재 버터, 달걀, 돼지고기의 수출은 상당히 비경제적이다. 내수에서 소비하고 남은 잉여분의 수출이 가능하다고 변명할 수 있겠지만 제대로 된 가격을 받지 못한다면 우리 농업의 전망은 불투명하다. 장기적으로 이런 '덤핑'은 농업정책상 가능하지 않다. 차라리 버터, 우유 및 다른 동물성 단백질, 채소와 과일의 국내 소비를 늘리는 편이 낫다.

앞에서도 말했듯이, 이런 품목들은 아직 소비가 늘어날 여유가 많다. 많은 사람이 아직도 소고기, 돼지고기, 우유 및 버터, 치즈, 또 특히 채소를 필요한 만큼 섭취하지 못하고 있다. 특히 자라는 중인 아동들은 성장기에 영양 섭취를 놓치면 후에 보충할 방법이 없다. 후에 아동 영양 상태의 중요성에 대해서 다루도록 하겠다.

감자와 빵, 곡물은 소비 여분이 남아 있지 않다. 현재 진행 중인 생활비 조사에서는 모든 사회계층에서 곡물의 소비가 특히 줄어들고 있는 것으로 조사되었다. 국가곡물위원회의 초기 집계에 따르면 소비자 1인당 빵과 밀가루의 총 소비량은 1920년부터 1933년까지 7퍼센트 감소했다.[2] 그러나 지난 10년간 농민 계층의 삶은 다른 계층과 비교하여 그다지 좋아지지 않았다. 1923년부터 1933년까지 산업 노동자와 공무원 계층의 밀가루 및 빵의 소비가 21퍼센트나 감소했다. 중산층은 1923년에 이미 21퍼센트가 감소한 것으로 나타났다. 여기에서 이 통계는 가족 규모 변화는 고려하지 않고 집계되었음을 고려해야 한다. 그러나 아동 인구수는 급감했고 소비는 통계보다 훨씬 더 감소했을 것이다. 그리고 여러 가지 사항을 미루어 짐작해볼 때, 소비의 급감은 아마도 최근 몇 년간 일어난 일일 것이다.

이런 통계 앞에서 우리가 미리 소비의 추세에 대해 더 정확한 정보를 알았다면 최근 몇 년간 곡물정책이 완전 달랐을 것이라고 생각하게 된다. 이는 합리적인 설계와 지속적인 소비 통계에 대한 분석 없이는 얼마나 눈먼 경제정책이 만들어지는지를 보여주는 하나의 예다. 높은 수확량과 경작지의 확대에도 1920년과 1933년의 수치가 맞는다면 동기간 곡물정책은 비합리적인 과잉생산에 빠지지 않았을 것이다.

곡물정책은 또한 (농업에는 적용하기 힘든 생산량 조정은 제외하고) 포괄적인 가격정책이 필요하다는 것을 보여주는 예다. 모든 농산물이 균형 잡힌 가격 조정을 거쳐서 소비의 발전에 따라 생산의 발전을 기대할 수 있어야 한다. 이러한 문제는 아직 정치적인 합의에 이르지 못했다. 그러나 '계획경제'하에서는 합리적인 정보와 그 정보를 기반으로 한 계획 없이는 실패로 귀결될 수밖에 없다.

이제는 위기 기간 동안 펼쳐진 타협정책을 대체하고 곡물정책을 한 부분으로 하는 정교한 지원 체계를 도입할 때다. 가격의 안정을 추구하는 것이라면 국가가 곡물 수매 및 몇몇 가격 지원 제도를 유지해도 된다. 그러나 무엇보다도 생산 전환을 자극해 밀을 재배하는 것에서 제품의 생산을 늘리는 것으로 전환하고 수입으로 마련할 것(사료)과 국내 소비를 늘릴 것(동물성 제품 및 채소)을 구분하는 일 등이 진행되어야 한다. 동물성 단백질 완제품의 국내 시장 확대를 도모해 우리 농업과 외국 시장을 무계획 덤핑으로 망가뜨리는 일은 없게 해야 한다.

또 다른 결론은 국내 소비 잉여를 활용하려면 가격을 높게 유지하는 농업정책은 장기적으로 바람직하지 않다는 것이다. 오히려 그 반대로 소비를 진작하기 위해 가격을 낮춰야 한다. 그렇다면 농업 보조금은 부동산 및 생산 신용을 낮게 측정하고, 어쩌면 빚을 줄이는 등의 가능한 다른 형태로 지급되어야 한다. 무엇보다도 가격을 높이는 것이 아니라 낮추는 것이 농민과 소비자들의 공통된 이해에 부합한다. 소득이 낮아지면 소비 예산 내에서 식비 비율이 상승하는 것도 분배정책의 문제다. 합리화된 시장 조직이 가격과 시장의 급격한 그리고 목적 없는 변동에서 농가를 보호할 수 있다면, 예를 들어 신용도 이자 보조금 없이 높게 유지할 수 있다. 동시에 시장 합리화를 통해 농산물의 판매 가격은 소비자 가격의 인상 없이 상대적으로 높게 유지될 수 있을 것이다.

동물성 단백질 제품과 과일 및 채소의 소비가 급격히 증가한다고 하더라도 오늘날 농업에 종사하는 인력이 앞으로 계속 고용될 수는 없을 것이다(예상치 못한 수출이 없다는 전제하에). 이미 잘 알려진 바와 같이 농업은 이미 보고된 실업뿐만 아니라 '유휴' 인력이 보고된 실업보다도 많다. 산업혁명에 견줄 만큼 농업 기술도 발전했다. 신기술들은 노동력을 강력하게 절약할 수 있다. 이런 기술적인 합리화는 슬퍼할 일이 아니다. 이는 결국 농민 계층의 생활수준 향상을 위해 필요한 전제 조건이다. 기술의 발전은 많은 보조금 없이도 저렴한 농산물의 생산을 가능하게 한다. 도시 산업이 넘쳐나는 농업 인력과 가까운 미래에 급증할 노동 가능 연령대 및 현재의 실업을 얼마나 흡수하는지에 따라 민생 발전이 달려 있다.

짧은 기간에는 잉여 노동력이 기술적인 전환 때문에 도로 건설 등의 농업 자본 투자에 사용될 수 있겠으나 도시 산업이 농업 잉여 인력을 상당히 흡수할 때까지 시기를 조정하는 것이 현명한 농업정책이다. 농업에서 인력 이동이 강하면 강할수록 자본 투자의 요구가 늘어날 것이다. 장기적으로 이 인력은 산업에 투입되어야 하며 세계무역의 발달에 따라 특히 국내시장 산업에 투입되어야 한다. 계속해서 산업 합리화 과정을 겪을 것이며 자원을 십분 활용하고자 한다면 생산이 급증하리라는 것을 기억해야 한다. 우리나라에서 생산하는 산업품들을 다량 소비하는 것이 우리 삶의 조건이 될 것이다. '포화'가 문제가 되는 분야는 없으므로 이를 우려하지 않아도 된다. 문제는 조직적인 경제와 정치적인 조건으로 이는 매우 중요한 문제다.

무엇보다도 좀 더 나은 넓은 주택이 필요하다. 내수를 진작하려면 주택 건설이 가장 선행되어야 한다. 여기에는 여러 가지 이유가 있다. 지속적인 발전을 위해서는 주거 위생의 문제가 해결되어야 하기 때문이다. 다른 이유는 상업정책이다. 주택산업은 성격상 잘 보호된 국내시장이다. 주택을 수입할 수는 없다. 주택 소비를 늘려도 국내시장을 보호하기 위해서 관세 부과나 다른 수입 관련 장벽을 세울 필요가 없다. 결국 주택 건설은 생산과 일자리 증가에 도움이 된다. 궁극적으로는 수출 문제로 이어질 수 있는 다른 나라들과의 갈등을 피하면서 일자리를 증가시키는 데 주택 건설을 십분 활용할 수 있다.

그러나 주택산업이 가장 중요한 이유는 주택 생산 그 자체 때문이다. 주택 생산은 직접적으로 일자리를 진작하는 효과가 있다.

주택 생산 비용의 절반이 인건비다. 간접적으로는 더 많은 인력이 필요하다. 나머지 비용은 자재 비용으로 이때 자재들은 거의 국내에서 생산되는 것들이다. 마지막으로 주택 건설이 확장되면 스웨덴 내 인력과 목재 및 철 등의 활용이 대부분 증대된다.

주택 경기는 실질적인 투자 사업의 전형적인 예로 일반적으로 경기의 흐름을 탄다. 경제의 전 분야를 자극하기 위해서는 건설 경기를 자극하는 것만큼 안전한 것이 없다. 현재 모든 지표가 하향 추세를 보여 모든 투자가 비정상적인 시기가 도래했기 때문에 이것이 중요하다. 공장이나 다른 산업 시설은 대량생산을 위해 마련되어 가까운 미래에 활용할 수 있다. 또한 도로 등 운송에 대한 개선만큼 유용한 투자는 현재 없을 것이다. 경기 둔화를 원하지 않는다면 건설 경기의 진작이 필요하다. 건설 경기는 다른 분야에도 효과를 미치는 '주요 산업'이라는 것을 상기해야 한다. 이는 실질적인 투자의 문제다. 연간 건설에 소비된 비용은 전체 경제에서 생산 비용의 작은 부분에만 해당한다. 소득 증가분이 그것의 비율보다도 더 작은 것을 감안하면 건설 경기를 위한 투자는 경제의 모든 분야에 효과를 지대하게 미치면서 생산 증대, 일자리 창출 및 소득 증대를 가져올 것이다.

스웨덴 민생 경제계획에서 중요한 또 하나의 부분은 시장뿐만 아니라 신용 및 노동시장의 더 나은 조직화다. 이 문제는 상당 부분 현재 우리 경제 조직의 효과를 미약하게 하는 경기 흐름의 약화 및 때때로 계절적 요인과 같은 시기를 타는 생산의 안정 문제와 관련이 깊다. 앞에서 언급한 주택 건설을 예로 들면, 만약 생산이 일정하게 안정되어 노동자들에게 안정적인 일자리를 제공할 수 있다면 노동시장은 현재와는 완전히 다른 모습일 것이다. 우리는 계약 임금 또는 시간당 임금을 낮추는 동시에 건설 노동자의 합계 연봉을 오르게 할 수 있다. 이런 방식의 계절 및 경기의 변동성 조정은 건설 경기에서 기술적으로 충분히 가능하고, 이런 변동성 조정을 위한 조건들을 조직적으로 설정할 수 있는 방법을 심각하게 고려해야 한다. 다른 분야에서도 이와 같은 개혁이 이루어져야 한다.

민생정책의 커다란 문제를 생각하면, 위기 시 펼쳤던 정책들과 장기적인 생산 계획의 설립 차이를 분명히 해야 한다. 실업급여, 생활보조금 및 다른 형태의 보조금, 잉여 인력 등이 개인과 사회의 경제 위기 타계를 위한 동기로 설립된 제도들이라는 것은 이미 강조한 바 있다. 그것들은 생산정책을 해결하는 큰 수단이 되지 못한다. 이 제도들은 제도 실시 이후의 효과를 조사하고 더 근본적인 개혁을 마련하는 포문을 연 것으로 그 역할을 충분히 했다.

같은 측면에서 현재 노동시간 단축에 대한 논의가 시급하다. 법정 노동시간을 일일 8시간으로 법제화한 것은 개인의 자유 시간을 늘리기 위함보다는 생산기술적 효율성 때문이었다. 몇몇 특정 분야에서 같은 이유로 노동시간 감축이 필요해 보인다. 무엇보다 농업, 가사도우미, 기타 법제화되지 못한 일자리들도 노동시간 규제가 도입되어야 한다. 또한 중요한 것은 질서 있는 휴가 제도가 노동자들과 지위가 낮은 사무직에도 도입되어야 한다. 궁극적으로는 휴가를 연내 골고루 사용하게 하고 주중 노동시간의 개선된 분배로 토요일도 휴일이 되게 하는 등 수정되어야 하는 점들이 많다.

　그러나 더 많은 노동시간 감축의 일반적 요구는 (예를 들어 주 40시간 또는 36시간) 노동자의 시각에서 의심해 보아야 한다. (이는 효율성 증대만의 이유일 수가 없다. 이 문제는 각 직업군별 심리적, 기술적 연구가 요구된다.) 우리의 생활수준이 아직도 낮은 것을 고려하면 효율성이 보장된 선까지 모두 일하는 것이 현명한 판단이다. 노동시간의 과도한 감축보다는 노동조건 자체를 변화시키는 것에 초점을 두어 건강하고 행복한 사람들이 일하면서 일 자체가 인생의 기쁨의 한 부분을 차지하는 삶을 추구해야만 한다. 이런 측면에서 대규모의 개혁이 특히 산업 생산직 내에서 많이 필요하다. 노동이 재미없고 한 사람의 행복을 앗아가는 것일 필요가 없고(개인적인 행복 차원뿐만이 아니라 효율성의 차원에서도) 산업에서 노동하는 기쁨을 보존하는 것을 정책 추구의 방향으로 설정해야 한다.

　노동시간의 감축은 이상적인 위기 타계책으로, 현재의 실업률을 억제하기 위해 노동을 분배하는 것은 이성적인 결정이다. 이 둘은 완전히 다른 문제이기도 하다. 따라서 더 개선된 위기 대응이 필요하다. 우리는 장기적인 민생 발전 계획의 목표를 설정하면서 실업률을 전체적으로 분배하는 것을 목적으로 삼을 것이 아니라 이것의 뿌리를 뽑아서 이를 통해 생산이 증대되어 생활수준 향상의 바탕이 되도록 해야 한다.

　또한 현재 당면한 비슷한 문제는 노동자들의 희망 사항에 부합하거나 또는 부합하지 않더라도 조기 퇴직을 가능하게 해야 한다는 요구다. 실업률이 높을 때는 조기 퇴직의 실시로 청년들의 노동시장 편입을 도울 수 있기에 설득력이 있다. 그러나 장기적으로 계획적인 생산정책에서는 이것이 도움이 되지 않는다. 특히 고령층이 증가하는 100년 동안은 조기 퇴직으로 발생하는 사회적인 비용이 우리가 감당하기엔 너무나 클 것이다. 노인인구는 많고 생활수준은 낮기 때문에 노인 인력도 우리가 십분 활용하지 않으면 우리가 목표로 하는 생활수준에 이를 수 없다.

다른 문제는 공공 부문에서 고위급들이 자신의 퇴직 연령을 높게 정함으로써 자신들의 역량을 심각하게 저하해 일의 효율성이 문제가 될 나이까지 정년을 보장받은 것이다. 지도자 역할을 수행할 때는 그런 고도의 능력이 중요하지만, 연공서열의 승진 제도 때문에 지적으로 민첩하고 미래지향적이며 진취적인 능력이 나이 듦에 따라 저하되면 이들이 조직 내에 머물러 있는 것이 피해를 줄 수도 있다. 공무원들의 정년 연장은 신체적인 요구에 따라 이루어졌다. 고소득 고위급 공무원들은 오랫동안 위협을 느끼지 않고 일자리를 지킬 수 있는데, 그 이유는 이들이 '책상 일'을 하는 사무직이라는 것이다. 그러나 이런 종류의 일을 하는 사람은 앉아 있는 데 필요한 신체적인 힘만 요구되는 것이 아니라 행정적인 경험도 필요하다. 고위 공무원의 정년 개혁이 요구되지만 올해 개혁이 시작되었을 뿐이다. 이 개혁의 동기는 일의 효율성 문제다.

무엇보다도 공무원을 대상으로 한 좀 더 엄격한 조기 퇴직 규제가 있다면 좋을 것이다. 그렇게 된다면 나이 때문에 일찍 업무 능력의 저하가 오거나 직에서 물러나야 하는 분명한 이유가 있을 때 조기 퇴직을 허할 수 있을 것이다. 그런데 이런 개혁은 실행하기 어렵다. 공무원들은 자신의 이익에 대해 이미 잘 알고 있고 자신의 직업을 개인의 경제적인 권리로 여기기 때문이다. 스웨덴의 행정에 대해 잘 아는 사람들은 세세한 분야별로 한두 명이 붙어서 일한다. 심지어 기본법만 조금 손보면 그렇게 하지 않아도 되는데, 월급을 다 주고서라도 일하지 않는 것이 더 낫다고 생각하는 경우가 많다. 다른 한편으로는 정년이 지났는데도 일을 계속하는 고위급 공무원들이 있는데, 이들은 국민을 위해서 일을 계속하는 것이 더 이익인 경우도 있다. 이런 경우는 더욱 중요하다. 개인 정년의 유연성 규제를 양방향으로 스웨덴 행정 분야에 적용할 수 있다. 이것이 일의 효율성 증대와 관련이 있다면 현재에도 높은 정년 연령을 낮추는 것이 필요하다.

　　사실 이는 굉장히 예외적인 문제다. 아주 적은 수의 사람들만이 권한을 가지고 자신의 정년 연장을 추진할 수 있다. 지위가 낮은 공무원들에게는 해당하지 않는 이야기다. 각각의 산업 분야는 이 문제를 작업의 효율성을 기준으로 간단하게 그리고 직접적으로 통제하고 있다. 노동자들의 현실적인 문제는 정반대다. 어떻게 하면 중년 이상의 나이에 조기 정년을 피할 수 있을까? 이 문제에 대해서는 현대 산업 경제에서 엄격해진 품질의 요구와 고도로 숙련된 노동자의 국가 경제 참여를 보장해야 하는 문제와 연관해 다시 기술하도록 하겠다. 여기에서 우리는 위기 상황에서 일시적으로 실업을 완화하는 도구로 조기 퇴직을 사용할 수는 있으나 생산정책 개혁의 힘이 충분하지 않거나 빠르게 실행할 수 없어 장기적인 민생 경제의 시각에서는 조기 퇴직이 바람직하지 않다는 것을 강조했다.

　　생산정책의 문제를 잠시 언급했으나 여기에서는 깊게 다루지 않고 남겨두겠다. 다시 강조하는 것은 경제적으로나 기술적으로나 그런 개혁을 시행하는 데 장애물이 없다는 것이다. 우리는 대량 실업을 경험하고 있고, 천연자원은 넘쳐난다. 기술은 30년 전부터 높은 수준으로 발전한 상태다. 그리고 만족시켜야 하는 필요는 아직 있다. 문제는 조직과 정치다. 이러한 문제들은 크지만, 반드시 이겨내야 한다. 인구정책을 설계해야 하는 시점에서 이는 꼭 필요하다. 생산과 소비의 진작을 위한 경제정책에 대해 회의적이라면 스웨덴의 인구 말소에 대한 해결책은 없다는 점을 상기해야 한다. 왜냐하면 스웨덴의 실질소득이 크게 증가하지 않고 실업률과 스웨덴 국민의 존재 위기가 오늘날과 비교하여 아주 미약할 정도로 줄어들지 않으면 혼인 가정의 출산율을 높이는 것은 헛된 희망에 불과하다.

지금부터는 실질소득이 증가하고 국가가 존재하느냐 마느냐의 위기가 줄어들어 사회의 빈곤이 극단적인 산아제한의 동기가 되지 않고, 또 빈곤이 급진적인 재분배와 사회정책의 개혁에 방해가 되지 않는 것을 선택적인 가정으로 삼는다. 우리가 제시하는 재분배와 사회정책이 경제적 가능성에 대해 낙관적이라고 생각하는 이들은 위의 가정을 염두에 두면 되겠다.

자녀 양육 부담 이후 개인소득의 재분배

개혁은 생산정책만으로도 충분하지 않고, 사회계층 간의 일반적인 소득분배만으로도 충분하지 않다. 소득분배는 육아 부담 자체에 초점이 맞춰져야 한다.

심각한 저출산의 심리적인 동기부여 메커니즘을 살펴보면 출산이 가족들 개개인에게 추가 비용을 발생시킨다는 점에서 이는 가족들이 무언의 합의를 보고 출산을 기피하는 가장 큰 동기가 된다. 따라서 각 가정의 출산으로 발생하는 추가적인 비용을 줄여야 한다. 저소득 가정뿐만이 아니라 안정적일 수밖에 없다고 하는 고소득 가정도 자녀 양육에 드는 추가적인 비용이 출산을 기피하는 주요한 이유다. 직접적으로 말하자면 현재의 소득 및 재분배 제도하에서는 각 개인에게 출산과 보육의 비용이 전가되고 있으며, 이 제도가 합리적인 심리와 더불어 오늘날 결국 무자녀 혼인 가정을 만들어내고 있다.

우리는 모두 청년세, 출산축하금 등의 제안에 대해 비웃어왔다. 이런 제안들이 비웃음을 산 이유는 그 혜택이 우스울 정도로 작았기 때문이다. (그리고 때때로 그 동기가 우스운 것들이었다.) 시대의 흐름에 역행하지 않는다면, 각각의 개인들이 전적으로 자신의 아이들을 위한 경제적 부담을 진다는 것은 말이 안 된다. 근본적으로 부자연스럽다는 것이 문제다.

어떤 비용들, 또 걱정이나 책임은 늘 부모의 몫으로 남아 있을 것이다. 개인의 임금과 소득은 일반적으로 자녀 보육의 부담도 고려한다. 그렇다면 적어도 직접적인 비용 부담은 오히려 공공이 개입해 그 비용을 담당하는 것이 더 낫지 않은가? 그리고 그 비용을 각 가정에 부담이 발생하는 만큼 제공해야 하지 않은가? 출산율을 유지하는 것에 관심이 있다면 사회는 다음 세대를 길러내는 가정에 경제적인 지원을 할 의무가 있다.

그러나 스웨덴 인구의 중단 없는 하향세 때문에만 이런 개혁의 요구가 있는 것은 아니다. 더욱 중요한 것은 부모 또는 보호자의 소득수준과는 상관없이 아이들에게 안정적인 성장 환경을 제공해야 한다는 점이다. 아이의 수가 점점 더 적어지면 우리에게 온 아이들의 행복한 성장을 위해 돌봐야 한다는 연대 책임 의식이 생긴다.

아이들은 가정의 경제적인 행운 또는 불운을 같이 해야 할 필요도 없고 또 그럴 이유도 없다. 가장의 실업이나 질병으로 가족의 소득이 끊기고 그런 여파로 알코올중독자가 되거나 가정의 폭군이 되고 범죄자가 되어 감옥에 가거나 아니면 완전히 가족의 의존에서 벗어나게 되어도 이것이 아이들의 삶의 영속에 위험이 되어서는 안 된다. 사회는 불균형하고 불안정한 소득분배에서 야기되는 개인들의 사회 부적응에 대해 큰 책임을 져야 한다. 이에 대한 피해는 아무 죄가 없는 아이들에게 고스란히 간다.

문제는 어떤 방법으로, 어떤 방향으로 개개인의 출산과 보육의 부담에 따른 소득 재분배가 이루어질 것인지다. 이 문제에 대해 논의하기 전에 이런 주제가 나오면 꼭 동반되는 반대 의견에 대해 언급하고자 한다.

대개 다자녀 가정은 사회적으로 희망하지 않는 것이라고들 말한다. 부모들의 생각이 가벼워 아이를 많이 낳는다고 한다. 그런 가정들은 가난하기만 한 것이 아니라 대부분 제대로 살지 못하거나 반사회적이라고들 한다. 여기에다가 인종위생학적인 이야기까지 곁들여 다자녀 부모들은 유전적으로 열등하다고도 한다. 이런 추측을 바탕으로 다자녀 가정의 보육 부담을 덜어주기 위한 경제적인 조치들을 다시 생각해봐야 한다는 결론을 자주 내린다. 여기에는 사회적으로 해악이 되는 출산을 장려하는 의도가 숨어 있다.

이런 결론에 이른 추측들 속에는 진실도 있다. 사회적으로 한 가정 내에서 너무 많은 자녀를 출산하는 것을 희망하지는 않는다. 보육 부담을 최대한으로 줄여준다고 하더라도 이런 가정의 아이들은 방치되는 경우가 많다. 긍정적인 인구정책은 저소득 가정이 무조건 많은 자녀를 출산하도록 장려하는 것이 아니라 가령, 세 명 정도의 적당한 수의 출산을 장려하는 것이다. 또한 많은 자녀를 낳는 부모들은 미래에 대한 희망과 사회적인 야망이 없는 경우가 많기도 하다. 이것은 피임금지법이 폐지되고, 책임감 있고 광범위한 성교육 및 상담이 이루어지고 나면 거의 사실로 밝혀질 것이다. 그렇지만 다자녀 가정은 많은 수의 자녀가 빈곤, 협소한 주거 공간, 결핍을 초래하고 다시 이는 태만과 부주의로 아이를 방치하며 교육이 제대로 이루어지지 않는 결과를 낳는다. 인종위생학적인 시각은 혼외 상태에서 아이를 많이 낳는 지적장애 남녀에게 해당한다. 이 문제는 다음 장에서 다루도록 하겠다. 다자녀 부모들이 유전적으로 열등한 인자의 소유자라는 주장의 근거는 제시되지 못했다. 이에 대한 반론으로 사회계층별 유전적 차이가 존재한다는 주장이 있지만, 이것에 대해서도 무척 회의적이다. (물론 피임 교육이 모든 사회계층에서 이루어지지 않았기 때문이다. 또 '가벼운 정신'의 소유자들은 제외한다.) 이런 부모들이 열등한 유전자의 소유자라는 의심 없는 주장들은 피상적이고 무비판적인 인종생물학적 상상을 표현한 것에 불과하다. 그런데 이런 주장을 인용하는 곳이 많고 최근에는 정치적인 자극제로 사용되고 있다. 사회학적으로 이런 주장들은 가벼운 사고의 한 종류로 불만족스러운 가족관계를 심도 있는 분석 없이 근본적으로 사람들의 가치의 차이에 연결시키는 것이다. 이런 피상적인 논거를 불행히도 의사 및 다른 사회정치적으로 영향력이 있는 사람들이 자주 사용하는 것이 목도된다. 이들은 과학적으로 허용되지 않는 생물학의 단순한 논리와 통계를 동원해 아무런 증명도 되지 않은 자신들의 일상 경험을 바탕으로 한 판단들을 하면서 전문가로서의 허점을 자주 드러내곤 한다.

따라서 왜 다자녀가 희망 사항이 아닌지에 대한 논의는 필요가 없다고 생각된다. 이것에 찬성한다면 무작정 다자녀 출산을 막아야 한다는 것에도 찬성할 수 있어야 한다. 가장 먼저 할 수 있는 조치는 올바른 성교육과 상담의 확대, 무료 피임의 확대, (자발적인) 임신 중단과 불임시술 접근성의 확대다.

우리가 논의해야 하는 문제는 다음과 같은 것이다. 자녀 보육 부담을 감소시키기 위해 다자녀의 건강 및 교육을 바라보는 시각을 포함해서 어떤 조치들을 장려할 것인지의 문제다. 이는 별로 효과가 없다고 이해되고 있다. 지금까지는 생각이 있고 신중하고 경제적인 사고를 하는 부부들은 자녀의 수를 제한하는 반면, 아이를 많이 낳는 부부들은 생각이 가볍고 게으르다고 생각되어왔다. 그렇다면 후자의 부부들은 보육 부담이 덜어진다고 한다면 가족 계획에 대한 태도와 생각이 바뀔까? 이 경제적인 조치들은 전자의 부부들에게 더 효과가 있지 않을까?

무엇보다도 모든 것은 분배정책이 어떻게 재편될 것인지에 따라 달라진다. 현금 보조금은 어느 정도 무책임한 부모들의 출현을 가능하게 할 수 있다. 그러나 보육 부담의 재분배를 위한 구체적인 사회정책을 추진해 아이들에게 직접적인 효과가 전달되고 부모들의 남용을 막을 수 있게끔 전개한다면 우리가 원하지 않는 결과들은 선제적으로 막을 수 있을 것이다. 기타 이런 이유로 이 장의 마지막에서 재분배는 사회정책에 초점을 맞춘, 아이들의 보육에 직접적인 효과가 나타나는 것으로 실행되어야 한다고 주장할 것이다.

마지막으로 이런 논의에서 자주 잊어버리는 주요 문제가 있는데, 바로 아이들과 사회의 이해다. 다자녀 가정의 많은 아이들이 해당 당사자다. 보육 부담을 전적으로 부모들에게만 전가한다면 가난과 협소한 주거 그리고 모든 형태의 신체적이고 심리적인 결핍으로 이어지는 경우가 많을 것이다. 그렇다면 이런 가정의 아이들은 열등해지고 또 반사회적으로 성장할 것이다. 이는 시간이 지나면서 사회에 매우 큰 해악으로 작용하고, 큰 비용을 발생시킨다. 이런 아이들이 행복한 어린 시절을 경험하고 사회 적응력을 갖춘 시민으로 성장했으면 하는 개인적인 바람(절대 그래서는 안 되겠지만)을 제외한다고 하더라도 그들의 성장 환경을 개선하는 것은 우리 모두에게 도움이 되는 일이다. 더군다나 유전적으로 열등한 인자 등을 이야기하는 차에 장애 아동들이 경제적인 결핍으로 악화된 성장 환경에서 더 압박받거나 왜곡되지 않게 하는 것은 사회적인 이해와도 부합한다. 이런 이유만으로도 다자녀 가정도(아니 어쩌면 자녀가 적은 가정도) 보육 부담의 균등한 배분에서 제외되어서는 안 된다는 것은 너무나도 당연하다.

보육에 대해 앞에서 제시한 것과 유사한 소득 및 비용 분담의 제안들이 많이 나왔지만 실천된 것은 소수다. 개혁을 추진하면서 경제적이고 사회적인 혜안이 충분하지 않았기 때문에 이 문제가 전체 사회에 미치는 영향을 고려하지 않았다. 지금은 현금 보조금을 단일 직군의 소득 내에서 일반적으로 균등하게 지급하는 것에 사고가 멈춰 있다.

이 문제를 논의하면서 이런 측면에서 임금제도의 불완전성과 기본급의 원칙에 대해 다시 고려해 개혁안을 제시하는 것에 주의를 기울여야 한다. 이 임금제도는 아직 실행된 적이 없다. 이전의 가부장적인 사회에서는 회사에서 노동자들이 태어나고 죽는다고 하며 아이의 수가 '자녀수당'으로 임금에 반영되는 곳이 많았다. 그렇게 하지 않으면 다자녀 가정은 생활고에 시달려 생활보호 대상으로 전락하기 쉽고 궁극에는 기업의 부담으로 전가되기 때문이다.

노동자들과 코뮌 등 공무원의 임금에는 자녀의 수가 어느 정도 반영된 것으로 알고 있다. 어찌 보면 필요의 시각에서 좀 더 '정신노동' 직군에서는 고용주가 자신과 고용인들이 같거나 비슷하다고 생각하여 경쟁 가격이 형성되더라도 인간적인 측면들을 고려한다. 또한 일반적으로 존중되는 여러 가지 규약이나 제도적 조건들을 적용한다. 따라서 이런 직군들의 임금은 연령이나 재직 기간에 따라 상승하고 임금 상승 곡선이 보육 부담 곡선과도 맞춰서 올라간다. 즉, 여기에서 기본급의 원칙은 어느 정도 없어졌다고 볼 수 있다.

그러나 육체노동자의 경우는 사정이 완전히 다르다. 경제는 이제 가부장적일 수도 없고 또 그렇게 되어서도 안 된다. 노동자들은 조직적인 노력을 통해 자유를 억압하고 임금 투쟁에 방해가 되는 가부장적인 요소들을 단체협약에서 합당하게 제외했다. '가족임금(가족수당)'이라는 요소는 전시 중과 경제 위기 상황에서 별도의 임금 상승 없이 상승하는 생활비를 보충해주기 위한 고용주의 수단이었을 뿐이었고, 노동자들도 그렇게 이해하고 있다.

노동임금은 점점 더 시장의 논리를 좇아가기 시작했고 그 결과, 노동자들의 임금이 빠르게 상승했다. 보육 부담이 자주 발생하기 전에 이미 최고 임금에 도달했지만, 보육 부담이 가장 무거울 때 자신의 역량을 유지하는 데 어려움이 있고 현실적인 임금을 요구하는 것이 어려운 경우가 빈번해졌다. 그리고 아마도 그럴 것이다. 기본급을 더 광범위하게 적용하길 원한다면 정부와 코뮌이 시작하는 편이 쉬울 것이다. 사회화된 사회에서 전체 산업의 임금 제도는 사회적인 시각을 반영해 마련되어야 한다. 그러나 각각의 산업에서는 그렇게 할 수가 없다. 노동자들의 생산 비용적인 가치에 따라 임금이 책정되어야 하기 때문이다.

자녀가 있는 노동자에게 더 높은 임금을 지급하면(최저 임금을 높인다든지 또는 단체협약을 통해) 기업은 미혼자 또는 아이가 하나나 둘만 있는 노동자를 고용하는 것이 경제적으로 이롭게 된다. 자녀가 여러 명인 가장은 취업 경쟁에서 밀려나게 될 것이다. 기술의 발전으로 말미암아 우리 모두에게 영향을 미치는 효율성의 급격한 증대로 안 그래도 높았던 중년 후반의 노동자들의 실업 위험은 더 높아졌다. 기본급 원칙으로 돌아가면 오히려 이런 상황이 악화되고, 진짜로 아이가 더는 양육 비용을 부담할 수 없을 정도의 짐이 될 수 있다.

개혁가들은 이 점을 명확히 이해하고 경쟁이 정한 시장 임금과 보육에 필요한 소득을 통일하는 방법을 그다지 깊은 고찰이 없이 생각해 가족수당, '아동보험금' 또는 '아동수당'의 형태를 제안했다. 특히 프랑스에서는 이와 유사한 시스템이 몇몇 산업 지역에서 대규모로 실행되고 있다.

앞에서 언급한 제안들의 공통적인 내용을 간단하게 말하면 다음과 같다. 한 직군, 한 기업, 또는 기업과 관련된 곳에서 공동으로 아동 보육 계좌를 설정한다. 미혼이건 기혼이건 그리고 자녀의 수와 상관없이 모든 고용인의 임금에서 일정 금액이 이 계좌로 이체된다. 수당 모집은 고용주 혹은 근로자 또는 둘 다 일정 비율로 참여해 이루어진다. 그러나 이것은 회계상의 기술이지 중요한 경제적인 의미는 없다. 이 계좌에서 자녀가 있는 근로자들에게 수당이 지급되는데 이때 아이의 수에 비례해 지급된다.

이 제도 실행의 조직적인 어려움은 법제화의 도움을 받는다고 해도 모든 기업이 이 틀 안에 포함되지 않는다는 것이다. 무엇보다도 소득이 임금의 형태로 연결되지 않는 '독립적'인 자영업자는 제외되고 그들의 자녀들은 도움을 받지 못한다. 이렇듯 제도 내에 포함되지 못하는 분야들이 존재한다. 농업, 대부분의 상업 및 수공예가 이에 해당한다.

보육의 관점에서 특히 부족한 점 또는 조직이 단단한 껍질을 벗기고 들어가기 어려운 부분은 자녀수당이 (임금과 같이) 경기의 흐름에 좌지우지되고 가장의 직업 변화에 따르는 것이다. 먼저 자녀의 수가 반영된 임금을 주는 직업을 얻어야 한다. 장기적으로 실업에 처하게 되면 임금을 못 받기 때문에 수당도 없는 일이 되지만 만약 이런 사태가 벌어지는 기간이 충분히 길어지면 공동보육수당의 당사자들이 계좌의 효율성 문제에 노출될 수 있다. 따라서 수당이 가장 필요할 때 중단되어버린다.

앞에서 언급한 상황에서 대부분의 산업 분야가 예외라는 점은 또 다른 위험한 결과를 초래할 수 있다. 이를 포함하는 분야가 적으면 적을수록 임금 경쟁력이 떨어진다. 이러한 이유로 대부분은 작은 규모로 시작해 후에 키우는 방식으로 전개된다. 독과점의 이익을 자선 차원에서 분배하는 기업들도 있을 수는 있다. 자연스럽게 청년이나 평균 보육 수준보다 더 저렴한 비용이 드는 보육을 결심한 가장들은 제도 안의 기업이나 직군에서 받는 임금보다 제도 밖의 기업에서 더 높은 임금을 받으면서 고용되길 선호할 수 있다. 그렇다면 제도 안의 기업이나 산업 분야는 그런 이유로 다자녀 가정의 가장을 고용하고 청년이나 무자녀 노동자들을 꺼리게 될 것으로 추측된다. 그러면 자녀수당 계좌의 크기 및 전 시스템의 효과가 감소하게 된다.

그러나 이러한 약점을 비롯해 다른 약점들을 차치하고서라도 사회정책적으로 피할 수 없는 커다란 문제가 있다. 바로 임금과 생활수준의 균등화가 횡적이기만 하다는 것이다. 같은 직군 내 같은 소득수준의 자녀 수가 각기 다른 가정만을 고려한 것이다.

이 반론은 각 집단의 자녀 수가 다르기 때문에 더욱 중요하다. 예를 들어 1920년 농업 종사자들은 한 가정당 자녀 수가 두 명 이상이었고, 당시 여성이 대부분이었던 섬유 노동자들의 출산율은 낮아서 많은 여성의 1인당 자녀 수는 1/3명이었다. 벽돌공은 직능인 한 명당 한 명의 자녀를 두고 있었다. 이는 섬유산업에 임금을 받는 이들이 농업보다는 훨씬 많다는 뜻이다. 이것이 실질적으로 의미하는 바는 전자의 경우가 후자의 경우보다 부담을 주지 않으며 따라서 자녀 수가 적은 가정도 혜택을 볼 수 있도록 자녀수당 모집이 비교적 많다는 것이다. 가령, 연간 아이 한 명당 150크로나를 지급하고 특정 직업군의 모든 이의 임금에서 같은 금액을 징수한다고 가정해보자. 그러면 섬유공은 50크로나만 부담하면 되지만 농업 종사자들은 300크로나를 부담해야 한다. 명목상 임금 상승액은 자녀 둘을 가진 섬유공은 250크로나인 반면, 자녀 둘을 가진 농업 종사자는 0이다. 자녀가 한 명인 섬유공의 임금 상승액은 100크로나이나 자녀가 한 명인 농업 종사자의 임금은 150크로나 하락하게 된다. 물론 비용 배분의 예도 들 수 있다. 이 예는 자녀의 수가 다른 다양한 직군에서 어떤 효과가 있는지를 보여줄 뿐이다.

그러나 무엇보다도 다른 직군의 다른 소득수준이 제도를 복잡하게 하여 사회정책으로 쓸모가 없다. 재분배 제도가 저소득 다자녀 가정의 자녀 보육을 지원하지 않고 작은 집단의 분열을 야기하고, 그 분열을 통해서 각 집단의 노동자의 크고 작은 보육 의무에 따라 임금소득의 재분배가 이루어진다면 이는 적어도 5장에서 논한 배경과 그 사실들을 고려할 때 논의할 가치가 없다. 물론 노동자 계급을 이런 방향의 실험에 동참하도록 정치적으로 성공하지 못한 것도 이해한다.

그렇다면 결론은, 희망하는 보육 부담의 재분배가 사회정치적으로 의미가 있으려면 임금제도의 기술적인 묘수만으로는 불가능하므로 노동시장과 고용 조건을 배제하고 무엇보다도 다른 계층 간의 임금소득 재분배의 요소와 결합되는 방식으로 개혁이 이루어져야 한다는 것이다.

이와 유사한 공적인 자녀수당의 재정에 대해서는 정부가 일반 예산에서 직접적으로 지급할 것인지 아니면 해당 국민에게 별도의 보조금을 지급하는 것을 선호하는지에 따라 달라질 수 있다. 청년이나 보육의 부담이 적은 이들에게 세금을 징수해 자녀수당의 재정을 마련하면 수당은 물론 더 적게 지급된다. 같은 선상에서 집에서 키우는 자녀들에 대한 면세 금액의 상승도 마찬가지일 것이다.

이와 관련된 가장 자연스러운 국가 보장 보육제도는 가장의 직업이나 성별과 상관없이 그가 실업을 했든 안 했든, 소득이 근소하든, 나아가 가장이 있든 없든(자녀가 많은 미망인, 병들거나 감옥에 있는 남편을 둔 부인들 등) 모든 아이에게 같은 금액의 아동수당을 지급하는 것이다. 고소득 가장은 아동수당 지급 대상에서 물론 제외될 수 있을 것이다. 그러나 혼인 가정 내 출산율이 높아지길 기대한다면 소득의 상한선을 너무 낮지 않게 책정하도록 주의해야 할 것이다. 각 가정의 소비 주체의 소득이 줄어듦에 맞춰서 아동수당은 좀 더 많이 지급될 수도 있을 것이다.

이런 아동수당제도는 앞에서 살펴보았던 임금 내 자녀수당의 허점을 완벽하게 없애주고 훨씬 더 선호되는 제도다.[3] 이 제도가 실행된다면 현재에서 진정한 진일보를 이루는 것이 된다. 그러나 효과가 전체적으로 발휘되기 위해서는 많은 돈이 필요하고 돈의 문제에 관해서 이보다 더 잘 사용할 수 있는 곳은 어디에도 없다.

이 제도가 실행되면 어려운 처지에 있는 많은 다자녀 가정이 의심의 여지없이 생활수준 향상의 혜택을 볼 것이다. 그러나 다른 한편으로는 이 보조금이 아동의 더 나은 삶을 보장할 것인가 하는 의구심이 들기도 한다. 여기에서는 가정 내의 수준이 향상 되면서 아이들의 보육과 양육이 더 나아질 것이라는 가정에 만족할 수밖에 없다. 그럼에도 각 가정 내 부모의 이해와 배려의 차이에 대해서는 아이들이 그대로 노출되어 있다. 다른 기타 소득에 따라 결정되는 생활수준의 향상에 아동수당이 강력한 도움이 되지는 않기 때문에 (농업 종사자들이나 경제적 평등에 근거한 노동법에 의존하는 사람들은 제외하고) 주거 조건, 보육의 최종 목표, 교육 기회 등 많은 중요한 요소가 부모의 경제 계급과 생활수준에 따라 달라진다.

이미 예견한 대로 많은 금액의 이관이 필요하다. 그럼에도 보조금은 상당히 적은 금액일 것이다. 스웨덴에서 15세 미만인 아동 한 명당 일주일에 3크로나를 지급한다고 하면(연간 156크로나) 이는 연간 2억 3,500만 크로나의 재원 마련이 필요함을 의미한다. 아동보조금(아동수당)을 실제 요구되는 생활비만큼 높게 책정한다면 재정은 이보다 몇 배로 더 많이 필요할 것이다.

이는 소득의 재분배에 관한 문제일 뿐이다. 자녀를 가진 사람들에게 모든 부담이 있는 현재에도 아이들의 보육은 진행 중이다. 그러나 보육에 필요한 비용이 많이 드는 경우, 어려움이 동반되고 이 때문에 출산에 대한 저항이 야기된다. 이와 관련되어 초래될 결과를 앞에 두고 사회의 보전을 생각하는 사람들은 인구 감소가 진행되는 와중에 가난한 부모의 결핍 속에서 태어난 아이들이 출산율의 많은 부분을 차지하는 오늘날, 과연 스웨덴은 아이를 많이 낳아 기를 여유가 있는지 스스로 자문해봐야 한다.

사회정책을 통한 보육 부담의 재분배

사회정책의 효과를 최대한 보기 위해서는 이제 재정적 어려움이 앞길을 막아서는 안 된다. 그러나 그 금액의 크기를 보면 정말 아이들의 삶의 개선을 위한 방향으로 정책이 실시되지 않으면 안 된다는 신중한 생각이 든다. 사회정책의 확장을 통해서 필요한 재분배를 이룰 수 있다. 그렇게 되면 재분배도 더 효과적으로 이루어진다.

가장을 잃었으나 스스로가 가장이 될 수 없는 편부모 가정을 위한 육아휴직 체계는 적어도 유지되어야 한다. 무엇보다도 현재 소득보다 보육 비용이 더 높다는 전제하에 마련된 공공부조 생활보호 대상에서 이들을 제외해야 한다. 이유는 평범한 것이다. 이미 법제화나 간단한 행정을 통해서 결정할 수 있는 객관적인 사회적 관계가 있고, 가난의 핵심인 결핍을 증명하기 위한 모욕적이고 의욕적인 절차는 필요하지 않기 때문이다. 정부는 현재 이를 조사하기 위한 위원회를 발족시켜 이런 방향으로 개혁안을 마련 중이다.

또한 모자 지원은 이성적으로 설정되어야 한다. 지금은 너무 적은 금액(28크로나)이 적은 수의 저소득층에만 지급되고 있다. 효

과가 발휘되기 위해서는 출산에 필요한 모든 비용이 지급되어야
하고, 출산으로 휴직하는 기간의 임금도 보조해줘야 한다. 이것은
현재 의료보험과 연계해서 모자 지원을 할 수도 있으나 효과가 나
려면 금액도 높아지고 범위도 넓어져야 한다. 이와 관련해 지금
논의되는 비용의 재분배와는 별개로 산모의 충분하고 자율적인
휴직이 보장될 수 있도록 제도를 도입하고 동시에 이들이 다시 일
자리로 돌아오는 것을 보장해야 한다.

물론 더 나아가 자주 주장되었듯이 집에서 키우는 아이들에
대한 세금 감면을 도입해야 한다. 현금 형태로 지급되는 아동수당
의 확대는 우리가 목적하는 사회정책이 어느 정도 실현되었을 때
까지는 의심의 여지가 없다.

사회정책적인 제도들은 아이들을 키우는 데 드는 가족의 비
용을 낮추는, 효과가 강력한 개혁의 목적을 달성해야 한다. 동시
에 아이들에 한해서는 계층 간의 차이를 줄여야만 한다. 예를 들
어 다음의 내용들이 해당된다.

- 다자녀 가정의 주거 보조금
- 모든 아동에게 (정신과 치료, 치과 치료, 약 복용) 무상 의료 지급
- 무상 점심 급식 지급
- 집에 머무는 아이들을 위한 일부 식자재 가격 할인
- 무상 학교교육; 교과서 및 학습 재료, 교통, 필요시 방과 후 활동 포함
- 공공 유아원, 탁아소, 유치원, 방과 후 교실, 직업학교, 여름학교 등을
  고품질로 무상 제공해 부모들이 아이들을 돌볼 수 없을 때나 아이들
  이 다른 형태의 삶을 살아야 할 경우 아이들이 보내는 시간이 충만할

수 있게 한다.
- 재능 있는 청소년을 지원하고 적절한 교육을 받을 수 있도록 장학금을 될 수 있으면 많이 충분하게 제공해서 학업 기간에 필요한 생활비를 감당할 수 있게 한다.

이 모든 면과 관련된 중요한 관점은 아동수당이 어떤 방식으로든 생활보호의 경멸적인 성격을 띠어서는 안 된다는 것이다. 이 보육에 대한 사회적인 비용은 가능한 한 많은 아이에게 부모의 경제적인 조건과 관계없이, 즉 이 제도의 수혜를 입어야 할 이유를 증명할 필요 없이 적용되어야 한다. 그렇게 하지 않고 조금이라도 심리적인 거부감이 들게 되면 아이를 낳으려는 의지가 생기게 하려는 목표를 달성하지 못한다. 여기에는 국가가 아이에 대해 공동책임을 진다는 철학도 같이 더해져야 한다. 기술적으로 보육을 논할 때도 이와 같은 방향에서 논의가 될 것이다. 공공 보육 의무에 관해 여기에서 기술된 대부분의 지출, 예를 들어 무상 의료, 무상급식, 무상 학습 자료, 유치원 등은 더 부유한 아이들에게는 영향을 미치지 않는다.

사회정책은 급진적인 소득 재분배의 방법으로 작용해 사회의 필요에 따라 더 많은 분배가 이루어지도록 하는 것만이 목적이 아니다. 소득 재분배는 일종의 부산물이다. 사회정책의 가장 중요한 임무와 시급한 목표는 소비 기술적으로 소규모인 가계의 소비 선택이나 대량 광고로 좌우되는 자유 선택의 소비가 추구하는 방향과는 다른 국가적인 소비를 조직하고 통제하는 것이다. 앞으로 생활수준이 점점 향상되면서 개인소득의 처분과 소비 선택의 폭이 넓어짐에 따라 이것은 중요한 문제로 대두될 것이다.

앞으로는 사람들이 돈을 어디에다 쓰는지 무관심할 리가 없다. 어떤 주거 수준을 원하는지, 어떤 먹거리와 옷가지들을 사는지 그리고 무엇보다도 어린이들을 위한 소비가 제대로 되는지 알려고 할 것이다. 소비의 경향은 어쨌거나 사회, 정치의 조직과는 반대로 이루어질 것이고 사회 내의 소득 재분배뿐만이 아니라 가정 내의 소비 방향에도 영향을 미칠 것이다. 이 경향을 강화하고 결혼 및 출산에 대한 여성들의 태도가 변화할 수 있는 방향으로 발전해야 할 것이다.

이런 사회정책의 확대와 아동 보육 강화의 방향이 우리가 추구하고자 하는 미래의 노선이다. 우리의 사회정책 대부분은 선제적으로 사회악의 원인에 대해 대처하는 대신 이제까지 증상을 치료하는 데에만 집중해왔다. 즉, 가난한 자, 실업자, 아픈 자를 돕고, 범죄자들을 감옥으로 보내고, 정신병자들은 병원으로 보내고, 또 알코올중독자들과 부랑자들을 시설로 보내는 활동을 해왔다. 그러나 우리는 기술적으로, 대규모로 사회정책을 펼침으로써 질병, 빈곤, 범죄 그리고 반사회적인 여러 행태를 예방할 수 있다. 모든 사회기술적인 전문가들은 이와 관련한 사회정책을 도입하려 하는 중이다.

이 새로운 예방적 사회정책은 먼저 상당히 확대된 아동과 청년을 위한 보육제도를 포함해야 한다. 그리고 이것이 실시되는 정도에 따라 자라나는 세대의 삶의 질과 발전 가능성이 향상될 뿐만 아니라 (이 자체로는 사회의 관점에서는 이익이 되는 사회적 투자다) 각 가정의 보육 부담 비용을 국가 전체와 나눔으로써 낮출 수 있다. 우리 국민이 살아가기 위해 필요한 조건으로서 사회정책이 발전하는 것은 인구정책학 측면에서도 바람직하다.

7장

사회정책과
국민의 질

예방적 사회정책의 직접적인 임무는 더 우수한 인력을 배양하는 것이다.

인구가 정체되고 또 급격하게 감소하고 있기 때문에 인간의 질적인 관점이 더욱 중요해지고 있다. 인구가 계속해서 급증할 때는 인력의 질적인 문제가 우선순위에서 밀려난다. 폭발적으로 인구가 증가하는 시기에는 인력을 아끼지 않아도 되고 그저 생산에 투여되는 연료에 불과하다고 여기게 된다. 그러나 인구가 외부 삶의 조건에 대해 반응하기 시작하면서 스스로의 재생을 멈추게 되면 이러한 생활환경이 인력의 특성에도 영향을 미칠 수 있는지, 인력이 더 우수하게 개선될 수 있는지에 대한 세밀한 연구가 필요해진다.

사회발전의 다른 몇몇 요소도 인구정책의 질적 목표에 대한 관심을 크게 증가시키는 경향이 있다. 정치적, 사회적 민주주의의 발전에 맞춰서 인본주의적 요구가 중요해지는 것도 그러한 경향에 속한다. 이전처럼 경제적, 사회적 약자를 심하게 대할 수 없다. 개인 운명에 대한 사회 책임의 문제는 사회 양심의 문제로 대두되고 있다.

현대 생활 속에서 엄격한 질적인 요구

인력의 질적인 강화에 대한 요구는 무엇보다도 기술 발전으로 인한 것이다. 이제 생산에서 순수한 육체적 힘이 이제는 이전처럼 많이 요구되지 않는다. 전기기술은 인간의 에너지와는 비교 불가한 저렴하고 효과적인 에너지의 원천을 제공했다. 기계들은 더욱더 '자동화'를 앞당기고 있다. 그 대신 생산에서 인간이 필요한 부분들은 더 지적이고 도덕적인 질적인 요인들에 초점이 맞춰지고 있다. 배려와 의무감, 빠른 상황 판단력, 개인적인 통제 및 기술적인 혜안 등 일반적으로 표현하자면 인성과 지성이 생산에서 필요로 하는 자질이 되었다.

현대사회 전체의 생활 리듬은 강화되고 더 복잡해지고 있다. 능력에 대한 요구는 더 엄격해지고 있다. 이것은 거의 모든 분야에 해당하는 것이나 육체노동과 정신노동 간의 차이는 비교적 크다. 특히 농업은 여기에서 예외가 아니라는 점을 들어야 할 것 같다. 현재 소규모 농업이라도 하려면 육체적으로 힘든, 단순하고 매우 원시적인 노동을 통해 버틸 수 있었던 몇십 년 전과 전혀 다른 우수한 인력이 되어야 한다. 명석한 두뇌를 가지고 여러 가지 계산을 잘해내야 하며, 주위 환경에 대한 이해가 깊고, 관련된 직업 조직에 자리를 잡는 등의 우수함이 요구된다.

이런 경향은 시대의 이상과 같은 선상에 있다. 의식적으로 또 무의식적으로 우리는 같은 방향을 추구한다. 합리화, 생산의 고도화 그리고 전체 인간의 삶이 우리 자신에게 더 높은 수준의 능력을 요구한다. 노동운동도 이런 질적 수준의 향상에 기여한 바 있다.

노조운동의 주요 부분에서 이미 노조가 시작되는 시기에 단체행동과 단체협약의 내용이 임금 저하의 경쟁에서 능력 배양의 경쟁으로 전환되었다. 임금이 높게 측정되는 대신 그에 해당하는 만큼 노동으로 기여할 것을 최대한 내세웠고 그에 따라 노동자들의 노동력 투여가 증가했다.

크게 보면 노동운동은 어느 정도 인지한 상태에서 이 노선을 따랐다. 노동 집중도와 노동 효율은 산업 내 많은 작업 현장에서 강력하게 상승했다. 농업의 은혜로운 산업혁명에 맞춰서 그리고 이윤을 내기 어렵다는 점에서 농업 노동시장에서도 효율성 증대의 프로세스가 진행되었다. 최근 30년 동안 노동 속도와 노동의 질이 상승하지 않은 분야를 찾기가 어렵다.

이것은 시대의 요구이기도 한데, 완전히 인간의 내적 욕구로 이루어지는 이런 발전은 능력 있는 인구의 비율도 높아져야 한다는 의미다. 노동조건이 점점 더 표준화되고 기업의 합리적 경제의 태도가 강화되면서 가부장적인 고용 요소가 없어지고 불행하게도 이에 적응하지 못하는 이들은 저임금의 직업조차도 구할 수 있는 기회가 점점 없어지며, 도덕적으로 자기의 삶을 방어하거나 기본적인 삶의 요건도 충족할 수 없는 상태가 되어가고 있다.

예전의 농장에서는 병을 앓거나 장애인이거나 능력이 떨어지는, 일을 잘 못하는 사람들이 자주 보였다. 그들은 주로 헛간 같은 곳에서 생활하면서 아주 적은 임금을 받으며 근근이 먹고살았다. 어쨌든 그들은 인간적인 생산 영역의 한 부분이었다. 이들은 개인이나 마을의 도움으로 최악의 경우는 면할 때가 많아 심각한 반사회적인 행태로 빠지거나 하지는 않았다.

가부장적인 면이 사라진 현대사회에서는 산업화한 농장에 이와 같은 여러 종류의 '머슴'이 존재하지 않는다. 농업은 이제 완전히 다른 종류의 노동력이 필요하다. 이는 노조나 노동자 동료들이 저임금을 눈감아주더라도 마찬가지다. 이를 협약 내용에 포함하기는 어려울 것이다. 만약 우리가 농가 전수조사를 한다면 이런 헛간은 소유주가 보수를 한다고 하지 않는 한, 주거 적합지로 판단될 리가 없다.

마찬가지로 다른 산업 분야도 같은 상황이다. 수공예와 광업의 경우는 일종의 가부장적인 성격이 남아 있기도 했는데 서서히 그 효과가 사라지고 있다. 노동강도의 강화와 임금 조건의 표준화가 조건이 갖춰지지 않은 이들의 물질적인 생활과 국가 노동시장으로의 편입을 위한 경제적인 기본 선택을 압박하고 있다. 결국 이들은 결핍과 반사회성으로 내몰린다.

예전에는 종종 전체 직군에서 사회적인 노동 분화를 통해서 어느 수준까지는 이처럼 실력이 좀 부족한 사람들도 일을 하는 것이 가능했다(예를 들면 지방정부의 일이나 항구나 작업장에서 비정규직으로 일하는 육체노동자 등). 이제는 이런 종류의 일자리가 없다. 이런 직종들은 노조를 결성해 경제적인 이해뿐만이 아니라 임금 요구,

노동강도 그리고 노동조건 강화를 다른 산업의 수준으로 끌어올렸다. 생산기술적인 이유로도 이 같은 가혹한 생산 과정이 오늘날의 고도화된 자본주의 시대에는 가능하지 않게 되었다.

이제 더욱더 많은 사람이 생산하는 삶의 바깥에 존재한다. 약 10~20년 전부터 노동자의 미망인이 부동산 소유자를 설득해 1층의 창문 하나를 문으로 보수해서 특별한 제품을 파는 가게나 유제품 가게를 열었다. 우리 직장 주변은 이러한 '상점'들로 가득해 여성 노동자들이 여기에서 쇼핑을 즐겼다. 이런 풍경도 사라지고 있다. 소비조합 운동은 제품 판매를 합리화하고 산업화하며 가격을 낮추고 있는데, 경쟁에서 살아남으려는 민간의 상업 활동도 이와 같은 방향으로 합리화해야 한다. 이 산업화된 제품 판매 분야에 사용될 수 있는 노동력에 교육, 인성, 일반적인 지성이 요구되는 경향이 대두되고 있다.

여성은 이런 세태에 뒤떨어져 있고 남성들보다는 예방적 사회복지 대상에 해당하는 수가 적다. 분명 가사의 범위 내에서는 가사 책임자나 도우미 등 약하고, 우둔하고, 게으르고, 야망이 없거나 또는 제대로 실력을 갖추지 못한 이들이 남아 있으면서 근근이 생활을 이어갈 수도 있다. 또한 완전하거나 불완전한 매춘도 늘 생계의 한 방법이 되어왔다. 생활보호를 받던 여성들은 아직 심한 경제적 경쟁에 전혀 노출되지 않았다. 이들에게는 효율성 증대 요구도 아직 대두되지 않았다. 무엇보다도 아직 성과 평가가 그다지 엄격하게 적용되기 전이다. 직업을 갖는 것 외에 생계를 이어가는 모든 형태 중 가장 경쟁이 없는 결혼은 사회 모든 계층에서 이상적인 것으로 여겨지는데, 이는 여성이 자신의 전문적 효율성을 추구하고, 직업교육을 받고, 직업을 갖고 승진하려는 의지를 마비시킨다. 그래서 여성들은 남성들 세계의 진보를 이끈 실력 경쟁에 뛰어들기를 주저한다. 이들이 목적지로 추구하는 결혼은 실제 이상적인 결혼이라기보다 심리적인 효과가 훨씬 더 크다.

그러나 이런 경향도 빠르게 변화하고 있다. 결혼 생활이 영구적이어야 한다는 사회적인 관념이 깨지고 있으며 이혼의 빈도수도 높아지고 있다. 결혼은 이제 지속적인 생계를 유지하기 위한 수단이 아니다. 가사 노동이 점점 더 합리화되고 있다는 것도 중요하다. 가사 도우미 등의 일도 노조 아래에 편입되기 시작했는데, 이로써 이 일의 효율성이 표준화되고 강화될 것이다. 더 많은 기혼 여성의 생산 참여는 가사 노동의 합리화(그리고 이전에 중요했던 가사 임무가 산업에 편입되는 것)와 관련되어 있다. 더 개방적이고 상호적인 성생활로 매춘은 줄어들 것이다. 이제까지 언급한 모든 변화들은 8장에서 다룰 예정인 강력하고 일정한 방향으로 사회의 힘이 작용한 결과로 모든 이들이 보호받던 영역에서 벗어남과 동시에 그 영역의 보호를 약화하려는 것 같다.

이런 방향은 의심의 여지가 없는 현재 추세다. 이런 추세의 긍정적인 효과가 나기 시작하면 여성의 생산 및 생계 참여가 증가하고, 이것은 앞으로 더 강한 힘을 발휘할 것이다. 그러나 많은 여성들이 현실적으로 점점 더 엄격해지는 경쟁적, 정성적인 성과 평가에서 낮게 평가되리라는 것은 의심의 여지가 없다. 실업은 반사회적인 현상을 야기한다. 여성이 범죄 등 반사회적인 통계에서 낮은 수치를 기록하는 것은 아마도 그들이 더 엄격한 사회적, 도덕

적 기준을 스스로에게 적용했기 때문이라기보다 오히려 통계가
제대로 집계되지 않고 그들이 반사회적 행동을 할 기회나 동기가
더 적어서 그럴 가능성이 크다.

효율성 증대의 요구는 이제 일반적인 경향이 되었다. 모든 분
야가 이에 동조하고 있으며, 우리 모두에게 영향을 미치고 있다.
그리고 우리의 의견과는 상관없이 이것이 미래 발전의 방향이다.
이를 견인하는 사회적 동기들은 개인적인 희망 사항보다 강하다.
기술의 발달이 사회적 동기들을 야기했고, 기술이 생산 및 생활의
형태를 결정했다.

그렇다면 인력들은 더 엄격해진 평가 요구에 어떻게 반응할
까? 의심할 여지없이 건전하고 긍정적으로 반응했다. 이런 요구
가 강해지면서 인력의 능력도 향상되었다. 물론 개인적인 예외는
있지만 남성이건 여성이건 전임자들보다 모두 평균적인 능력이
배양되었고 더욱 집중해서 효율적으로 일한다. 이는 모든 직업,
모든 사회계층에 해당하는 것으로 정신노동과 육체노동을 막론
한다.

노동시간의 단축은 점진적으로 실시되어 이제는 거의 모든
분야에서 실시하고 있는데 심지어 일일 8시간 노동이 일반적인
분야에서도 노동자들은 늘어난 여유 시간으로 노동 집중도를 올
릴 수 있다. 여유 시간을 어떻게 보내는지는 개인과 사회의 가장
중요한 화두로 대두되었다. 이를 해결하기 위해 취미 생활을 같이
하는 모임 같은 것이 새로 생겨나기도 하고 도서관, 스포츠 및 야
외 활동, 사회 모임 등의 활동이 늘어났다. 이는 사회교육적인 목
적에 부합하는 것으로 일반 대중들이 점점 더 여기에 참여해야 한

다는 의무감을 가지고 있다. 민주주의 노선을 따르는 정치 발전도 기술 발전으로 자유로워진 개인들의 힘을 모아 세력화되고 있다.

그러나 이러한 발전도 부작용이 있다. 능력에 대한 요구가 점점 더 높아짐에 따라 이에 부합하지 못하거나 발전 속도를 따라가지 못하는 많은 사람이 생계 유지 가능성을 빼앗기고 있다. 이들은 어떻게 될 것인가? 이들은 어떻게 해야 하는가?

이들을 지원해야 하는 것은 당연하다. 사회가 광범위하게 이 원인을 찾아 해결책을 강구하지 않으면 지원책에 사회적 비용이 막대하게 들어갈 것이다. 혜택의 수혜자들이 늘어나는 것에 대해서는 의문을 가질 필요가 없다. 앞에서 설명한 배경을 이유로 이들이 일종의 가벼운 반사회적 행동을 보이는 것이므로 만일 이들을 지원하지 않는다면 더 심한 반사회적인 형태가 언젠가는 나타나게 될 것이기 때문이다. 오히려 '낙오'된 자들이 위험한 반감을 보이지 않고 우울감에 덜 시달린다는 사실이 의외다.

인구의 질적인 시각에서 본 실업 문제

커다란 사회문제는 특히 무책임하게 논의되고 있는 (몇몇 공식 조사에서도 논의가 되는) '수혜자'에 있는 것이 아니다. 문제는 궁극적으로 현대사회가 요구하는 인력의 능력을 어떻게 향상시킬 것인지에 있다. 이는 금방 해결에 성공할 수 있는 문제도 아니고, 결과가 나타난다고 하더라도 시간이 꽤 지난 다음에 알 수 있는 문제다. 그래서 다음으로 현재 중요한 문제는, 어떻게 하면 직업 능력이 부족한 이들을 노동시장에 편입시키고 우리의 노동으로 그들을 먹여 살릴 수 있다 하더라도, 우리가 원하는 생활수준에는 이르지 못하기에 그들 스스로 사회적으로 행복하고 존재의 가치를 느끼며 살 수 있게 할지에 대해 어느 정도 만족할 만한 방법을 찾는 것이다.

따라서 이에 대해 기본적으로 중요한 점을 짚고 넘어가고자 한다. 직업 능력이 떨어진 사람들은 일자리를 찾기 힘들고, 또 그 때문에 반사회적으로 되기 쉽다. 반대로 어떤 이유로든 실업에 처한 사람은 바로 그 실업 때문에 앞으로 요구되는 능력이 떨어질 수도 있다. 장기 실업은 인력의 능력을 떨어뜨린다. 삶이 풍족했던 개인들도 그저 그런 사람들이 된다. 그러므로 현재 청년 실업이 사회에 해로운 영향을 끼치는 것이다. 일은 어차피 하게 될 수밖에 없으므로 이는 생산력의 문제가 아니라 인구 질의 저하로 이어지는 문제다. 그리고 현재 능력의 향상을 요구받고 있는 청년들의 문제다.

인구 질의 향상을 위해서는 청년 실업, 또한 실업을 없애는 것이 중요하다. 이와 관련해 이전 장에서 윤곽을 그린 일반 민생 정책이 개편되어야 함을 다시 강조한다. 인력 전체가 회복 불가능한 질적 저하를 겪지 않기 위해서라도 모든 이들이 일자리를 가져야 한다. 치유 방법 중 가장 좋은 것은 일자리 치유다.

실업에 대해 논의할 때 ·우리는 정치적인 견해에 따라 다양한 피상적인 태도를 볼 수가 있다. 급진적인 정치적 견해를 가진 사람들은 실업자들을 자본주의의 여파로 기존의 조직이 와해되면서 우연히 일자리를 잃은 완전히 평범한 사람들이라고 생각한다.

실업자들이 '100퍼센트 활용되지 못한 인력'이라는 것이다. 보수주의적인 정치적 견해를 가진 자들은 실업자들을 '의지가 없는' 이들로 규정한다. 특이하게도 이렇게 의지가 박약한 사람들이 많은 것에 대해서는 사회가 무상으로 지원을 제공하고 이를 활용해 '수혜자'가 되려는 이들이 많기 때문이라고 한다.

실업에 대한 이런 두 입장의 견해는 이로써 분명하게 이해할 수 있다. 하지만 실업이 인력 구조의 질적인 문제라는 것은 확실하다. 이는 부인할 수 없다. 기술과 현대사회 생활의 속도는 능력의 향상을 요구한다. 실업이 발생하는 이유는 전체 노동력의 큰 부분이 시대의 질적 향상 요구에 부합하지 못하기 때문이다. 이것이 의심의 여지없이 근본적으로 영구적인 변화를 이끄는 경향이기에 대량 실업이 나타나게 된 것이다.

중요한 것은 오늘날 대량 실업이 일어난다는 사실이다. 특히 능력의 향상 요구에 부합하는 많은 사람 사이에서도 청년 실업이 나타난다는 것이다. 실업이 기존 경제의 해체 때문이라는 점도 중요하다. 장기 실업 자체가 미래의 인구의 질을 저하시킴에 따라 실업 상태가 계속되고 결국에는 반사회적인 발전으로 이어질 가능성이 있다는 것이 불행의 단초다.

실업의 근본 원인이 무엇이든, 실업이 장기적인 인구의 질적인 저하를 가져오든, 인력의 질 저하의 문제는 '의지'의 문제가 아니다. 오히려 실업과 밀접한 연관이 있는 공공의 지원과 '수혜자' 문제에 대해 '의지'라는 요소가 왜곡되어 사용될 수 있다. 현 상황에서 일자리를 잃은 이들을 적게라도 지원하지 않는다면 개인의 실패 과정은 더 빠르고 잔혹하게 진행될 것이다. 결국 아무 일도

하지 않는 것이 사회적, 도덕적인 실패일 것이다. 그래서 인구의 질은 대량 실업을 이겨내면서 유지 및 향상되어야 하는데, 이는 앞에서 언급한 대로 사회가 조직적으로 경제에 개입하는 것을 전제로 한다.

정부가 아무리 생산과 일자리를 늘리고, 이 장에서 다루는 치유성의 조치들이 완전히 실행된다고 하더라도 엄격한 질적 향상의 시각에서 보면 뒤떨어지는 사람들이 인구의 상당한 비율을 차지할 것이다.

그들 역시 방치한다면 반사회적인 존재로 전락하게 될 것이다. 이들을 지원해주고 삶을 유지하게 해주면 그런 반사회적인 태도가 오래가지 않는다는 것을 최근 사회정책들의 결과가 잘 보여준다. 개인적인 측면에서나 사회적인 시각에서도 위기 상황에서의 지원은 개인의 실패가 도래하는 것을 막거나 최대한 그 실패를 미래로 지연시켜주는 것이어야 한다. (현재 정치적인 상황에서 급진파들은 필요가 있는 곳에 지원이 가도록 강하게 투쟁해야 한다고 했지, 지원정책의 효과를 과장해서 이상화하지는 않았다.) 부진한 사람들을 특별 시설에 모으는 데는 비용이 많이 든다. 그리고 이는 필요 이상으로 잔인한 방법이다. 그들의 위협적인 반사회화의 가능성에서 그들 삶의 행복을 지키고, 사회를 비용 부담 측면에서 지키기 위해서는 그들도 광범위하게 노동시장에 편입되어야 한다. 능력이 좀 떨어지는 이들도 생산적으로 일할 수 있게 해야 하고, 소비를 할 수 있도록 임금을 받을 기회가 주어져야 한다.

불필요한 실업에 노출되는, 심하지 않은 정도의 지적장애인이나 정신 질환자, 신체장애인, 가령 결핵 환자 같은 약한 사람들이 여기에 해당한다. 동시에 복역 기록이 있는 전과자, 부랑자, 알코올중독자 및 매춘 여성 등 반사회적 낙인이 찍힌 사람들 역시 노동시장으로 회귀가 어렵기 때문에 과도기적 일자리를 통해 그들이 노동시장에 편입될 준비를 할 수 있게 해야 한다. 같은 문제가 앞으로 늘어나는 노인인구에게도 적용된다.

이제 문제는 이를 어떻게 할 것인지다. 난민에 대해서는 이제 완전히 문을 닫았다. 그리고 현재는 시설에 있는 사람들에게도 일자리를 줄 수가 있다. 생산성이 떨어지면 기업과 노동자들이 불성실한 경쟁에 대해 불만을 토로할 것이다.

이 문제는 어떻게 하든 해결해야 한다. 이제 노동력의 능력이 100퍼센트인지 아니면 0퍼센트인지를 놓고 마찰을 지속할 필요는 없다. 중간 계층들도 그들의 권리로 다 시장에 참여해야 한다. 생산의 특정 분야는 정량적으로, 심지어 정성적으로도 좀 더 유연해져서 능력이 아주 뛰어나지 않은 사람들도 일을 할 수 있게 할 필요가 있다. 만약 경제 자체가 이런 분야를 만들어내지 않는다면 우리가 의식적으로 만들어야 한다. 이 특별한 생산은 사회적으로 조직되고 조정되는 것이 아니라 특별한 자극 없이 한 기업이 관심을 보일 수 있으면 된다.

노조운동은 여기에 방해가 되지 않는다. 만약 이를 방해한다면 그들은 그들의 사회정치적 이상인 노동자의 이익을 대변하는 것을 배신하는 셈이다. 왜냐하면 아주 뛰어난 노동자 이외의 다른 노동자들도 노동자이기 때문이다. 약자를 몰아내고 강자의 이익만 대변하게 되면 노조는 영혼을 잃고 내부의 권력투쟁으로 자멸하게 될 것이다. 노조 스스로가 이 문제의 심각성을 깨닫고 사회정책적으로 중요한 이 문제를 근본적으로 조사하길 바란다.

불임 시술 문제

시대가 요구하는 엄격한 인구의 질적인 향상 요구에 부합하기 위해 사회는 무엇을 더 할 수 있을까? 치유적인 사회정책에서 중요한 점은 무엇이고, 앞 장에서 암시했지만 이를 위해 필요한 것은 무엇일까?

이 질문에 대답하기 위해서는 이제 막 나오거나 실시되려고 하는 전체 사회정책의 의도를 분명히 해야 한다. 현실적인 문제는 이것들이 목적에 맞게 실시되고 조정되어야 한다는 것이다. 예방적 사회정책 개발의 중요성에 대해서는 다음 장에서 자세히 다룰 것이다. 이 사회정책은 커다란 사회적 적응 프로세스의 한 부분이며, 각각의 작은 가능성 때문에 사회적인 조치의 커다란 공동의 목적을 잊어서는 안 된다. 이번 장에서 우리의 임무는 선별된 사례를 통해 사회정책의 구체적인 생각을 표명하여 인구의 질을 처음에는 유지하고 후에는 이를 향상시키는 방법을 설명하는 것이다.

물론 가장 가까운 차원에서는 매우 적합하지 않은 이들을 불임 시술을 통해서 완전히 도태시키는 것이다. 이 교정적인 사회 개혁은 이미 논의가 무르익어 올해 법으로 제정될 것이다.

이는 서로 교차하는 두 가지 목적이 있는데, 바로 인종위생학적인 것과 사회교육적인 것이다.

인종위생학적인 문제는 어렵다. 누군가 분명히 나쁜 유전인자를 가지고 있다면 그는 자녀 생산을 하지 말아야 할 것인가? 이런 접근 방식이라면 정신박약, 정신 질환, 신체적 질병, 나쁜 인성 등 신체적이고 심리적인 열등 인자를 가진 사람들을 전체 인구에서 제거하고 싶을 것이다. 그러나 유전자 연구는 더 조심스러워야 한다고 우리는 경고한 바 있다. 아프거나 반사회적인 사람들 중 어느 정도가 유전의 위험이 있는지 알 수 없다. 또한 유전에 대해서는 어떤 상황에서 열등 인자가 유전되는지, 또 무엇보다도 열등 인자를 가진 사람이 누구인지 알기가 어렵다. 불임 시술을 받아야 하는 결함이 항상 겉으로 나타나는 것도 아니다. 일부 정신 질환은 환경적인 요인이 중요한 것이 분명하다. 유전 가능성이 크다 하더라도 환경적 요인으로 질병이 발현된 경우가 많다. 대부분의 신체 질환과 도덕적인 인성 인자 같은 경우는 더더욱 유전적인 증거를 찾기가 어렵다.

불임 시술에 대한 현실적인 문제를 논의할 때, 앞의 인종위생학적인 동기가 질병의 원인 또는 결함이 분명하다고 생각하고 조치들을 논의하는 경우가 많다. 이런 배경에는 사회가 환경 요인에 대한 공동의 책임을 인정해야 하고 문제의 원인이 잘못된 환경에 있으므로 사회의 의무는 다른 조치를 취하는 것이라는 생각이 깔려 있다. 이 생각에 동의하면 사회가 불임 시술을 적용할 수 있는 범위는 매우 적다.

그러나 불임 시술 개입을 확대할 수 있는 두 가지 상황이 있다. 먼저 유전학 연구에 발전을 이뤄 여러 가지 결함과 질병 인자의 유전 규칙을 찾아내야 한다. 그렇게 함으로써 제안된 방법을 확대 적용할 수 있어야 한다. 또한 질병의 위험이 그다지 크지 않더라도 개입할 수 있도록 일반적인 법의 인식이 변화하는 것이다.

더 나아가 불임 시술 문제의 다른 주요한 시각은 사회교육적인 것으로 이 부분이 더 고려되어야 한다. 이 시각은 최근에 더 받아들여지기 시작했다. 스웨덴에서 불임 시술 법안이 나오면서 이에 대해 더 많은 진전이 있었다. 1929년 전문적으로 검토된 법안에 대한 반대가 있었던 것이 흥미롭다. 사회교육적인 이유는 불임 시술 개입의 범위를 더 확장할 수 있게 했고, 유전적인 위험이 적어도 개입할 수 있게 했다. 강제 불임 시술의 대상이 되는 이들은 (자발적으로 불임 시술을 받는 이들은 법 결정에서 제외되었다) 보통 자녀들에게 적합하지 않은 양육 환경을 제공하고 있기 때문에 사회가 그들의 자녀를 가질 권리를 판단해야 한다.

우생학적인(인종위생학적, 질병 소멸적) 그리고 사회교육적인 (양육 환경의 부적합성) 시각을 고려해 법은 불임 시술에 대해 다음과 같이 기술하고 있다. "정신 질환, 지적장애 또는 다른 정신적인 장애를 겪는 이들이 있다면 이들이 미래에 겪을 자녀 양육의 문제 및 자녀들에게 그런 질환 장애를 물려줄 수 있다는 문제 등을 고려했을 때 이 법에 따라 이 조치에 대해 스스로 판단하여 동의를 표명할 수 없는 정신적인 장애가 있으므로 동의 없이도 불임 시술로 개입할 수 있다."

이 법이 인구 전체에 어떤 영향을 미칠지 예상하는 것은 물론 어렵다. 무엇보다도 그 영향은 얼마나 이 법이 엄격하게 적용되는지, 즉 얼마나 자주 불임 시술 가능성이 적용되었는지에 따를 것이다. 사회교육적이고 유전학적인 시각에서 희망하는 것이 하나 있다면, 초기에는 이 법을 가능한 한 엄격하게 적용했으면 하는 것이다. 불임 시술의 조건들이 충분하지 않은데도 법적으로 부인할 수 없다면 의사들과 보건 당국은 책임 의식을 가지고 시술에 적극적으로 임해야 한다. 이 법의 효과가 없다고 판단되면 불임 시술법을 더 엄격하게 개정해야 한다. 이것은 법적으로 결정을 내릴 수 있다 하더라도 사회가 그들의 의사에 반해서 시술을 할 수 있음을 의미한다. 더 나아가 불임 시술이 필요하지 않다고 생각하는 일반적인 이들은 효과적인 무상 피임의 확산을 통해 보완하고 임신이 시작되면 유전학적이거나 사회적인 징후에 따라 낙태로도 보완한다.

이런 조치를 오랫동안 실시한다고 해도 물론 결과에 대해서 과장해서는 안 된다. 먼저 부적합한 양육자의 생산 권리에 개입해서 아이들에게 적합하지 않은 양육 환경을 없앤다고 해도 그런 양육 환경이 우리가 만족할 만한 수준으로까지 없어지지는 않을 것이다. 앞으로도 우리 사회에서는 양육에 적합하지 않은 부모와 떨어져서 해로운 환경에서 벗어나게 되는 아이들을 보게 될 것이다. 따라서 아이들을 위한 보육 조치들이 계속해서 사회에 남아 있는지 여부는 항상 큰 문제로 남는다.

유전인자의 질적인 측면에 대한 효과는 더더욱 예상하기 어렵다. 그러나 전문가들은 불임 시술을 통해 희망하지 않는 유전인자를 제거하는 것에 대한 기대를 과장하지 말아야 한다고 말한다. 사람들이 일반적으로 생각하는 것보다 이 효과는 미미할 것이다.

이는 순전히 여러 질병과 결함의 유전기술적인 환경이 변화무쌍하기 때문이다. 어떤 유전적인 정신 질환의 경우에는 복잡하고 계산하기 힘든 규칙에 따라 유전되고, 더 많은 경우 질병의 발현 위험을 매우 세세하게 아는 것이 불가능하다. 정신분열 등은 특별한 경우로 인종위생학적인 효과가 적기 때문에 인구 중에 휴면 상태라 하더라도 많이 퍼져 있다. 그렇다고 해도 불운한 조합으로 질병이 발현할 수도 있으니 그 많은 인자를 소유한 사람들 모두를 불임 시술할 수는 없다. 또 다른 정신 질환의 특이한 경우는 조울증이다. 이 인자는 우세해서 이 인자를 가진 사람은 병을 앓고 있는 경우가 많은데, 이를 간단하게 불임 시술로 처리할 수 있다. 그러나 이 질병의 정의를 엄격하게 적용하기가 어려울 것이다. 질병이 그다지 심각하지 않고 예후도 좋으며 건강하게 지내는 기간도 길다. 더군다나 이 인자는 우수한 인자들과 결합하는 경우가 많아 불임 시술의 사회적인 이유가 충분하지 않다.[1]

인구 내 질병 인자의 존재와 질병의 발현 빈도를 계산하면 짐작하건대 매우 회의적일 것이다. 또한 정상인과 정신 질환자의 각기 다른 출산율도 고려해야 한다. 군나르 달베리Gunnar Dahlberg 박사는 이에 관해 재미있는 조사를 했다. 그는 정신 질환을 가진 여성들의 출산율을 조사했는데, 이들의 출산율은 정상인의 평균보다 훨씬 더 낮다는 사실을 알아냈다.[2]

정신 질환자들에게 불임 시술을 하지 않았음에도 인구는 어떤 '퇴화 위험'에 아직은 놓여 있지 않다. 통계에 집계된 정신 질환자 수가 늘어난 것은 아마도 정신 질환에 대한 이해가 이전과는 많이 달라졌거나 아니면 가능하지만 의심스러운 것은 현대사회가 휴면 인자의 발현을 부추겼기 때문이 아닐까 싶다. 그러나 불임 시술을 통해 정신 질환이 가까운 미래에 확연히 줄어들 것이라고는 기대할 수 없다.

지적장애에 대한 인종위생학적인 문제는 조금 다르다. 지적장애의 유전적인 영향에 대해서는 알려진 바가 매우 적다. 어떤 형태의 지적장애가 유전적인지에 대해서도 결정적으로 알려진 바가 없다. 정신박약은 어느 정도 유전적인 것이 맞다. 그 비율은 1/5~4/5 사이에서 왔다 갔다 한다. 닐스 폰 호프스텐Nils von Hofsten 의 말을 빌려 유전학적인 요약을 하면 다음과 같다.

"이 정도 규모로 불임 시술이 실시된다면 당연히 영향은 있을 것이고, 완전 소멸되지는 않겠지만 지적장애가 줄어드는 긍정적인 효과가 있을 것이다."

이 인자는 논란의 여지없이 부정적인 가치를 지니고 있고, 좋은 인자들과 결합해서 나타나는 경우가 거의, 아니 절대 없다. 따라서 약하게 이 증상이 나타나는 일도 없을 것이다.

그래서 지적장애에 대해서는 불임 시술이 더 적극적으로 실시될 것이다. 불임 시술의 사회교육적인 동기가 매우 강하다고 할 수 있다. 아이가 지적장애를 가진 부모 밑에서 태어나고 자라야 한다는 말을 방어하는 사람은 없을 것이다. "한 명이라도 이미 너무 많다." 전문가들에 따르면 이들에게 가혹한 불임 시술을 해야 하는 또 다른 이유가 있다. 지적장애의 유전은 백치와 심한 저능에만 있는 것이 아니라 시설 밖에 있는 사람들에게도 있는데 이들은 이성적이지도 않고 규제되지 않은 출산의 자유를 누릴 수 있기 때문이다.

또한 사회가 취약한 지적장애인의 생산 권리에 개입하는 것은 경제적으로도 도움이 된다. 우리는 지적장애를 앓는 미혼 여성들이 아이들을 많이 낳는 것을 너무 자주 목격한다. 그런데 이 아이들은 결국 일반인들이 돌봐야 하고, 이들은 미래의 반사회적인 행태나 범죄로 이어져 추가적인 우려를 낳는다. 이런 반사회적인 인간들이 세상에 나오는 것을 막는 개입은 전체 인구 질에 미치는 영향과는 무관하게 사회적인 부담을 덜어준다.

열등한 이의 생산을 억압적으로 방해하는 것을 부정적 우생학이라고 한다. 정상인들의 생산을 독려하는 것은 긍정적 우생학인데, 이는 더욱 어려운 문제다. 일반적으로 말해서, 이 목적을 달성하기 위해 어떤 조치를 어떻게 취해야 하는지에 대해 대답할 수 있을 만큼 유전학의 발전이 아직 이루어지지 않았다. 또한 발전이 있다고 해도 우리가 그것을 사용할 수 있을지는 모르는 일이다.

원하지 않는 개인의 성질(질병, 저능 등)은 식별하기가 쉬운 반면에, 원하는 성질을 규명하는 것은 어려운 일이다. 그리고 우리는 아직 관련 유전인자들의 유전 경로를 알지 못하며 생물학적인 정의를 규정하기 어렵고, 또 심리학적인 이해들이 이미 복잡하다. 이는 유전학 연구에서도 거의 손을 대지 않은 분야이기도 하다. 긍정적 우생학에서도 주장하고 있듯이 중요한 것은 이제부터 하는 부정적인 평가, 경고다. 다른 장에서도 이미 이야기했듯이 실증적인 근거 없이 가벼운 시도로 추측에 근거해서 다른 사회집단 간에 그리고 특정 계층의 유전적 차이에 대해 인종위생학적인 권고를 엮으려고 하지 말아야 할 것이다.

정신적인 문제가 있는 인구의 분포도에서 가장 아래쪽 부류에 해당하는 이들의 생산 권리를 제한해야 하는 이유는 이미 앞에서 이야기한 바 있다. 이 경우를 제외하고는 사회계층의 차이를 유전학적인 가치의 차이로 봐야 하는 믿을 만한 근거가 우리나라에는 전혀 없다. 인종생물학적 측면에서 보면 여러 인종 그룹은 이와 반대를 입증하기 전까지 같은 유전자를 가졌다고 간주된다. 생산 권리의 침해 또는 미래 인종위생학적인 목적으로 생산 가능성의 확장이 가능하게 되면 이는 각각의 개인과 개인의 특성에 근거해서 실행되어야 한다. 인종 개선을 원하는 이들의 바람처럼 어떤 사회집단도 생물학적인 우성 또는 열성 인자를 단일하게 가지고 있지 않다.

불임 시술을 도입하고, 그 적용 범위를 넓히고, 앞에서 언급한 보충 조치를 시행한다고 해도 우리는 계속해서 지적으로 문제가 있는 사람들, 도덕적인 결함이 있는 사람들, 또는 다른 유전적인 문제가 많은 이들을 먼 미래에도 보게 될 것이다. 이들 중 상당수가 반드시 시설에서 지내야만 한다. 또한 사회의 구성원들과 조직은 이들의 삶이 행복하게 잘 흘러가도록 그리고 이들이 사회에 해악을 입히지 않도록 많은 돌봄을 제공해야 한다. 이와는 반대로 유전적으로 아무 이상이 없는 정상인인데 노동할 능력이 안 되고 반사회적인 이들은 문제다. 이에 관해서는 아직 할 일이 많이 남아 있다. 시설 안팎에서 실행되는 사회적 돌봄은 이성적인 요구들에 부합하지만 여전히 부족하며 이제는 시간이 무르익어 강력한 개혁이 필요하다는 사실이 인지되고 있다. 이는 사회정책적으로 완전히 희망이 없는 문제는 아니다. 왜냐하면 유전적으로 이상이 있는 이들도 환경적인 자극을 방법적으로 제외하면 그들의 삶이 더 긍정적으로 나아갈 수 있기 때문이다.

더 큰 사회정책적인 문제는 심각한 결함이 있는 이들이 아니다. 여기에서 여러 번 이야기했듯이 현대사회의 환경에서 자신의 존재를 영속하기 힘든, 인구의 1/10 아니면 1/5을 차지하는, 가혹한 경쟁에서 살아남을 능력이 없는 이들이 문제다. 이 문제에 대해서는 기술적인 발전과 사회조직들이 지속해서 이들의 지적 능력과 특성을 향상시켜야 한다는 점을 상기해야 한다. 더 나아가 현실적인 의미에서 이들의 상당수가 인구의 질적인 향상을 위한 조치까지 받을 필요는 없다. 이들은 대부분 좋은 유전인자를 가지고 있으나, '과보호 교육', 징역살이, 모욕적인 생활보호 등 불행한 외부 환경 때문에 신체적, 정신적, 심리적으로 실패한 이들이다. 이런 사람들은 언제나 존재할 것이기 때문에 사회의 이해를 예방적으로 방어하기 위해서는 이들이 반사회적으로 발전할 수 있는 위험에 대해 항상 자각하고 있어야 한다.

이들이 근근이 살아가도록 경제적인 지원을 하는 것에 모두가 동의하는 것으로 알려졌지만 이는 의미가 없다. 더욱 중요한 것은 여러 가지 방법을 동원해서 그들이 생산적인 노동시장에 참여하도록 하는 것이다. 예방적인 관점에서 개선된 의료 서비스와 교육이 필요하다. 그리고 이 두 영역에서 기술적인 가능성이 있다면 모두 적용하고 활용해야 미래의 인재 배양에 성공해 결실을 볼 수 있다. 보건과 교육 서비스를 모두에게 제공해 그 누구도 경제적인 이유로 도움을 못 받는 경우가 없어야 한다. 무엇보다도 의식적으로 예방 차원의 발전을 도모해야 한다. 이 마지막 주장은 아동과 청년을 대상으로 그 노력을 기울여야 한다는 의미다.

아동의 영양 상태

어린아이들이 부모의 소득과 상관없이 안정적으로 충분하고 건강한 영양을 제공받을 수 있어야 하고, 이와 동시에 성장 친화적인 주거 환경을 제공받아야 한다는 것은 기초적인 사회위생학적인 요구다. 주거 환경에 대해서는 곧 다룰 예정이다. 여기에서는 현재 어린이들의 영양 상태가 안정적이지 않기에 이를 강조하고자 한다. 5장에서 논한 사실로 이에 대해 몇몇 결론을 내릴 수 있을 것 같다.

어린아이들의 불만족스러운 영양 상태는 두 가지 서로 밀접한 연관이 있는 원인에 기인한다. 하나는 가정 내에서 부모, 많은 경우 주부가 이에 대한 이해가 전무하거나 적기 때문이고, 다른 하나는 가족의 소득이 부족하기 때문이다. 전자가 중요하지 않은 것은 아니다. 그러나 어린아이들의 영양 상태에 사회가 전혀 책임이 없다고 결론을 내릴 수는 없다. 나쁜 습관은 반드시 고쳐야 하고, 이해가 부족하다면 교육을 강화하고, 무책임한 사람들은 정신을 차리게 해야 한다. 이를 위해서는 바깥세상과 접점이 적은 부모들에게도 닿을 수 있는 모든 채널을 총동원해 광범위하고 사회적으로 조직된 국민 계몽과 홍보 행동이 집중적으로 전개되어야 한다. 모든 채널 중에서도 학교가 계몽 홍보의 매개체로 활용되어야 한다. 이는 지식이 더 많고 책임감이 있는 다음 세대의 부모들을 길러내기 위한 방법일 뿐만 아니라 어린아이들이 부모를 즉시 교육할 수 있기 때문이다. 이 방법은 상당히 효과적인 것으로 알려졌다.

그러나 어린아이들의 영양 문제는 연구, 계몽, 홍보만으로 해결되는 것이 아니다. 이 문제의 장애물은 주로 경제적인 성격을 띠는 것들로 지원이 필요하다. 학교에서 급식이 이루어지는 것은 시급한 요구다. 영양 전문가들의 의견을 활용한, 건강하게 영양이 조합된 급식이 학교에서 무상으로 제공된다면, 아이들의 부모가 영양에 대해 무지하거나 아이들이 가정에서 영양을 충분하고 적합하게 제공받지 못하더라도 아이들의 영양 상태가 상당한 수준으로 안정적으로 유지될 수 있을 것이다. 또한 학교 급식은 아이들과 부모들의 위생에 대한 관찰도 될 수 있어 올바른 습관을 가지도록 교육할 수 있을 것이다. 이 문제 전체는 스웨덴에서 개선하기가 어려웠다. 우리의 이웃 나라들은 이에 관해 높은 수준의 개혁을 이루었다.

그러나 취학연령 이전의 아이들은 이런 방식이 적용될 수가 없다. 이 책에서 언급하는 '학교'라는 단어에는 유아원이나 유치원도 포함되는데 이 기관들도 포함해 무상 급식 제도가 시행되면 더 많은 아이들이 도움을 받을 수 있을 것이다. 하루 한 끼 건강식으로는 영양 섭취가 충분하지 않을 것이기 때문에 어린아이들의 영양 상태를 보장하기 위해서는 홍보를 통한 활동의 효과를 기대함과 동시에 필수 식자재에 대해서는 할인 등을 도입해야 한다. 이와 관련된 가격정책은 간단한 행정이면 도입할 수 있다. 따라서 고집스러운 구시대적 사고를 버리고 이 시급한 사회정책적인 요구에 대한 이해를 증진하는 것이 필요하다.

사회위생학 전문가들은 이 방향으로 더 급진적인 개혁이 필요하다는 것에 의견의 일치를 보인다. 자주 언급된 노를란드 조사에서는 다음과 같이 말했다.

"노를란드 지역의 주민들이 양으로나 조합으로 보나 식생활에 문제가 심각한 것으로 나타났다. 이에 대해 학교를 통한 식생활의 개선과 변화가 필요한 것이 사실이고 이에 대한 관심이 필요하다. 학교 급식은 최저 빈곤층의 학생들 위주로 미약한 수준에서 실시되고 있으나 식생활의 결핍이 빈곤층에만 존재하는 것이 아니라는 사실이 조사에서 밝혀졌다. 그러므로 보건 관점에서 이행되지 않은 학교 급식을 적어도 향후 몇 년 동안 전체 학교를 대상으로 한 무상 급식을 통해 이 제도의 필요에 대한 일반적인 인식을 확대하고 가정에서도 이를 바로잡아야 한다. 무엇보다도 농촌 지역 학교가 참여하여 아이들의 영양 상태가 개선되고 간접적으로 어느 정도 가정의 식생활이 개선되어야 한다."

앞의 조사 결과와 마찬가지로 개혁은 사회위생학적인 관점으로만 논의되었다. 같은 맥락에서 기초적인 분배정책과 인구정책의 관점에 대해서도 강력하게 주장한다. 즉, 의미 없는 비용 부담을 각 가정에서 덜어주는 것이다. 네 번째 관점인 민생정책의 동기도 강화되었다. 우선 아이들이 국내 생산 제품인 우유, 버터, 달걀, 고기 그리고 과일 및 채소를 더 많이 섭취해야 한다는 것을 주장하고 있다.

이미 강조한 바 있지만 농업도 기술 발전의 도움을 받아서 위에서 열거한 품목을 더 많이 생산하고 있다. 이는 농촌의 삶이 개선된다는 뜻이지만, 농촌의 많은 잉여 인력이 산업 생산 일자리로 흡수되는 것은 어려운 문제다. 현재 농촌에서 생산된 농산물들은 창고에 쌓여가고 국내 가격보다도 더 낮은 가격으로 외국에 덤핑

수출되고 있다.

스웨덴 농산물의 수출 시장은 미래에 매우 불안한 시장이다. 우리의 이익을 위해 시장을 보유해야 하는 것은 당연하나 현 방식으로 이대로 유지할 수 있을지는 매우 의심스럽다. 오늘날 우리 아이들이 필요한 식품을 제대로 섭취하지 못하는 실정이다! 잉여 농산물들이 버려지거나 생산 제한으로 시장에서 사라지기 전에 그 농산물들을 우리 아이들이 배불리 먹는 데 사용하게끔 행정력을 동원해야 하는 시점이 아닌가?

주거 위생 문제

높은 주거 수준에 대한 욕구는 똑같이 중요하다. 모든 사람에게 건전하고 충분한 주택이 주어지는 것은 신체적, 정신적 건강의 필수 조건이다. 이 조건이 충족되지 않으면, 우리 민족의 지적, 도덕적, 사회적, 경제적 수준을 높이기 위한 우리의 모든 노력은 무용지물이 될 것이다. 주택정책은 모든 예방적 사회정책의 기본 요건이며, 인구의 질을 높이기 위한 모든 노력의 기본 요건이다. 다른 모든 사회정책 개혁의 요구와 마찬가지로, 주택 문제에서도 아동 보호 관점은 결정적인 요소다. 주택 문제는 우선 우리 아이들이 사는 집이 될 주택들의 건전성에 관한 것이다.

우리나라의 일반적인 주거 수준에 대해서는 5장에서 그 열악함을 설명했다. 현재는 진정한 주거 위생의 향상을 위해 신속하고 강력한 사회의 노력을 촉구해야 하는 상황이다. 정부도 이 문제에 여러 번 관심을 가졌었다.

우리나라의 주택 기준을 조사하다 보면, 가끔씩 어떻게 이런 일이 있을 수 있는지 아주 깜짝 놀라게 되는 일들을 목도하곤 한 다. 거의 모든 경우, 간단한 위생 검사로 건강 문제를 명백히 예방 할 수 있는데, 스웨덴은 아직 갈 길이 좀 남았다. 식품 관리, 식수 관리, 외부 청결 관리, 전염병 관리 등은 잘하고 있다. 그리고 우리 는 보건의료법 안에 주택법을 명시하고 있다. 보건의료위원회는 각 해당 코뮌의 주택을 실사해야 하는 의무가 있다.

그러나 주택법은 모호하고 다양하게 해석될 수 있으며 서로 연결성이 적다.[3] 보건의료위원회는 강력한 권한을 가지고 열악한 환경을 개선할 수 있다. 그러나 가장 심각한 문제는 주택 검사의 효율성이다. 현재 농촌에서는 제대로 된 주택 검사란 말에 어울리 는 검사가 실시되고 있지 않다. 주거 환경에 대한 통제는 보건의 료위원회의 책임하에 있다. 그러나 지방자치단체는 보건의료위 원회의 권고를 준수할 의무가 없고, 코뮌위원회가 권고 이행의 관 리, 감독 역할만 할 뿐이다. 어느 정도 확신할 수 있는 것은 이들 위원회의 대다수 의원들이 그들이 주택 관리 감독기관으로서의 역할을 해야 한다는 사실을 전혀 모르고 있다는 것이다. (적어도 경 제 위기 때 수백만 명을 지원하기 전엔 그렇지 않았다. 몇몇 지역에서는 실제 로 효율적으로 실행할 수 있었다.) 이미 언급했듯이, 농촌 지역에서는 소작농들과 다른 농촌 노동자들의 주거 환경이 특히 열악하다. 그 러나 많은 농촌 노동자 인구가 있는 속sock에서는 종종 코뮌위 회가 지주와 대농가들로 구성되는 경우가 많다. 그들에게 서로의 주거 환경에 대해 실사하라고 독려하는 것은 비인간적이다. 몇몇 주에서만 주 정부 차원의 조직된 관리 기구가 있을 뿐이다.

도시에는 적어도 정기적으로 보건의료위원회가 열리고 의사들도 있다. 약 30개 도시에서 주거 환경 감독을 위한 조직이 생겼다. 하지만 효율적으로 감독이 이루어지지 않았다. 특히 과밀 상태가 모든 합리적인 범위를 넘어선 열악한 아파트의 과밀화에 대해서는 거의 아무런 조치도 취하지 않았다(세입자 밀도가 '높은 주택'의 경우는 제외). 관련된 개입을 위해 현행 건강관리법은 일반적인 '건강에 대한 위험'을 넘어 '건강에 대한 더 큰 위험'이라고 명시했는데 이는 '건강'을 항상 존재하는 생리학적-물질적 개념으로 표현함으로써 과밀 주거에 대한 개입을 실질적으로 금지하는 것으로 해석되었다.

법의 이러한 관용적이고 모호한 태도와 주택 검사의 실질적으로 떨어지는 효율성의 근본 원인을 이해하려면 여러 가지 다른 상황을 이해해야 한다. 그 밑바닥에는 늘 그러했듯이 19세기의 자유주의적 개념이 있다. 모든 사람이 자신의 수입으로 하고 싶은 대로 할 수 있다는 것이다. 만약 그 사람이 그곳에 살고 싶다면 그리고 그 가족이 살 수 있다면, 각자의 책임하에서 그렇게 하면 된다는 것이다. 그러나 이 거짓된 개인주의는 이미 모든 분야에서 수용되고 있지 않으며, 주택 공급에서도 수용되지 못할 개념이다. 특히 아이들이 있다면 사람들이 그들의 소득으로 무엇을 하는지 사회적으로 무관심할 수가 없다. 아이들이 이런 나쁜 선택을 한 것은 아니다. (만약 이렇게 낮은 주거 수준이 잘못된 소비 선택에 그 원인이 있다고 해도) 아주 당연하게도, 이제 입안되었거나 곧 입안될 예정인 주택 규제 강화와 효율적인 주택 검사에 대한 모든 것은 우선적으로 아동 보육 문제로 평가될 것이다. 또한 대부분의 지역에서 관련 직원이 너무 적고 또 제대로 훈련되지 않은 것도 주택 감독의 비효율성에 기여했다. 지도부의 역량과 관심, 투여된 시간의 부족도 문제였다. 주택 관리는 종종 이 문제에 관심을 가질 수 없는 사람의 부수적인 업무로 주어지거나 고용 형태와 급여로 때때로 모든 직무 의무의 부담을 고려하고, 개인 실무에 필요한 시간을 빼앗아서는 안 되는 공공 의사의 다른 많은 의무 중 하나로 포함되었다. 같은 맥락에서 또 다른 중요한 요소는 도시의 지방자치단체가 종종 자신의 부동산을 관리하면서 과밀 주거를 허용하고 심지어 빈곤층을 지원하는 데 사용해버린다는 것이다. 이런 식으로 일하는 도시들은 매우 근시안적인 경제적 사고를 하고 있는 것이다. 코뮌의 주택 감독은 도시 행정부 자체와 그로부터 지원받는 가족들에 비해 개인 부동산 소유자와 지원을 신청하지 않은 가족들을 더 엄격하게 대처할 수 있다. 특히 일부 작은 지역사회에서는 형편없는 주택 소유자에 대해서 과도한 배려를 보이기도 한다.

그러나 그 주된 이유는 전혀 다른 차원, 즉 열악한 주택이나 너무 밀집된 주택에 사는 많은 가족들의 경제적인 위기다. 그들은 더 크고 더 넓은 주택을 빌릴 수 있을 만큼의 소득이 없다. 주택 감독 기관이 저소득 다자녀 가정을 위생적인 기준을 충족하고 동시에 충분히 저렴한 주택으로 안내할 수 없기 때문에 이 주거문제는 전체적으로 해결되지 않고 있다. 따라서 주택법의 강화와 주택 감독의 효율화는 이러한 가족들에게 더 나은 주택을 얻을 수 있는 기회를 제공하기 위해 공공 재정 지원이 반드시 필요하다. 그리고 이 지원이 정말로 효과적이기 위해서는 그 규모가 충분히 커야 할 것이다. 이러한 점에서 이제까지의 코뮌 보조금 정책에서 배울 점이 있었고, 그 교훈에 따라 더 많은 조처를 취해야 한다. 다가올 주택법 개혁의 기본적인 관점은 사회정책적으로 예방적 요건, 특히 정신위생 요건을 갖추어야 한다. 주거 환경이 좋지 않은 과밀한 아파트에서는 행복한 가정생활을 누릴 수 없다. 주거 과밀화는 정신건강과 영혼의 조화를 가장 해치는 요인이다. 과밀 생활 및 정신적인 건강과 전반적인 열등함 및 반사회적 경향은 서로 연관성이 있다. 과밀 주거는 부부의 결혼 생활을 악화, 왜곡시키고 부모와 자녀 사이의 관계와 형제자매 사이의 관계를 손상시킨다.

혼자만의 공간이 부족하면 피로와 짜증이 발생한다. 아이들은 충분한 수면을 취하지 못한다. 좁은 침대에서 여러 명이 함께 잠을 자야 하기 때문에 피로는 물론이고 심지어 신체적 통증을 호소한다. 아이들의 놀이, 어른들의 여가 활동, 특히 공부와 지적 생활은 불가능하다. 과밀 주거가 학교에 다니는 학생들에게 얼마나 심각한 영향을 미치는지 확인되었는데, 가정의 열악한 환경으로 학교가 요구하는 일을 수행하거나 교육의 기회를 완전히 활용하는 것이 불가능하다.

가장 눈에 띄는 것은 '성관계'와 관련된 불편함이다. 청소년들이 부모나 이성의 형제자매와 함께 침실을 공유하는 것은 심리적으로 매우 유혹적이다. (노를란드 조사 중 학생 조사에 따르면, 단지 27퍼센트의 학생만이 자기 침대를 가지고 있었고, 절반은 네 명 이상이 한 침실에서 자고 있었다. 융그렌Ljunggren C. A. 박사가 진행한 1만 2,000명의 학생들을 대상으로 한 조사에서도 자신의 침대를 가진 학생이 도시에서는 1/2, 시골에서는 1/3에도 미치지 않았다.) 밀집된 환경의 가정에서 형제 간 또는 부모 자식 사이의 근친 사건이 매우 많다는 것은 잘 알려진 사실이다. 심지어 동성애 행위도 밀집성 때문에 촉진된다. 현대적인, 덜 종교적인 성도덕적인 관점에서는 이런 모든 현상을 너무 심각하게 생각할 필요가 없을지도 모른다. 하지만 위험한 것은 처벌의 두려움, 죄책감, 심리적 긴장감, 때로는 심각한 복수 등 사건 후에 일어나는 일들이다. 불행하게도 과밀 주거와 알코올중독, 매춘 및 다른 가정 파괴 행위의 발생, 그 확산 및 그 환경에 대한 사회적 영향 사이의 관계에 대해 아직 잘 밝혀지지 않았다. 하지만 전문가들은 이들이 실질적인 관계가 있음을 인지하고 있다. 사실 매우 좁고 과밀한 주택은 거의 어쩔 수 없이 청소가 잘 이루어지지 않고, 엉망이 되기 쉽고, 청소년이 가출하고 싶은 집이다. 미취학 아동들은 길과 뒷마당에 갇혀서 방치되어 어른의 감독 없이 대부분의 시간을 보낸다. 성인 자녀들은 카페와 댄스장으로 몰려간다. 교육, 동행, 휴식 및 회복의 장소로서의 '집'에 대한 부르주아적인 개념을 현재 대부분의 스웨덴 국민은 누리지 못하고 있다.

무엇보다도 주택 필요에 대한 논의를 심각하게 하고자 한다면, 단지 과밀 주거가 야기하는 신체적 영향뿐만 아니라, 정신적이고 도덕적인 영향도 고려해야 한다. 후자의 중요성은 말할 필요가 없다. 정신적인 피해는 일반적으로 '불편함'으로만 기록되며, 이것은 빈곤과 너무나도 자연스럽게 연관되어 있어서 가난한 사람들은 당연히 이를 견뎌야 한다고 생각한다. 이 만연한 용어는 빈곤의 심오한 심리적, 도덕적 파장을 감추는데, 특히 주택의 필요를 희석시키는 데 성공했다.

이제 사회는 어린이와 청소년들이 과밀 주거로 입는 피해를 책임져야 한다. 정신적으로 불안정한 아이들에게 과밀 주거는 심각하게 위험하다. 대다수의 어린이에게는 그것이 건강에 명백한 위험을 끼치는 것이 아니라고 해도, 적어도 부자연스럽고, 심리적으로, 도덕적으로 왜곡된 성장 환경을 의미한다. 무엇보다도 성적으로 성숙하는 과정에서 이런 환경들이 끼치는 피해는 심각하다. 이런 환경이 자라나는 세대의 심리적, 도덕적 질에 끼치는 위험은 너무 커서 어느 한도를 넘어서는 과밀 주거를 허용하는 것이 사회적으로 안전하지 않다. 그리고 그 한도는 너무 낮아서는 안 된다.

이러한 관점에서 주택정책의 목표를 다음과 같이 설정할 수 있다. 우리는 모든 가족에게 주거지를 보장해줄 수 있어야 한다. 가정마다 주방과 부모의 방 외에 남자아이들이 지낼 수 있는 방 하나와 여자아이들이 지낼 수 있는 방 하나가 있어야 한다. 즉, 가족 아파트는 적어도 세 개의 방과 부엌이 있어야 한다. 영국에서는 끔찍한 빈민가인데도 평균적으로 아파트 크기가 스웨덴보다 훨씬 더 큰데, 영국에서 말하는 소형 아파트란 최소한 네 개의 방과 주방을 가진 아파트다.

이런 주택정책의 이상이 가까운 미래에 실현될 가능성은 아직 미미하지만, 우리는 그 이상을 계속 유지해야 한다. 실질적인 작은 프로그램부터 시작해 우리는 가장 심각한 주택 문제를 해결하는 데 집중해야 한다. 이것은 건강에 해로운 주택을 없애고 과밀 주택을 없애는 것을 의미한다. 단독 방이나 단독 주방은 이제 가족의 집으로 허용되지 않아야 한다. 가정에 세 명 이상의 아동이 있으면 방 두 개의 아파트가 주어져야 한다. 이 같은 작은 프로그램을 실행하면 적어도 10년 동안 고용을 창출할 수 있을 것이다.

그럼 다시 질문으로 돌아가보자. 이런 정책을 어떻게 경제적으로 실현할 수 있을까? 명백한 주거 위기에 처한 대부분의 가정은 식비를 줄이지 않는 한, 더 크고 넓은 아파트에 살기 위해 필요한 임대료를 지불할 수 있는 소득이 없다. 따라서 이미 말했듯이 모든 공공 기관이 여기에 개입해서 모두 어떤 형태로든 이들 가정에 주택 보조금을 지급해야 한다.

이 지원 사업은 어린이가 있는 가정에 전적으로 집중되어야 한다. 독거 노인들은 자연적인 이유로 과밀한 생활을 하는 경우가 거의 없다. 그들은 종종 좋지 못한 아파트에 살고 있지만, 정책이 시행되는 과도기 동안에는 그런 아파트를 두고 노인들은 아이들과 경쟁해야 한다. 노인들은 이제 여생이 얼마 남지 않았다. 어쩔 수 없는 일이다. 하지만 아이들은 성장, 발달하는 중이고 가정환경에 따라 많은 영향을 받는다. 아이들은 미래 사회를 건설할 사람들이고, 노인들은 자연의 순서에 따라 사라질 존재다. 주택문제는 식량문제가 아니라 사람들의 미래 삶의 질에 대한 문제다.

그러나 주택법 개정, 보다 효율적인 주택 실사, 가난한 가정과 어린이들을 위한 공공 주택 보조금은 충분하지 않다. 또한 사회는 그들의 기관을 통해 적극적인 주택 홍보를 주도해야 한다. 완료된 조사에 따르면 슬럼가 거주민의 상당수가 경제적인 이유로 주거 위기에 놓인 것이 아니라 주거 문화에 대한 이해 부족으로 형편없는 곳에서 비좁게 산다고 한다.[4] 그리고 아마도 대부분의 스웨덴 가정들은 이에 대한 이해와 혜안을 얻으면 더 나은 주거를 원할 것이라고 생각한다. 예를 들어, 룬드 시의 아파트에서 방의 18퍼센트는 완전히 폐쇄된 창문을 갖고 있다. 여기에 사는 사람들은 환기를 포기한 것이다. 해충과 환기의 문제는 마찬가지로 거의 정보 부족에서 비롯된다. 더 효율적인 가구 배치를 통해 위생적인 이득을 얻을 수 있음은 말할 필요도 없다. 특히 아파트 내부에서 침실 배치에 더 노력을 할애해야 한다.

이러한 제안에 대해서 종종 반동주의자들은 이런 정책을 일반 공공에서 펼 필요가 없다고 한다. 그러나 이들의 주장은 두 가지 이유로 틀렸다. 첫째, 주택 위기에는 경제적 이유가 존재한다. 특히 다자녀 가정이 그러하다. 이러한 원인은 교육으로 없앨 수 없다. 또한 공공 기관은 주택 정보에 대해 정말로 진지하게 개입해야 한다. 사람들의 이해가 부족하다는 것은 공공의 수동성에 대한 타당한 이유가 아니다.

우리는 이미 이전 장에서 주택 건설이 우리나라가 처한 민생문제에서 가장 중요한, 예비 노동력을 활용하는 방법이라고 말한 바 있다. 이 예비 인력을 실제로 활용하려는 노력은 수많은 경제적, 조직적 문제를 대동한다. 여기에서 전부 언급할 수는 없으나 어떤 조치를 취해야 하는지에 대해 언급하는 것은 가치가 있을 것이라고 생각한다. 주택 표준을 일반적으로 더 높이기 위한 모든 시도의 주요 문제는 너무 높은 건설 비용을 어떻게 낮출 수 있는지에 대한 것이다. 건설 비용이 높은 부분적인 이유는 기후로 인한 요건 때문이다. 그러나 건설 비용이 높은 또 다른 부분적인 이유는 노동의, 사장의, 재정의, 토지정책의 목적이 없는 조직에 기인한다. 특히 노동시장에서는 비정상적으로 높은 실업률을 고려해야 한다. 높은 실업률은 임금과 생산비용을 훨씬 더 높이는데,

건설 노동자들이 훨씬 더 높은 소득수준을 달성하는 데 필요한 수준보다 훨씬 더 높다. 이 점과 다른 부분에서 우리 사회는 해결해야 할 합리화 문제를 직면하고 있다. 이번 봄에도 의회는 만장일치로 위원회의 의견을 유도해 이와 같이 중요한 합리화 문제에 대한 조사를 요청했으며 정부는 그들을 포함하기 위해 전문적인 준비를 한 것이다.

농촌의 주택정책은 일반 농업정책과 밀접한 관련이 있다. 그것은 장기적으로 일반 농업정책과 통합되어야만 명확해진다. 도시에서는 주택정책이 토지정책 및 도시계획과 연관된다. 새로운 임대법은 임대인들이 다자녀 가정에 관심을 가질 수 있도록 개정되어야 한다. 부동산 소유권 자체는 사회적인 기구에 반드시 넘겨져야 한다. 이 모든 부분에 대한 조사가 진행 중이다.

주택문제는 현재 관련된 사회정책 문제들 중 훨씬 더 나은 위치에 있다. 왜냐하면 마침내 공공의 관심을 진지하게 이끌어냈고, 국가 당국이 철저한 조사를 시작하도록 만들었기 때문이다. 부디 조사가 헛되지 않기를 바란다.

신체 및 정신 건강 의료

지금까지 논의된 모든 가정, 특히 어린이들의 아주 기본적인 생활조건(건강하고 충분한 음식과 건강하고 넓은 주거)을 보장하라는 사회정책적 요구 외에도, 의료 서비스, 특히 보건 서비스를 예방적이고 품질이 향상된 사회정책 개혁으로 중요하게 포함시켜야 한다.

사회는 점점 더 질병의 치료와 예방에 대한 책임을 다해야 한다. 모든 사회계층에 의료 서비스가 제공되어야 하며, 질병 예방의 범위가 더 확대되어야 하며, 이것들은 가능한 한 무상으로 제공되어야 한다. 적절한 건강관리가 가정의 경제적 자원에 따라 이루어지는 것은 바람직하지 않다. 이것은 곧 의료의 사회화라고 불리는 요구다.

자연스럽게, 의료 조직 자체는 우리나라에서 우선순위로 다루어졌다. 실제로 지난 수십 년 동안 지속적인 사회화와 동시에 의료의 확장과 개선이 이루어졌다. 특히 병원에서 이루어지는 의료 부문의 발전은 우리나라에서 매우 빠르게 의심의 여지없이 사회적인 방향으로 진행되고 있다. 병원 조직의 확충과 병원 비용의 대부분을 공공이 부담하는 것은 개인과 가족의 재정적 부담을 크게 덜어주고 동시에 사망률에 영향을 미치는 등 의료 서비스 자체의 효율성을 향상시켰다.

그 결과 스웨덴에서 어떤 사람이 병에 걸려 병원에서 진료받아야 한다면, 그는 일반적으로 기술적으로 우수한 치료를 가정경제에 커다란 영향을 주지 않는 비용으로 받을 수 있다. 질병 및 사고 보험, 또는 다른 방법으로 질병 때문에 소득이 감소하는 경우에도 대처할 수 있다. 아직 할 일이 많이 남아 있지만 발전 방향은 분명하다. 상황이 우리보다 나은 나라, 예를 들어 앵글로색슨 국가들보다 우리는 이미 더 나은 의료 서비스를 제공하고 있다.

놀랍게도 이 모든 발전은 큰 정치적 마찰 없이 이루어졌다. 우리나라에서는 오랫동안 의료 서비스를 사회적인 문제로 인식하고 질병의 치료비 부담은 개인이 지거나 자선에 맡길 수 있는 일이 아님을 분명하게 이해하고 있었다. 이러한 목적을 위한 세금은 별 저항 없이 징수되었다. 왜냐하면 그것은 경제적으로 위험에 처한 개인을 보호하고 상호 사회적으로 도움을 주는 합리적인 형태라고 이해했기 때문이다. 또한 우리가 건강할 때 벌어들인 소득으로 질병에 걸렸을 때의 경제적인 부담을 지는 것이라고 동의했기 때문이다.

의료의 사회화 과정이 밟아야 하는 중요한 다음 단계는 외래의료의 합리적인 확장이다. 우리는 이미 여러 가지 형태로 공공 통원의료 시스템을 위한 접근이 가능하지만 이러한 접근이 일반적으로 완전히 모범적이라고 보일 정도로 실행되지는 않았다. 공공 통원의료 시설을 잘 갖추고 열정적으로 확장해 시스템을 구축하는 것은 우리가 성공적으로 시작한 의료 개선과 사회화 작업의 연장선이다. 앞으로는 사람들이 병에 걸리면 일반적인 상담소로 먼저 가야 한다. 상담소는 도시에 위치해야 하며 종종 병원과 연결되어 있지만, 주변 농촌도 포함해 조직되어야 한다. 병원에 오지 못하는 환자를 위한 의사와 간호사의 왕진 필요성은 다른 맥락에서 곧 다루겠다.

민간 의료진이 자신의 병원에서 환자를 치료하는 시스템은 이미 오래전에 구축된 시스템이다. 기술적인 관점에서 보면 여러 의사들이 공동의 통원의료 시설에 모여서 다양한 종류의 기기, 장비를 완벽하게 갖추고 장소를 공동으로 사용하니 비용적으로도 훨씬 더 경제적이다. 환자 등록, 샘플링 등 다른 보조 작업이 더 빠르고, 더 좋고, 더 저렴하게 수행될 수 있다. 병원을 운영하는 의사들 사이에서 합리적인 업무 분배와 전문화를 실현할 수 있다.

실제로 이런 시스템의 기술적인 이점은 매우 크기 때문에, 미국에서는 의사들이 전통적인 의사들의 입장에 대해 부담을 덜 느끼고, 상업성을 추구하는 개인 병원들이 종종 병원과 연계되어 있다. 그들은 서로 경쟁하는 대신 공동의 시설, 장비, 보조 인력 그리고 적절한 전문성에 따라 구성원의 업무를 분배한 병원을 만들기 위해 합병한다. 미국 중서부에서 스웨덴으로 온 농민은 개인 의사에게 가서 그의 원시적인 장비와 보조원을 보고 간단한 샘플의 채취도 큰 번거로움과 시간이 오래 걸리는 모습에 의아해할 수밖에 없다. 물론 고급 장비를 갖춘 개인 의사도 있다. 이것은 많은 도시에서, 특히 대도시에서 일반적이다. 하지만 이 장비들은 낭비인 경우가 많은데, 이 비용은 고스란히 환자에게 전가된다. 의사는 자선사업자가 아니다.

이러한 기술적인 장점 덕분에 국가와 지방정부의 재정 지원을 받지 않더라도, 병원을 저렴한 요금으로 운영할 수 있다. 실제로 아주 낮은 요금으로 운영되는 몇몇 공공 병원들이 흑자를 내고 있다. 그러나 종종 이것은 시설과 의료 인력 측면에서 절묘하게 관리되는 통원병원을 말한다. 이런 곳들은 때로는 젊은 저임금 의사들에게 수련 기간 동안 부담을 전가하는데, 그런 체계는 바람직하지 않다.

사실 우리나라에서 만들어져야 할 공공 통원병원 체계의 종류는 아주 쉽게 말할 수 있다. 직원들, 특히 의료진들은 환자들이 철저한 개별 검사를 받을 수 있도록 아주 많아야 한다. 또한 제대로 직무 훈련이 된 직원들이 있어야 하며, 좋은 급여를 받는 정규직 직원이어야 한다. 그래서 외래병원도 경력 좋은 인재를 유치할 수 있어야 한다. 인적, 기술적 장비 때문에 통원병원은 개인 병원보다 환자들에게 더 나은 서비스를 제공할 수 있다. 병원비는 실제 비용과 일치하더라도 더 낮게 책정할 수 있다. 무엇보다도, 비외래 시스템의 경제가 적어도 초기 개발 기간 동안에는 명확한 비용 기반으로 유지되어야 한다는 것은 매우 의문이다. 충분한 수입을 가진 사람들은 비용 전체를 지불하고, 그 외의 사람들은 국가와 지방자치단체가 금액의 일부를 대신 지불할 수 있다.

우리나라의 가난한 사람들은 현재 그들이 필요로 하는 만큼의 의료 서비스를 받을 수 없다. 이는 도시와 시골 지역 모두에 적용된다. 그 이유 중 하나는 인구 1,000명당 의사 수가 매우 적기 때문이다. 공공 외래병원 시스템이 중요한 사회적 이유는 바로 저소득층 시민들에게 양질의 저렴한 의료 서비스를 제공해 병원을 찾는 데 망설임이 없도록 해야 하기 때문이다. 또한 처음부터 모든 어린이에게 건강관리 서비스가 무상으로 제공되어야 한다. 이 아이들의 의료의 필요가 가정 예산에 좌지우지되어서는 안 된다. 어린이들이 의료 서비스를 제공받을 권리는 보호되어야 한다. 그 이유는 그것이 매우 예방적이라는 데 있다. 이는 인구 및 사회정책의 일부이자 각 가정의 자녀 양육 비용을 줄이려는 노력의 일환으로써 중요하기도 하다.

그러나 원칙적인 장애물은 일정 수준 이상의 소득을 넘어서는 성인들에게 전체 비용을 요구하는 정도일 필요는 없었다. 그리고 이를 위해 아마도 외래병원 전체 재정은 비용 기준으로 설정되어야 할 것이다. 그에 따라 아동과 저소득층의 공공 보조금은 차감되고 같은 성격의 치료 전체 건수에 비례하여 징수하면 될 것이다. 이러한 구조로 개혁해야 하는 이유는 실제로 1등급 외래병원 시스템을 건설하는 데 들어가는 건설 및 재료 비용과 임금으로 발생하는 비용을 직접적인 공공 보조금만으로는 충당하기 어려운 현실적인 어려움 때문이다. 경험에 따르면, 이런 경우 병원들은 가난한 사람들을 위한 시설이 되어버리는 경향이 강하다. 즉, 병원이 소모적이고 부적절한 시설이 되어버려 관리 비용을 아끼고 시설도 제대로 갖춰지지 않음에 따라 병원은 환자들을 위한 곳이 아닌, 민간 개인 병원에 찾아갈 여유가 없는 사람들만을 위한 곳으로 전락하게 된다. 그래서 대기 시간이 길어지고, 검사도 대충 이루어지고, 개인 치료가 아닌 집단 치료를 받게 된다. 이런 공공 외래병원들은 대개혁 자체를 위태롭게 하는데 지원 요소와 상관없이 종합병원이 기술적으로나 경제적으로 우월하기 때문에 안타깝다.

하지만 이런 방식의 개별적인 비용으로 운영되는 외래병원 시설은 우리가 바라는 궁극적인 미래 목표와 맞지 않는다. 우리는 일반인들이 일반인을 위해 보편적으로 최상급 병원을 운영하는 것을 당연하게 여기는 시기가 도래하길 기대한다. 건강하고 아픈 시민들 모두가 능력에 따라 세금으로 지불한 외래병원 시설이 운영되기를 희망한다.

이 개혁은 기술적, 경제적, 사회적 이점 외에도, 개입하기는 어려우나 의사들의 도덕에 중요한 의미가 있다. 환자 각각이 지불하는 비용이 의사의 소득과 연동되는 것은 그 자체로 불만족스럽고, 아주 확실하게 해로운 결과를 가져온다. 이는 양쪽 모두에게 수치심을 불러일으키는데, 본질은 의사가 높은 자격과 개인적인 신뢰를 바탕에 두고 서비스를 제공하면서 자신의 생계를 위해 의료 서비스 이용 요금을 부과해야 한다는 것이다. 하지만 이 문제에 대한 더 중요하지 않은 사회윤리적인 측면을 제외하면, 수입을 벌어들이는 방식이 의사들의 직업에 대한 태도에 어느 정도 영향을 미치기도 한다.

물론 의사들은 동료들이 자신의 실무에 대해 어떠한 상업적 시각을 가지고 있는지 전혀 알지 못하고, 이 문제는 자주 논의되고 있다. 때때로 들리는 정말 충격적인 바가지 사례는 스웨덴 의료계에서 드물지만, 더 일반적으로도 모든 의사는 임금체계가 환자들을 돕는 의사들의 직업적 노력에 완전히 긍정적인 영향을 미치지 않는다는 것을 알고 있다. 또한 고객들의 반응에 신경을 쓰다 보면 때때로 특히 이런 개혁에 대한 것은 말할 것도 없고, 일반적인 문제에 대한 의사들의 판단이 그들의 사고방식, 더 나아가 그들의 공개적인 의견 표명의 의지까지 제한하는 것으로 알려졌다.

소득과 일의 체계는 의사들이 종종 그들의 소명과 직업 문제를 사회적인 것으로 보지 못한 책임에서 자유롭지 못하다. 그들은 개별 인간의 걱정에는 관심이 있지만, 대부분 사회적 문제의식과 그 영향에 대한 이해가 부족하다. 이러한 사회적으로 제한적인 태도는 부분적으로 현재 의료인들 교육에서 사회적인 의식에 관한 교육이 전무하기에 발생한다. 그것은 의심의 여지없이 의사가 시스템의 일부로 사회 전체의 신뢰를 받는 대상이 아닌, 개인 사업가로 먼저 설정된다는 사실과도 관련이 있다. 특히 젊은 의사들은 아직 자신의 인격을 갖춰 나가는 중이고 실습을 아직 끝내지 못해 때때로 매우 불만족스러워한다. 우리가 봤을 때 그들은 의사가 사회에서 중요한 역할을 담당하기에 그들의 수입이 그에 걸맞도록 보장되어야 한다고 요구한다.

공공 외래병원 시스템이 환자들에게 양질의 돌봄을 보장하지 못할 것이라는 근거 없는 두려움은 우리가 제안한 시스템보다는 인력적으로 부적절한 클리닉에만 적용된다. 왜냐하면 그것은 우리 의료진에 대한 모욕이고, 궁극적으로 젊은 의과대학생들이 대학과 실제 교육에서 받을 사회적, 도덕적 교육에 대한 치명적인 비판이 될 것이기 때문이다. 교사나 판사와는 달리 의료인이 환자가 지불하는 비용에 따라 서비스를 차등 제공하리라는 것은 상상도 할 수 없는 일이기 때문이다. 자신이 아픈 것보다 더 아픈 것으로 받아들여지길 원하는 과장된 건강염려증을 가진 특정 환자들에 대해서는 개별적인 요금 체계가 필요하다는 생각을 할 수도 있다. 물론 그 환자들과 또 다른 환자들을 돕기 위한 개인 의사가 항상 있을 것이다. 어쨌든 어떤 관점에서든 그들을 위해 사회적으로 불가능하고, 기술적, 경제적, 사회적 이해에 따라 정당화된 복지 의료 개혁을 포기하는 것은 있을 수 없는 일이다.

의료 자체에서도 여전히 많은 개혁이 남아 있다. 이러한 개혁이 계속해서 공공 건강의 향상을 위해 가장 중요한 것임을 인정하면서 현대 의학의 의견에 따른다면 가장 중요한 개혁은 의료의 건강으로의 확장이다. 우리가 사회 각계각층의 환자들을 아무리 잘 돌봐도 질병은 항상 환자와 그들의 가족들에게 개인적인 불행일 것이다. 또한 환자와 대중에게 경제적 부담으로 작용할 것이다. 따라서 모든 질병은 가능한 한 예방되어야 한다. 그리고 우리나라에는 여전히 많은 일이 남아 있다. 더 나은 건강보험은 장기적으로 인구의 질을 높이는 중요한 수단 중 하나다.

　모든 종류의 의료진은 사회 보건 의료의 확장으로 훨씬 더 많은 업무를 부여받게 될 것이다. 우리는 이러한 의료 업무가 그 규모와 의미를 가지고 있으므로 공공 의료진이 자신의 시간과 힘을 거기에 쏟을 수 있게 해야 함을 알아야 한다. 이제 다양한 조사를 통해 새로운 건강관리 조직이 확립되는 중인데, 처음에는 추상적이고 아마 서류상으로만 있는 형태일 것이다. 그때 공공 의사들이 그들의 직무에 정말로 전념할 수 있는 방식으로 급여가 책정되고 고용되어야 한다. 현재처럼 종종 부업이나 심지어는 개인 의원 간판 걸이로 앉아 있는 듯해서는 안 된다.

　도시 의사와 지방 의사에 관해 생각을 해보자면, 의료 서비스 자체는 점점 더 병원과 공공 통원병원으로 옮겨지고 있으며, 공공 의료진의 시간은 실제 의료 업무에 더 많이 사용될 수 있을 것이다. 그 조건은 병원과 통원병원 시설과 밀접히 연결되어 있다. 병원을 방문할 수 없거나 병원에 입원할 필요가 없다고 인정되는 경우, 가정 방문 의료 서비스를 제공할 수 있는 특수한 의사와 간호사를 고용해야 한다. 이것은 병행 의료 서비스와 보건 서비스의 확장을 통해 전문성을 증진시키는 것을 의미한다. 그렇게만 하면 현재의 공공 의료진들이 건강 관련 업무에서 벗어날 수 있을 것이다.

　보건 의료인으로 변신한 공공 의사들의 보조자처럼 보건 의료 업무를 위해 적절하게 훈련된 간호사가 있어야 한다. 의료위원회의 지역 간호사 제안은 일부 가정 의료, 어린이 건강관리, 주택 관리, 조제 관리 등에 관한 것이 올바른 방향으로 나아가는 단계로 지지받을 만한 가치가 있다. 그러나 이 지역 간호사들이 실제로 건강관리 업무를 수행할 수 있도록 하려면 의료 서비스는 다른 의료 간호사에게 할당하는 것이 바람직하다. 물론 이런 재편에는 시간이 걸린다. 특히 인구가 적은 지역에서는 통신이 개선되었음에도 질병과 의료의 분리가 경제적, 조직적으로 어려운 상황에 직면할 것이다. 지방 의사들과 지역 간호사들은 보건 업무 외에도 그 밖의 일정량의 의료 업무를 유지해야 한다. 특히 지역에서는 건강관리 업무가 크게 증가하고 있기 때문에 지역 규모를 더 줄임으로써 지방 의사와 지방 간호사의 이러한 업무 부담을 줄여줄 수 있다.

만약 이 방법을 통해 지방을 지역으로 나누어(일반적으로 코뮌에 비해 훨씬 더 큰 지역) 보건 의료 의사와 간호사를 갖춘다면, 보건 의료 의사와 함께 특별한 의료위원회를 설치하는 것은 자연스러운 개선일 것이다. 우리의 코뮌들은 너무 작아서 '보건 구역'으로 작동할 수 없다. 또한 농촌 지방의 건강관리 문제는 지금까지 완전히 방치되어왔다. 그들의 건강관리위원회(보통 코뮌위원회)는 정말 비효율적이었다.

코뮌은 현대적인 예방적 사회정책의 행정 단위로서 너무 작다. 같은 시각이 대체로 금주 운동, 유치원, 학교, 어느 정도의 빈곤 관리에도 적용될 수 있다. 다른 한편으로는 사회복지 분야의 다양한 분야를 합리적으로 결합, 조정하는 것처럼 완전히 반대되는 요구가 있다. 기본적으로 이 일은 단일한 방향성을 가져야 하는데 여러 기관으로 분할되는 것은 실제로 분열, 이중 작업 및 비효율성을 의미한다. 미래의 목표와 같이 더 큰 구역에서 하나의

'사회위원회'가 결성되어, 기타 사회 업무를 의미하는 건강관리를 맡는 것이 좋다. 우선적으로 사회적 예방이 광의의 의미에서 '보건의 문제'라고 보고, 언젠가 사회적으로 교육받은 보건 의사들이 배출되면 자연스럽게 이들이 지역에서 사회복지 업무를 총괄하면 된다.

보건에 관련된 비용은 임금 상승을 포함해 전부 국가 예산으로 편입되어야 한다. 이 개혁은 현대사회가 추구하는 세금 재분배 및 행정 중앙화와도 일맥상통한다. 코뮌들이 내부적으로 어떤 통제를 하는지 그 관리가 허술하다. 따라서 세금으로 현금 보조금을 지급하면서 재분배를 하는 것보다는 공공의 지출과 비용이 더 큰 지역으로 이관되어야 한다. 특히 비용은 정부로 이관되어야 한다. 이렇게 하면 보건 의료처럼 해로운 낭비 없이 객관적으로 분류될 수 있다. 중앙화를 해야 하는 이유는 더 강력한 것으로, 특히 보건 의료 지출이 더욱 그러하다. 현재 비용의 이관은 예방적 조치로 장기적인 시각에서 이루어지고 대부분 코뮌이 아닌 정부의 지출이 되어야 한다.

방금 언급한 공공 의료 서비스의 발전 방향을 담은 의료 서비스의 효율성 증대를 도모하기에는 우리나라가 인구에 비해서 너무 적은 의사를 보유하고 있다. 그러므로 '프롤레타리아적인 사고를 하는 의사'들을 활용하는 것이 당연하다. 의료 서비스 체계의 구축에서 중요한 요구는 의사 교육의 광범위한 개혁이다. 미래의 공공 의료진은 기존 의료진에게 부족했던 사회위생학적인 혜안을 대학 교육 때부터 기를 수 있어야 한다. 실습 교육에서도 현재의 단편적인 병원 교육에서 벗어나야 한다. 사회위생학적인 교육의 구성은 아주 기초적이어야 한다. 사회정책 개론, 사회 권리, 사회 통계 및 사회 경제를 포함해야 한다. 특히 이 직업을 수행하는 데 필요한 사회위생 과목과 교육과정이 설정되어야 한다. 공공 의료진들은 곧이어 특별 교육을 받은 보건 의료진을 구성해야 한다. 현재 의료 서비스가 확충되고 있어서 실질적인 요구가 있는 점을 고려하면, 교육과 실습에서 이 부분이 제외되어온 것은 유감스럽다. 이 문제는 내재적인 성격을 갖는데, 이는 의학적인 것뿐만 아니라 사회정책적으로 중요한 의사 교육의 합리화를 다루고 있기 때문이다. 의료위원회가 근래 의사 교육 커리큘럼을 구성할 때 사회의료와 사회위생학에 대한 2개월 코스를 공공 의사 과목에 포함시키겠다고 한 것은 이것의 부족함을 인정하고 책임을 지는 것으로 환영할 만한 일이다. 이 과목들이 전체 의사 교육과 의사 경력에 전환을 가져올 개혁 요구에 부합하여 긍정적인 효과를 내길 기대한다.

그렇다면 계획적으로 수행될 수 있도록 공공 의료인의 업무와 교육의 재조직을 요구하는 새로운 의료의 임무는 무엇인가? 여기에는 모든 위생 실사와 통제, 기존에 해오던 의료 서비스, 모든 사람이 알고 있거나 의료법 또는 기타 다른 곳에 명시되어 있는 사항들이 포함된다. 특히, 주택 실사의 확대는 이미 언급했듯이 현재 지나치게 간과되고 있는 문제로 농촌뿐만이 아니라 도시에도 해당된다. 피임금지법이 폐지되고 낙태 허용 개혁의 문제가 사회적 통제하에 놓이게 되면 자연스럽게 성생활에 대한 상담도 공공 의사의 업무가 된다. 무엇보다도 의사와 지역 간호사의 업무는 자라나는 세대인 어린아이와 청소년의 보건 서비스에 초점을 맞춰야 하는데 이는 전체 학교 및 가정생활까지도 다루게 되는 업무다.

이 모든 분야에서 의사들은 지도하고 감독하며 또 무엇보다도 계몽하고 일깨우고 교육해야 한다. 전국적인 선전 계몽 활동이 보건 서비스와 관련해 진행될 필요가 있고, 공공 의료진과 지역 간호사들이 지역의 조직을 구성해야 한다. 어린아이들의 영양 상태, 주거 환경의 향상 등을 말하면서 이와 관련해 계몽 활동에 대해 말한 적이 있다. 아동 보육의 개선에 관한 문제가 전체 계몽 활동의 주요 부분이 되어야 한다. 책임 있는 성교육의 필요성도 일반적으로 인지된 상태다. 모든 분야에서 실질적으로 목적성이 있고 충분한 계몽 활동이 이루어지고 있지는 않기에 이것이 인력의 질에 어떤 영향을 미치는지 알려진 바가 없다.

예방적인 관점에서 중요한 것은 물론 아이들과 청년의 건강이다. 특히 특정 지역에서 영아 보육 문제를 다루는 것을 보면 길이 보인다. 정보 공유와 다른 질병의 예방 활동은 아동 사망률을 상당히 낮췄다. 더 합리적인 영아 양육에 대해, 무엇보다도 영아 돌봄의 방법들에 대해 사람들은 더 많은 관심을 표명하고 있다. 그러나 영아 기간이 지난 유아들에게는 아직 같은 수준의 홍보나 공공 건강검진 등이 이루어지지 않고 있다. 특히 정신위생학적인 시각은 근시안적인 소아과 때문에 뒤로 물러났다. 이상적인 분유의 조합에 관한 생생한 관심도 좋지만, 이런 관심이 아동기의 수많은 위생 문제에 등을 돌리게 해서는 안 된다.

영아 양육에 관한 열망들은 우선 모든 도시와 농촌 지역에서 똑같이 진행되어야 한다. 동시에 이후 연령이 좀 더 높은 유아기의 양육에 대해서도 보충되고 연속되어야 한다. 그런 조직을 이룰 수 있는 큰 지역에서는 시설이 좋은 어린이 통원병원도 질병과 상담을 연계할 수 있을 것이다. 그리고 정규직 학교 의사, 학교 치과 의사와 연계할 수 있을 것이다. 이런 의원들은 주변의 농촌 지역에서도 의료 서비스나 특별 상담의 거점이 될 수 있다. 그러나 의료 서비스 업무 자체, 현장 업무는 특히 농촌 지역에서는 다르게 이루어져야 한다. 어린아이들의 건강 상태를 지속적으로 관리할 수 있게 해야 하며, 가족과 학교와 밀접하게 늘 연결되어 있어야 한다. 이것이 보건 공공 의사와 지역 간호사의 중심 업무가 될 것이다.

나라 전체에 걸쳐 제도적으로 공공 의사와 지역 간호사의 업무 일부가 산모를 위한 출산 전후의 의료와 영아 보건을 위해 아동 보건소에서 힘을 보태야 한다는 생각이 여러 곳에서 떠오른다. 이는 이들 업무의 확장에 대해 논의 중이니 자연스럽게 포함될 수 있을 것이다. 공공 의사의 업무로 아동의 건강검진을 편성하고 유지하는 것이 자연스러울 것이다.

아동 보건소와 관련해 학교 의사 문제도 개혁 프로그램 안에 포함되어야 한다. 학교 의사제도는 교육과정에 포함되어 있고, 여학교의 고학년에서 주로 간단한 검진을 예방적인 관념 없이 진행해왔다. 1년에 몇 백 크로나를 의사에게 주고 주로 누가 체육교육을 받아야 하는지 정도를 결정하고 학기말에 형식적으로 학교의 건강 상태를 판단했다.

공민학교folkskolan는 각 학교마다 상황이 다르다. 몇몇 지역들은 학생들의 건강을 질서 있게 그리고 지속적으로 관리하고 있지만 대부분의 경우 코뮌의 무관심과 인색함으로 무시되고 있다. 농촌 지역의 학교는 특히 이를 무시하고 있다. 이러한 지역의 10퍼센트만이 정기적인 의사의 방문과 검진이 이루어진다. 그렇다고 해도 후속 조치들이 따라오지 않고 있다. 지방 의사들에게 학교 건강에 관한 어느 정도의 감독 의무가 주어졌으나 그런 의사들은 보통 의료 업무가 이미 과중한 상태인 터라 보통 그들에게 주어진 건강검진의 의무 역시 간과되는 실정이다.

학교 의사에 관한 당국의 무책임한 태도는 교육위원회에 아직도 의학계 관계자가 없다는 사실에서 알 수 있다. 학교 위생과 학생들의 건강에 대한 책임자로서의 학교 의사는 당연히 각 학교들이 갖추어야 하는 제도이고, 따라서 이는 합리적인 제안이다. 지금 현재 상태는 거의 그로테스크한 환경으로 우리 사회의 아동 보육의 현재를 보여준다. 각 주 정부에 아동 보육 컨설턴트가 있긴 하지만 이는 이름만 그러할 뿐 아동 보육 실력이 전무한 생활 보호 담당 업무의 일부일 뿐이다.

모든 학교는 이제 조만간 부분적이라도 학교 의사를 배정받을 것이다. 학교 의사는 각 학생의 신체적, 정신적 발달을 추적해 모든 질병과 장애의 증후를 관찰하고 필요시 또는 본인이 직접 치료가 불가능할 경우 적당한 병원으로 학생을 보내야 한다. 그는 또한 식생활과 휴식 시간에 대해 자문하고, 학교 공간과 학교 프로그램, 작업 방법을 위생적인 시각에서 결정해야 한다. 아이들의 음식 섭취와 주거의 기초적인 욕구가 채워지도록 하고, 아이들의 위생에 관한 우려를 표명하는 부모와 교사에게 자문한다.

결국 순수한 의료 업무에서 가능한 한 많은 지방의 보건 의사를 해방시키거나, 일부 의료 활동을 하더라도 지방 의사들이 더 집중적으로 광범위한 의료 업무를 수행할 수 있도록 충분히 관할 지역을 작게 만들었을 때, 학교 의사로서의 임무는 자연스럽고 본질적인 의료 업무의 일부가 될 수 있다. 아동 보육과 학교 위생을 담당하는 공공 의사가 있다면, 그는 자연스럽게 자신의 구역의 좀 더 나이가 어린 아이들을 포함한 다른 소아 보건 업무를 담당하게 된다. 학교 의사는 우선적으로 소아과 의사여야 한다. 이것은 자연스러운 일인데, 왜냐하면 예방 의료는 기본적으로 소아 의료이기 때문이다. 어린이들의 건강관리에 대한 이러한 방향성에 따라 출생부터 성숙기까지 사회 위생 등에 대한 전문 교육과 함께 소아과 전문 교육도 추가되어야 한다. (물론 의무적이고 충분히 심층적인 아동심리학 과정도 포함되어야 한다.)

아이들을 위한 보건 서비스가 지금까지 이루어진 것보다 더 확대되어야 함은 분명하다. 아동 보건에 관련된 많은 기관들이 이런저런 프로그램들을 제안하고는 있지만 서로 연결이 되지 않고 흩어져서 제안되고 있는데, 이는 개혁 과정의 일종인 분산 현상이다.

스웨덴의사협회의 소아과 분야는 예를 들어 한 프로젝트를 진행했는데(1923년) 이것은 아동 보건소에서 영아의 건강뿐만 아니라 산모의 출산 전후의 건강도 돌봐야 한다는 내용이었다. (이에 정부는 몇몇 지역에서 이를 실험 삼아 진행하기도 했다.) 그 이후 교육위원회는 한 가지 제안을 했는데(1931년), 매우 인색하고 조심스러운 제안으로 학교 의사 제도의 개혁에 관한 것이었다. 그들이 서로 합리적으로 연결되지 않는 한 그리고 1~7세 사이의 중요한 유아

기를 사회적인 건강관리와 통제에 포함시키지 않는 한, 이러한 프로그램은 실효성이 없거나 불필요하게 무거워지고 과도하게 조직된 제도로 이어져 문제를 실질적으로 해결하는 것을 방해할 것이다. 아동 보건소와 학교 의료에 대한 관심은 다양한 기관과 조직의 업무와 관련되어서 아동 건강관리의 전체 그림을 보는 데 실패했다. 제안된 개혁이 하나의 커다란 사회정책 프로그램의 일부로 간주될 때에만 비로소 미래 세대의 복지가 요구하는 효율성을 얻을 수 있다. 이 모든 조직 문제는 예방 의료의 확장과 효율성을 달성하는 것에 대한 가능성과 매우 밀접하게 연결되어 있다. 물론 우리가 목표로 하는 의료의 미래 방향은 특정 행정제도의 실행 또는 다른 것에 좌우될 수 있더라도, 피할 수는 없다. 우리는 단지 단순화와 합리화를 지적하고 싶었는데, 사회정책의 성격상 진보적인 의사들의 지지를 얻은 단순화와 합리화를 지적하고 싶다. 한 가지 확실한 것은 이 의료 서비스와 관련된 모든 중요한 문제들, 즉 합리적인 통원병원을 통한 의료 개혁, 의료 서비스의 확장, 의료 서비스 제공 의사, 보건 의사, 의료진 교육 등 모든 것이 통합된 시각에서 조사되어야 한다는 것이다. 그렇게 하지 않으면 작은 개혁이 넘쳐나기만 하고 감당이 되지 않고 서로를 방해하게 될 것이다. 이러한 문제들은 과거 국방부와 일부 교육부의 그것들과 마찬가지로 공개적인 시민 토론으로 옮겨져야 한다. 그들은 의료계의 내부 문제, 즉 의사협회와 의료위원회와 의료진들의 이해와 전혀 관련이 없다. 의사들은 종종 자신과 그들의 활동이 사회에서 어떻게 배치되어야 하는지에 대한 문제를 일종의 의료 '노조 문제'로 여기는 경향이 있다. 이것은 전혀 적절하지 않다. 왜냐하면 이 모든 것은 의학적인 문제일 뿐만 아니라 사회정책, 분배정책, 행정적인 문제이기 때문이다. 그리고 우리는 우리의 의료 부문이, 모든 개별적이고 종종 뛰어난 예외에도 불구하고, 사회적 지식을 가지고 있지 않다는 것을 상기해야 한다. 또한 이러한 문제들 중 일부에 대한 의사 전문성(예를 들어, 민간과 경쟁하는 공공 복지병원, 공공 의사의 고용 및 급여 관계 그리고 이미 훈련된 의사의 경우에는 의사 교육과 의료 경력)은 객관적일 수가 없고, 오히려 경제적인 이해가 얽혀 있다. 이는 그 자체로 당연한 것이며 이를 비판하는 것이 아니다. 의료진들이 이 문제들이 사회적인 문제라는 것을 더 빨리 인식할수록, 개혁을 더 강하게 견인할 수 있을 것이다. 사회정책을 둘러싼 여론과 궁극적으로 논의의 장에 자리가 거의 없는 우리 국민 모두가 이러한 개혁에 참여하는 데 관심을 가져야 한다.

이 일반적인 틀에서 특히 중요한 요구 사항은 정신 건강관리다. 과장이 아니라 우리나라에서는 이 문제가 수치스럽게도 방치되고 있다. 지난 수십 년 동안의 심리학 연구는 범죄와 일반적인 반사회성, 신경증, 타락 그리고 다양한 측면에서 개인적인 효율성의 부족이 얼마나 잘 예방될 수 있었는지 보여준다. 생애 초기 단계에서 정상적인 발달에서 벗어난 것으로 우려되는 오차를 보이는 아이들이라 할지라도 적절한 치료를 받으면 올바른 사회 적응이 가능하다. 이러한 정신위생의 문제는 이제 전 세계적으로 주목받기 시작했고, 스웨덴의 몇몇 지역에서는 '문제 아동'을 위한 별도의 상담소를 만들었다.

하지만 정신 건강 의료는 훨씬 더 광범위한 분야다. 그것은 그 특별한 아이를 둘러싼 모든 양육 환경, 즉 가정과 학교 모두와 관련된다. 이런 경우 필요한 치료는 종종 일종의 교육적 재구성이다. 복잡성, 열등감, 불안감을 해소하기 위해 인내심과 숙련된 교육 작업이 필요하다. 일상적인 상황에서도 과도하게 반응하는 것에 익숙한 아이들은 가끔은 아주 조용한 심리 환경이 필요할지도 모른다.

특히 모든 아이는 효과적인 교육을 받아서 사회의 능력 있는 인재로 자라나야 한다고 목표를 높게 설정하고 이를 성취하려고 한다면, 주로 심각한 경우를 치료하기 위한 몇몇 개의 특별 의원들만으로는 충분하지 않은 것이 당연하다. 더 나아가 예방의 차원에서는 모든 아이의 심리적인 발달에 대한 관리와 성장 환경에 대한 전문적인 자문을 할 수 있어야 한다. 따라서 정신 건강 의료가 언젠가 일반적이고 효과적이려면 지속적으로 아이의 삶 가까운 곳에 전문가가 있어야 한다.

이 전문가가 심리 전문 교육을 받은 사람인지, 아니면 의사인지는 그 이후의 문제다. 현재의 적은 교육 기회를 고려할 때 당분간은 보건 의료인이 정신 건강 의료를 현장에서 담당할 수밖에 없다. 그러므로 기초적인 아동심리학에 대한 교육이 필요하다고 주장한 바 있다.

그러나 사회복지 서비스로서 정신 건강 의료 담당자들은 반드시 의사일 필요는 없다. 정신 건강 의료 업무는 아동심리 전문가(그리고 미국의 '방문 교사visiting teachers'나 독일의 치료교육heilpädagogen 등과 같은 특별 교육을 받은 교육자)가 코뮌이나 의료기관에 고용되어 담당할 수도 있다. 이와 유사한 제도가 다른 나라에서는 진행 중인데 거기에서는 의사들이 실용적인 심리 상담을 전부 독점하게 해주지 않으면 아무것도 안 된다는 식으로 반대가 없었기 때문에 가능했다. 공공 의사가 여기에서 전제했듯이 주요 업무인 순수 의료 업무에서 다소 벗어날 수 있다면 이와 같은 정신 건강 의료가 독립적으로 전개되는 것이 진정성 있게 이루어지고 또 가능할 것이다. 왜냐하면 모든 의료, 모든 사회위생, 모든 아동 보건 그리고 정신 건강 서비스를 한 사람이 다 자격을 가지고 처리한다는 것은 결과적으로 형식적이다. 이런 경우 돌팔이 진료가 의료 서비스의 전 부분, 특히 정신 건강 부분에서 자행될 것이기 때문이다.

정신 건강 서비스가 어떻게 조직된다고 해도 가정과 학교는 밀접하게 협력해야 한다. 양쪽 다 더 깊은 심리적인 혜안과 더 섬세한 교육이 요구된다. 부모들이 더 양질의 교육을 하게 만들기 위해서는 전국적으로 광범위한 '부모 교육'이 필요하다. 동시에 훨씬 더 나은 실용 심리학 교육을 여러 가지 방법을 통해 확대할 필요가 있다. 마찬가지로 교사 희망자 중 적성과 자격에 잘 맞는 사람들을 선별해 단순히 가르치는 사람이 아닌 진정한 교육자를 양성할 수 있어야 한다. 이런 가정들이 모두 현실이 되어야 교사들 한 명 한 명이 자격을 갖추고 교과서의 지식이 현장에서 가르침으로 전환될 수 있다.

교사 선별과 교육에 대한 잘못된 판단은 분명하게 짚고 넘어가야 한다. 즉, 초기에 교사직에 대한 적합성과 교육이나 가르침에 대해 관심이 있는지 여부에 대한 판단 기준이 전혀 없다. 그리고 이렇게 목적성이 부재한 상태에서 직업을 선택한 것에 관해 특별한 교육으로 일깨워주는 과정도 없다. 대부분은 일반적이고 이론적이며 지식 중심인 학문 과정을 거쳐서 교사가 된다. 어떤 경우는 짧게 '심리학 및 교육학의 이론과 역사'에 관해 배우는 과정을 거치는데, 이는 대학 과정에서 얻은 지식을 보충하는 것이지 직업교육과는 관련이 없다. 임시직을 얻기 위해 많은 시간을 투자하고 비상근 교사로서 근무를 어느 정도 한 뒤 시간이 지나서야 정규 교사로 임용 자격 평가를 한다. 이는 비용도 많이 들고 젊은 교사들 입장에서는 가정을 꾸린 지 얼마되지 않아 적절하지 않은 시기에 임용 자격 평가 준비를 해야 한다. 이 평가는 교사 노조 소속 교사들이 담당하는데 여러 가지 과목의 '강의 기술'에 대한 것들을 평가한다. 이는 임용 자격 시험 평가에 대부분 반영되는 것들이다. 그러나 임용 자격 평가가 이루어지는 해에 교육심리학에 대한 보충은 미미하며, 또한 아마추어식에 불과하다. 임용 자격 평가가 이루어지는 해에 강의하는 자들과 교사 평가를 지도하는 자들은 교육 및 실용 심리학에 대한 지식이 없다.

평가가 끝나고 나면 강의 숙련도 성적을 받는데 이는 일시적인 '강의 기술'에 대한 문제밖에 해당하지 않는다. 즉, 교사로서의 적합성을 평가한다기보다는 좋은 곳으로 임용되지 못하게 하는 정도밖에 되지 않는다. 이렇게 시간을 다 보낸 뒤에 적합성 선별 후 임용에서 제외되는 것은 불필요하게 잔인하고, 그렇기 때문에 현실적으로 적용하기가 어렵다. 교사로서 적성과 자질을 평가해 선별하려면 되도록 교육대학에 입학하자마자 아주 초기에 하는 것이 바람직하다.

직업적인 교육에 대한 부족을 두고 일반적으로 교사들은 그들의 건전한 사고와 '경험'을 들어 문제가 아니라고 설명한다. 물론 그것이 아주 나쁜 상태는 아니다. 하지만 그것들이 사실과 제도적인 지식에 기반한 것인지는 문제다. 건전한 사고와 개인적인 경험들이 현실을 제대로 반영하지 않는다면 길을 잃는 것은 의심의 여지가 없다. 교사들의 '개인적인 경험'은 실질적이고 심리적인 관찰에 대한 실습과 그 도움 없이 축적된 경험으로 대체로 착각이다. 게다가 체계적인 교육을 위한 기술적인 자원이 전혀 부족하지 않은 이 시기에 각자가 자신의 적성을 찾아 직업적 숙련도를 갖는 것은 불필요하게 길을 돌아가는 것이다. 동시에 교사들이 개인의 의지로 계속 교육을 받고 이에 대한 이해를 증진한다는 보장도 없다.

따라서 교사 교육에 직업과 직접 관련된 세미나 교육을 되도록이면 빨리 도입해야 한다. 모든 세미나 교육은 시대의 요구에 부합하도록 통합적으로 개혁되어야 한다. 먼저 '실용' 심리학, '인간의 이해'가 교사 교육에 가장 중심이 되도록 해야 한다. 심리학 강의는 이제까지 했던 것처럼 피상적인 학문(추측에 근거하고 실험적인 심리학)으로 가르쳐서는 안 되고 더 현실적이어야 하며 교육 문제에 더 집중되어야 한다. 그래서 실용 아동심리학이 중심 과목이 되어야 한다. 심리병리학도 정상 발달에서 벗어나는 경우들을 선제적으로 발견하기 위해 교사가 되려는 이들이라면 배워야 한다. 가장 중요한 것은 아동심리학에 대한 과목들을 책으로만 배울 것이 아니라 아이들을 직접 관찰하고 분석하는 과정도 포함되어야 한다.

그러나 교사들을 위한 세미나 교육이 재편된다고 하더라도 교사 후보생들의 선별 보장성도 요구되어야 한다. 가능하다면 세미나에 참여하기 전에 선별할 수 있다면 좋겠지만, 교육의 초기 단계에서 관련 과목의 점수만 보지 말고 광범위하고 더 깊은 의미의 적합성에 대한 선별 과정이 있어야 한다. 박사학위 소지자나 준박사학위, 학사학위 소지자들이 대학 교육을 받았다는 이유만으로 세미나에 우선적으로 참여할 권리를 얻는 제도는 정말 잘못된 것이다. 다른 기준으로 통과된 교사 희망자들이 세미나에 참여해야 한다. 지금까지는 경력을 쌓아가면서 학점의 총점만 계산하는 것이 일반적이었다. 학교 교사들을 관리, 감독하는 상급 기관들은 교사들의 교육과 건강 서비스의 능력에 초점을 맞춰서 평가해야 한다. 관리, 감독에 덧붙여 더 활기찬 자극과 새로운 발견과 방법 그리고 심리학적인 자문과 지도를 제공할 수 있어야 한다. 이것이 이행되고 실행된다면 전체 교육에 새로운 바람이 불게 될 것이다.

학교교육의 목표

사회적 조직으로서 아이들을 교육하고 삶에 적응하게 하는 학교의 문제가 크다는 점을 언급했다. 이 문제는 앞으로 학교가 어떻게 변화할 것인지에 대한 문제와 밀접하게 연관되어 있다. 수많은 문제가 모두 '학교 문제'로 귀결된다.

스웨덴에서 학교 문제에 대한 논의를 할 때, 늘 사회문화적 관점은 제외된다. 사회발전이 학교에 의존한다는, 미래지향적이고 혜안을 지닌 이해가 없다. 즉, 개개인이 행복하게 사회발전에 적응할 수 있도록 하고, 새로운 사회에서 완전히 공생할 수 있는 기회를 증대하는 것이 학교의 사회교육적 목적이라는 것을 논의에 포함시키지 못한다. 간단하게 말해서 학교의 수단이 아니라 학교의 목적에 대해 논의하지 않는다는 것이다. 학교의 목적은 대부분 학교 스스로가 결정하거나 전통에 따라 결정되어도 아무런 제재를 받지 않았다. 학교는 계속해서 변화하는 사회에 새로운 세대들이 적응하기 때문에 늘 살아 있는 조직이어야 한다.

스웨덴의 경우 4학년제 또는 6학년제의 초등교육, 학급 구성, 교육과정 등 오랫동안 교육제도의 문제가 논의되었다. 1927년에 공민학교를 초등학교로 변환한 것은 깊은 사회정책적인 효과를 낳았다. 그러면서 교육 원칙 특히 학교의 '민주화'에 대한 논의가 진행되었다. 그러나 학교의 민주화는 여전히 더 많은 이에게 교과서적인 지식을 더 많이 전달하는 것에 머물러 있다. 또한 학교는 중산층의 완성 모델만 다루고 있다. 개인들을 전체적인 삶과 문화의 상황에 적응하게 하는 교육의 중요한 임무에 관해서는 아직 고려하고 있지 않다.

단순하게 학교의 목적에 대해서 질문을 하자면 다음과 같다. 현대사회에서는 어떤 사람들이 필요하며 학교에 이를 어떻게 요구할 수 있을까? 그들은 제너럴리스트여야 하는가, 스페셜리스트여야 하는가? 이론적으로 훈련되어야 하는가, 실용적인 기술을 가지고 있어야 하는가? 권위를 따르는 자여야 하는가, 문제에 대해 개방적인 자세를 가져야 하는가? 역사주의에 물든 보수주의자여야 하는가, 아니면 미래지향적이어야 하는가? 무엇보다도 개인주의자여야 하는가, 집단주의자여야 하는가? 억압받아야 하는가, 자유로워야 하는가? 혼자 전전긍긍해야 하는가, 협조적이고 부지

런해야 하는가? 복종적이고 지도자들에게 순종적이어야 하는가, 아니면 용감하고 책임감 있고 독립적인 시민이어야 하는가? 이러한 것들을 결정하기 위해서는 전통을 믿는 것도, 권위적인 도덕을 따르는 것도 충분하지 않다. 어느 하나 절대적인 인간상은 없으며, 무엇이 더 나을 것도 더 못할 것도 없다. 어떤 세상에서 그가 살아갈 것인지 그리고 어떤 세상을 그들에게 준비해줄 것인지에 달렸다. 따라서 현대인들에게 필요한 사회생활의 요건이 무엇인지 규명하는 것이 중요하다. 사회생활을 가장 효과적으로 하기에 개인적으로, 또 사회적으로 조화로운 최선의 인간상이 무엇인지 생각해봐야 한다.

이런 실용적인 목표를 설정한 후에는 학교가 교과과정을 정하면 된다. 현재 학교에서 어떤 인재를 길러내고 있는지 학교 내에서 하고 있는 일들을 살펴보면, 주로 순종적이며 반항하지 않는 봉건적이고 이기적인 자본주의자, 즉 이미 지나가버린 과거의 사회에 적합한 인재를 길러내고 있다. 학교교육의 이상은 무의식적인 경우가 많은데 주로 이 둘의 불행한 조합인 경우가 많다. 이것은 이기적인 순종주의자들에게 유리하기 때문인데, 이런 학생들은 학교 조직에 조용히 적응하고 교사들 입장에서 걱정할 것이 없기 때문이다. 그러나 우리 시대에 가장 잘 적응할 수 있는 인재상은 개인적으로 독립적이나 즉, 중세의 복종적인 인간에 반대이고 집단의 협력도 가능한 개인 자본주의의 경쟁과는 반대인 인재다. 아직 이는 학교교육에서 낯선 개념이다.

오늘날 스웨덴 학교의 전체적인 교육 방법은 협소한 개인적인 동기에서 움직이는 인재들을 길러내기 위한 것이다. 경쟁에서 살아남아야 한다는 개인의 욕구가 이에 해당한다. 개인적인 성과 외에는 평가에서 중요한 것이 없다. 그리고 평가도 표면적인 결과만을 가지고 기계적이며 요약적으로 이루어진다. 점수에 따라 과제가 정해지고 직전 시험 결과에 근거해 평가는 지속적으로 왜곡된다. 성취한 결과의 내부적인 평가는 그 평가에 만족한 사람들이나 그렇지 못한 사람들 전부에게 도움이 되지 않으며, 교사들이 학생들의 사회적인 능력 배양에 신경을 덜 쓰게 만든다.

이런 학교교육은 과장되고 잘못된 개인주의로 자연스러운 사회적인 태도를 억누르게 함으로써 학교가 미래의 인재를 양성해야 한다는 목적에 부합하지 못하는 위험한 결과를 초래하게 한다. 경쟁을 이상화하는 자유주의적 접근은 신중히 해야 한다. 내부적인 경쟁은 학교와 우리의 삶에 항상 있어야 한다. 그러나 학교의 임무는 사회의 이익을 위해 젊은이들의 경쟁력을 길러주고, 그들의 노력을 확실히 그 대상의 표면이 아닌 대상의 내용에 집중시키고, 궁극적으로 개인의 노력보다 훨씬 더 큰 관심을 가진 사회적 이상에 따라 경쟁을 구성하는 것이다. 우리는 자유주의 이데올로기에서 경쟁을 강조하며 개인의 책임을 과시하는 것이 근본적으로 일종의 반사회적인 태도의 합리화라는 것을 잊어서는 안 된다. 그것은 완전히 그렇게 반영된 적도 없지만, 역사적으로 비교적 역동적이고 짧은 과도기에 작용되었던 이데올로기로 현재는 해당 사항이 없다.

학교는 1800년대의 철학, 즉 잘못된 개인주의를 연장시키고 있다. 특히 사회주의자들은 이를 고려해야 한다. 사회주의적인 생산 질서와 계획경제는 중앙집중적이고 사회에 초점을 맞춘, 민주적으로 결정된 것일 뿐만이 아니라 무엇보다도 모든 요소의 협조가 중요하다. 그리고 사회심리학적인 요소들로 사회적인 협력을 도모하게 교육할 수 있다. 다른 이들과 협력할 수 있고, 동시에 공동의 이상과 이해를 기반으로 자신을 정의할 수 있는 능력은 아주 곤란한 성격적, 사회적 부적응의 이유가 아니라면 필수적이다. 깊은 사회적 파토스와 같은 심도 있는 특성을 기본 선택지로 하여 자신의 주도로 사회에 소속감을 느끼게 하고 집단과의 협력에서 개인의 노력이 필요한 타인에 대한 배려심을 길러주는 등 개개인을 강한 집단주의적 개인으로 키워내겠다는 것을 가장 중요한 목적으로 설정하는 학교만이 학생들을 개개인이 지분이 있는 사회의 사회적 존재로 길러 사회로 내보낼 수 있다. 이제까지의 모든 도덕적 교육은 무엇보다도 기독교 교육과의 연관성 때문인지 각자의 구원에만 매달려왔다. 그러나 미래의 그리고 이미 현재의 파토스는 나 자신이 아니다.

그러나 아이들의 첫 일터인 학교에서는 아직도 협력이 속임수라고 취급되고 있다. 산업혁명으로 짧게 촉발되었던 개인 자본주의의 시기에 존재했던 성인들의 직장 생활보다도 더 근시안적인 방향으로 아이들에게 학교 공부를 시키고 있다. 이런 전통은 버려야 한다. 교사 노조가 빠르고 완전하게 이 시급한 요구를 인지하지 못하고 강의 기술과 조직 문제로 동료들의 개혁 의지를 꺾고자 한다면, 우리가 학교 문제를 사회적으로 중요한 기본적인 문화정책의 문제로 전환해야 하는 이유가 더욱더 분명하다.

새로운 요구는 '새로운 시대로의 교육'이다. 이는 이전 시대에 너무 강조되었던 '개인적인 교육'과 '자유의 교육' 이후에 개혁 교육으로 대두되는 것이다. 이 교육은 각 개인의 더 나은 사회적 태도를 요구한다. 우리는 가정과 학교에서 개인의 고립화를 목도하고 있는데, 이것의 사회적인 원인에 대해서는 다음 장에서 더 자세히 다루도록 하겠다. 소위 말하는 '새로운 (또는) 자유로운 학교' 프로그램의 무의식적인 초점이 더 강화될 필요는 없다. 반대로 그것들은 반사회적이고 더 나아가 즐거움을 앗아가는 데 문제가 있다.

따라서 이런 사회적 교육을 요구하는 주장들은 구시대 전통주의자들과 마찰을 빚을 뿐만 아니라 현재 학교에서 찾고 있는 개혁 추구의 대부분을 재편하는 것을 전제로 함을 우리는 직시해야 한다.

개인의 사회 적응이 학교의 가장 큰 목적이라는 인식이 확산해야 한다. 또한 '개인의 자유로운 성장'을 막는 것에 대한 단편적인 개혁 요구는 하위 목표로 설정되어야 한다. '새로운 학교'가 현실적으로 이행되기 전에도 개혁에 관한 생각이 무르익었다. 실질적인 당사자들이 필요성을 인지하게 되었고, 더 많은 혜안을 갖춘 반대자들이 개인 교육에서 사회교육으로 개혁의 범위를 확장했기 때문에 이해가 깊어질 것이다.

시대에 뒤처진 학교와 '새로운 학교'의 끊임없는 성가신 요구를 이해하기 위해서는 학교가 기관으로서 얼마나 새로운 개혁과 사회적 상황에 느리게 반응해왔는지 기억할 필요가 있다. 코메니우스Comenius의 교육 프로그램은 1600년대 중반에 시작한 것으로 알려져 있는데, 현재 그는 근대 교육의 창시자라 칭송되지만 그는 학교는 모든 이에게 열려 있어야 한다고 주장했고, 일반적인 교육을 목적으로 하며, 이론적이기보다는 실용적이어야 한다고 했으며, 언어적인 지식 대신 실질적인 지식을 강조했다. 그의 주장은 실질적으로 현실에서 1800년대 들어 단계적으로 반영되었다. 로크John Locke나 루소Jean Jacques Rouseau의 '자연주의' 교육에 대한 사상과 타고난 재능을 가진 자유로운 개인의 발전에 대한 사상은 여전히 가장 현대적인 교육 개혁에 그 내용이 반영되지 않고 있다. 중세 구시대의 권위적 교육철학에 대한 투쟁은 이제 겨우 그 개혁에 대해 올바른 평가를 받고 있다. 이제야 일방적인 수업 대신 학생들의 발달 상황에 따른 개인 맞춤형 교육을 하고 자율학습을 확대하는 등 150년 된 근대주의를 우리는 아직 받아들일 준비가 안 되어 있다.

그러나 이것이 바로 위험한 지점이다. 즉, '새로운 학교'가 1700년대의 계몽철학을 기반으로 하고 있다는 것이다. 세상은 그때보다 또 더 많이 달라졌다. 개인주의 형태를 지닌 자유 이상은 당시 나타난 부르주아 혁명과 초기 산업혁명에 걸맞은 것이었다. 현재의 사회 상황과 근본적인 사회의 요구에 이 자유 교육론은 부합하지 않는다. 그것은 마치 개인이 자유로운 개인으로 길러질 수 있을 것이라는 낙관적인 희망을 제시하지만, 실제로는 사회적 요구가 교육적 이상의 방향을 정하고 영향을 미치는 것으로 설정되어야 한다. 행복하고 선한 사람이 학교교육의 목표라고 이야기하는 것은 충분하지 않다. 문제는 어떤 상황에서라는 것이다. 우리 시대는 1700년대의 자유주의적 개인주의로부터 자유롭고 자연스러운 발달을 통해 각각 선하고 진실한 인간이 된다는 철학에서 많이 성장했다. 이런 변화가 학교의 교육적 이상에 빠르게 영향을 미쳐서 앞으로는 학교의 변화에 대해 더이상 왈가왈부하지 않았으면 한다. 학교의 목표는 당연히 사회적인 것이어야 한다. 한 개인의 발달에 대한 계획적인 통제와 사회의 이해에 따른 학교의 지식 분야를 선별해야 한다. 우리는 이 중요한 학교의 재형성과 궁극적으로는 사회의 삶을 구시대의 전통주의자들 또는 자유로운 성인들을 배출하기만 하면 사회가 알아서 협력 가능한 곳이 되리라고 믿는, '새로운 학교'의 조화를 추구하는 자유주의들에게 맡길 수가 없다.

개인의 고립과 내부의 경쟁은 우리 스웨덴의 문화에 대한 국제적인 평가에도 영향을 미치고 있다. '질투', '지루함', '딱딱함', '부끄러움' 등 관계에서 개인적인 온기가 부족하고, 고집스럽게 권리를 주장하고, 형식주의적인 심리적 이해와 실질적인 인간에 대한 이해가 부족한 것 등은 우리 스웨덴인에 대해 널리 알려진 세간의 평가다. 이 모든 평가에서 자유롭고 유연한 인간의 영혼이 저해되고 또 왜곡되고 있다.

국민성은 물론 정확하게 기술되기 어렵다. 그러나 이런 경우는 경험과 관찰에 근거한 맞는 말일 것이다. 우리와 다른 이들이 정도와 내용적으로 차이가 있다는 결론을 피하기는 어렵고, 그래서 이를 고치기도 어려울 것이다. 이 비사회적이고 질투가 많고 기쁨에 인색하고, 효율성을 저해하는 개인의 고립은 우리 문화에 존재하며 이는 장기적인 교육으로 바꿀 수 있다. 인종심리학적 유전 행태의(어쩌면 정신분열의 특질이 많아서) 이유가 있다고 믿기는 어렵지만, 설사 그렇다 하더라도 목적의식이 분명한 교육으로 충분히 두드러진 특질들을 약화시킬 수 있다. 원인이 어디에 있건

간에 가정과 학교의 교육이 더 많은 책임을 져야 한다는 것은 잘 알려져 있다. 여기에서 학교가 주도권을 잡고 새로운 사회적 원칙을 교육에 적용하고, 그 이후에 가정과 같은 더 작은 교육 환경에 영향을 미칠 수 있을 것이다.

이를 위한 첫 번째 요건은 그룹 스터디, 분업, 합의한 지도와 피지도, 공동의 계획 설립, 협동 그리고 타 그룹 내 개인에 대한 배려 등을 학생들이 학교에서 미리 교육받고 나오는 것이다. 학교교육에서 빠질 수 없는 경쟁은 개인의 성적이 아니라면 그룹, 반, 학교 전체의 결과에 대한 경쟁이어야 한다. 무엇보다도 협업의 습관과 자연스러운 사회적 관계, 학급 등 그룹 내에서 교사 즉, 지도자와의 관계가 발전해야 한다. 학교에서의 사회생활은 그래서 민주화될 필요가 있고 즉흥적인 사회가 배양되어야 한다.

우리가 방금 이야기한 학습에서의 잘못된 개인주의적 태도는 성적과 졸업 등의 과장된 경쟁 때문에 아이들이 홀로 서로에게 대항해야 하고 교사와도 대항하면서 고립되고, 협업이나 협조에 대해서는 배울 기회가 전혀 주어지지 않는 것을 지적하고자 함이다. 그러나 민주주의가 깊게 뿌리내린 사회에는 각 시민들이 훈련받아야 하는 여러 종류의 개인주의가 있다. 그것은 바로 일을 일로서 스스로가 결정하고 사랑할 수 있는 능력을 기르는 것으로 이는 다른 종류의 개인주의다. 하지만 이런 종류의 개인주의는 전혀 독려되지 않고 있다. 학교에서는 거의 기계적으로 풀 수 있는 작은 규모의 과제들로 아이들 각자의 개성을 없애고 있다. 개인의 관심과 개인적인 계획과 시행착오에서 배우는 과정은 전혀 적용되고 있지 않다. 따라서 학습은 학교생활 전체가 반영되는 식으로 전개되는데 행동하기보다는 반응하고, 질문하기보다는 대답하고, 선택하기보다는 순종하는 것, 결정하는 말은 하지 않는 것을 이상으로 삼고 있다. 이는 수동적인 지적 능력만 배양되고 능동적인 지적 능력은 전혀 배양되지 않는다는 뜻이다. 인간성의 차원에서는 2등 시민, 피지배층의 위로 순종하는 인간성을 기르는 것이다. 학교교육에서는 노동에 대한 진정한 태도도 배양되어야 한다. 이런 측면에서 현대의 교육 개혁가들은 아주 적절한 비판을 내놓았다. 이제 성과에 가치가 더 주어져서는 공부하는 즐거움을 느낄 수 없다. 표면적인 '교과과정에서 요구되는 성취'는 이제 아이들의 학교생활의 목표가 될 수가 없다.

이런 학교교육의 결과는 지금껏 어느 정도 과거 사회의 요구에 부합했다. 이런 맥락에서 오늘날의 학교교육은 안정적인 계급사회를 위한 목적에 더 부합하는 것이어야 한다. 현대 경제가 무엇보다도 적극적이고 민첩한 지적 능력을 요구하고 있다고 이미 이 장의 앞에서 주장한 바 있다. 현대 경제는 과거보다도 다른 덕목을 가진 사람들에게 적어도 더 많은 기회를 제공하고 있다. 순종적인 인간의 이상은 과거지사다. 민주사회에서 상상할 수 없는 순종은 봉건사회의 최대 덕목이었다. 이제는 그 대신 적극성이, 종속이 아니라 합의가 사회의 이상이다.

우리 시대의 사회질서는 개인이 스스로 결정할 수 있는 능력에 따르고 또 그에 따라 시민에게 집단적으로 결정할 수 있는 권력을 부가한다. 정치적인 측면 이외에도 개개인은 그 어느 때보다 혼자다. 과거처럼 가족, 마을, 교회가 믿을 수 있고 가깝게 연대하는 개인이 아니다. 따라서 각자의 개개인이 스스로의 행동을 계획하고 자신의 기회에 대한 전망과 책임이 따르는 결정을 해야 한다. 그러나 동시에 현대를 살아가는 개개인은 더 넓고 다양한 종류의 사회적인 관계를 맺는다. 직장 동료를 만나고, 각종 단체에 참여하고, 사상적이고 정치적인 운동에 동참하고, 궁극적으로는 사회에 공동의 책임을 진다. 개개인은 모든 곳에서 개방적이고 근면하도록 교육을 받아야 한다. 또한 확장된 협업의 틀 내에서 개인 활동을 할 수 있도록 교육받아야 한다. 간단한 예를 들면, 아이들은 학교에서 말하기를 배워야 하는데 학교에서는 대답하는 것만 가르친다. 이 점에서 스웨덴의 아이들은 외국 아이들과 비교했을 때 불리하다. 젊은 노동자들이 동년배의 학생들보다 자신의 조합에서 자신을 더 잘 그리고 유연하게 표현하는 것을 보면 이는 부분적으로 학교에 책임이 있다는 방증이다.

인구문제에서 인구 질에 대한 커다란 문제의 가장 일반적인 측면은 사회심리학과 교육에 해당하는 문제다. 다음 세대에게 요구되는 인간상은 사회의 요구에 따라 결정된다. 교육은, 우선적으로 학교교육은 개인적으로 마모되고 비효율적인 인간을 키워내고 있다.

학생 시절의 지옥 같은 생활은 분명 이후에 엄청난 피해로 나타날 것이다. 앞에서 언급한 목표로 학교교육이 재편된다면 학생들을 미래의 능력 있고 효율적이며 조화로운 시민으로 배출할 수 있을 것이다. 더욱 심각한 것은 약한 기반 또는 특별한 환경에 처해서 사회에 적응하기 힘든 사람이 될 수 있는 개인들이다. 그들에게 학교는 사회 적응력을 높여주고 능력을 향상하는 곳이 아니라 정반대인 곳으로 분명 인성이 억압되고 왜곡되는 장소일 것이다. 성인 청년들을 예를 들어 학생들을 지도할 의무가 있는 이들은 학교생활에서 얻게 되는 바람직하지 않은 지적이고 인성적인 상흔을 연구할 기회가 많을 것이다.

학교에서 특별한 피해를 입은 영향이 어떤 부류에서 나타나는지 일반적으로 말하기는 어렵다. 교실 수업이 학생들이 가진 에너지와 능력을 완전히 다 사용하지 않게 구성된 결과, 재능이 있는 사람들은 도덕심이 무너져 내리고 나쁜 학습 습관을 갖게 되기도 한다. 또한 재능이 없는 사람들은 의식적으로 자신의 어려움을 억누르고 종종 심지어 놀림이나 책망을 듣거나 멍청하다며 동료와 비교당한다. 이에 따라 열등의식이 자리 잡고 제한된 영역에서 제한적으로 자신의 능력을 개발하지 못한다. 이런 개인적인 차이들은 다루기 어려운 부적응으로 종종 나타난다. 현재 학교교육이 이를 부추기고 있지만 보다 자유롭고 학생 개개인에게 더 집중하면서도 동시에 사회교육을 진행하고 정신 건강의 서비스 측면도 적용한다면 그런 위험은 줄일 수 있다. 그러나 이를 위해서는 교사 교육이 근본적으로 변화해 인간에 대한 심리학적 이해를 기본적으로 갖추도록 해야 한다.

그러나 문화사회적이고 개인 심리학적인 목표를 학교교육에 제시한다고 하더라도 오래되고 우리에게 익숙한 학교의 지식 전달에만 집중한다면 이에 대한 효과는 전혀 기대할 수 없다. 스웨덴 학교는 모든 이들에게 최선의 지식을 갖추게 하기 위해 최선을 다하고 있는가? 인구의 질이 향상되기를 바란다면 우리는 이와 관련해서도 개혁을 해야 하지 않을까?

우리는 언어적, 문화적, 심리적인 제약 때문에 일반적으로 우리 기관들을 과도하게 높게 평가하는 경향이 있다. 우리 스웨덴인들은 공민학교 제도에 대해 특히 국제적으로 명성이 높다고 생각한다. 스웨덴은 의무교육을 비교적 일찍 도입했으며, 따라서 빠르게 문맹율을 낮출 수 있었음을 기억한다. 그 이후 오래전부터 다른 나라의 여러 도시들도 빠르게 우리를 따라잡았다.

스웨덴의 농촌 지역 학교들은 우리가 원하는 바와 거리가 멀다는 것을 지적해야 한다. 농촌 지역의 한 소년이 4페이지의 신문을 읽으려면 일요일 반나절이 걸린다. 내용적인 측면에서도 그 지역에서 일어나는 일 외에는 잘 이해하지 못한다. 일반적으로 편지 한 통 정도는 쓸 수 있겠지만 그 구성과 철자를 보면 저소득층으로 낙인이 찍힐 것이다. 더 어려운 수학은 아마 도전할 생각도 못 할 것이다.

문제는 교사 교육에만 있는 것이 아니다. 무엇보다도 공민학교는 아이들이 추상적으로나 사회적으로 사고할 능력이 부족할 나이에 졸업을 시킨다. (상급 학교로 진학하면 이 문제는 더 좋아지긴 한다.) 더욱이 6년간의 의무교육이 다 지켜지는 것도 아니다. 농촌 지역에서는 서로 다른 학년들이 같은 반에 함께 앉아서 배우는 일이 일반적이다. 이에 따라 학급 인원수가 너무 많아서 안 그래도 어려운 효과적이고 개인적인 교육이 전혀 이루어지고 있지 않다. 지금 점진적으로 나타나고 있는 현대적 제도에서는 등하교 버스를 이용한 중앙화를 통해 여러 교사 사이에 분업이 이루어지게 해서 효율성의 증대를 도모하고 있다. 무엇보다도 학교 개혁을 전반적으로 실시하는 것이 모두에게 이롭다. 한 학급당 한 명의 교사를 배치해야 한다. 학급당 인원수가 많은 한, 우리는 교사가 과잉 공급되고 있다고 말할 수 없다. 이를 해결하려면 미래의 아이 수가 줄어들면서 남는 교사와 학교 시설을 이용하여 학급을 나눌 수 있어야 한다. 물론 잘못된 긴축정책이 교육 품질의 향상을 막지 않아야 한다.

일반적으로 정규교육 기간이 확대되어 초기에는 적어도 7년부터 시작해야 한다.[5] 현재 사회정책의 여론을 반영해 의회에서도 법안이 준비 중인 수업 시간 연장은 곧 실행될 것이다. 이 문제는 현재 청년 실업을 고려할 때 매우 시급하다. 공민학교를 일반, 직업, 공업, 실용 학교 등으로 전환하는 것도 강력하게 지지해 실시되어야 한다. 우리는 아이들이 20세가 될 때까지 사회가 계속해서 대응하여 이 기간 동안 교육의 기회가 확대될 수 있도록 해야 한다.

많은 이들은 농촌 지역의 아이들은 이런 지식이 필요가 없고, 농촌에서는 자녀들의 노동력을 사용할 수 있어서 청년 실업의 위험을 고려하지 않아도 된다고 주장한다. 이 주장에 어느 정도 동의가 되는 부분이 있을지라도 학교 수업 내용에 대한 비판은 있어야 한다. 유사한 아이디어가 미국의 몇몇 지역에서 적용되어 실제로 도시와 농촌에서 서로 다른 두 개의 교육제도를 실시하고 있다. '도시 학교'와 '농촌 학교'는 서로 다른 교과과정과 다른 조직을 가지고 있다. 심지어 교사도 다른 세미나 교육을 받아 자격 조건이 서로 다르다. 그러나 이는 미국에서도 일반적이지 않다. 오히려 정반대로 강력하게 발전하는 도시 문화를 농촌 지역의 청년들에게 의식적으로 접목하려는 노력이 있다.

도시와 농촌을 분리해서 학교교육을 서로 달리하는 것에도 장점이 있을 수 있다. 그러려면 인구가 안정적으로 유지되어야 하는데 이는 스웨덴에서는 가능성이 없어 보인다. 도시와 농촌 인구를 완벽하게 분리할 수 있다면 모르겠지만, 현재 스웨덴 내부에서 인구 이동이 강력하게 일어나고 있고 직업과 계층의 순환이 활발하게 일어나고 있다는 사실을 떠올리면 오늘날 지역에 따라 교육을 다르게 한다는 것은 위험한 생각이다. 도시와 농촌 인구의 자유로운 이동이 바람직하다는 점에서도 그렇다. 두 지역의 교육을 다르게 할 경우 농촌인구가 소외당할 가능성이 많다.

한 가지 강조하자면, 한 명의 시민을 교육할 때 동시대의 사회문제에 대한 정치적, 사회적 그리고 문화적 지향점이 정기적으로 포함되어야 한다. 시민은 사회의 중요한 문제에 대한 판단의 근거가 무엇인지, 공동으로 책임을 지는 것이 무엇인지에 대해 잘 알고 있어야 한다. 또한 시민 의식의 개인적인 발달에 도움을 받아야 하며 궁극적으로 사회발전 전체가 달려 있는 사회적 자아상을 그릴 수 있어야 한다. 시민은 사회 기관을 충분히 활용해 학습할 수 있어야 하며, 또 사실과 의견을 구분할 수 있어야 하며, 변하지 않는 것과 변하는 것이 무엇이고 사회적인 문제와 관련한 정치적인 이해가 무엇인지 알고 이를 통해 권리를 행사하면서 시민의 책임에 대해 공감할 수 있어야 한다. 농촌과 도시의 학교를 재편하고 공민학교를 1~2년 더 연장한다 해도 이런 교육의 임무는 공민학교에서 다 완료할 수 없다. 공민학교는 성장 과정에서 너무 이른 시기에 아이들을 졸업시키는데 이 시기 학생들은 지적인 시민으로 양성되었을 만큼 무르익지 않았다. 실질적으로는 직업학교의 교과과정에 이와 같은 시민교육을 포함시킬 수 있다. 사회

교육학적인 관점에서 희망 사항은 청년이 되기 전에 1년 정도 시민교육을 위한 기간이 있었으면 하는 것이다. 자발적인 교육 물결이 이 요건을 어느 정도 충족하고 있다. 농촌에서는 성인고등학교 folkhögskola가 생겨나고 있다. 이 성인고등학교는 모두가 접근 가능해야 한다. 농촌 지역의 아이들은 더 좋은 공민학교에 다녀야 하고 (현재 우리 농촌의 공민학교 수준은 재정 지원도 적고 입학 아동 수도 너무 적어서 매우 형편없다) 여기에 더해서 많은 이들이 성인고등학교 교육을 받을 수 있어야 한다. 직업교육과 시민교육을 성인고등학교의 틀에서 시행하는 것도 가능한 일이다. 이것을 이미 많은 지방도시에서 실시하고 있다. 이와 함께 일반 도서관과 청년운동의 교육 활동도 강력하게 지원해야 한다.

성인고등학교는 우리가 논의한 농촌 지역 교육의 궁극적인 목표처럼 보인다. 이런 학교의 형태는 의무교육 이후 교육이 제대로 이루어지지 않는 도시 청년들의 관심을 받고 있다. 게다가 도시에서는 최근 몇 년 동안 도서관 운동과 코스와 학습 동아리 같은 것을 세우는 교육 운동이 교육에 중요한 부분을 담당하고 있다. 강의 활동은 계속해서 참가자들이 줄어들면서 중요도가 떨어지고 있다. 최근 몇십 년간의 주요한 발전들은 자유주의의 인본주의와 '계몽'이라는 막연한 개념을 넘어서고 있다.

노동 청년, 농업 청년들이 경제적인 지원만 받을 수 있다면 그들에게 요구되는 시민교육을 스스로 조직할 가능성이 있다. 이런 자발적인 교육 운동이 (그리고 성인고등학교도 크게 개입해야 한다) 학교교육의 전통에서 자유롭고, 확실히 현대 교육의 이상에 가깝다는 점에서 이상하다. 이 교육 운동의 대부분은 학교가 받는 비판들을 받지 않는다. 이 운동들은 학교교육의 보수주의에서 벗어나 독립성을 도모하고 있다. 교과과정과 졸업 요건에 연연하지 않는다. 강의는 학생들의 자습으로 구성되기도 하고, 가장 흥미로운 과정을 선별할 수 있다. 무엇보다도 교사와 학생들이 일체가 되는 사회적 파토스를 이룬 것으로 보인다. 자연스럽게 교육 활동의 목적은 자기 활동과 협동에 관한 사회교육이다. 이는 후에 특정한 학습 동아리 형태가 되는데 여기에서 공동 논의와 공동 사고가 가능했다. 이 경향은 성인고등학교가 학습 동아리를 강의 형태로 가져가는 것과 같다.

민중의 교육 활동은 자원이 부족한데도 학교교육보다 더 현대적인 교육의 이상과 가깝다. 오늘날 학교교육의 개혁을 부인하지 않고 사회 현실과 삶의 길잡이의 중요성을 인정한다면 (우리가 150년 뒤에 기회를 놓친 것을 후회하지 않는다면) 이는 민중 교육 활동의 강력한 성장 때문이다. 우리나라는 현재 이미 이 교육 활동의 학생이었던 사람들이 지도자의 위치에 있다. 그리고 10년 뒤에는 더 많은 인재가 배출될 것이다. 그들은 그들의 교육 활동과 유사한 새로운 요건을 이해할 것이다. 그리고 그때가 되면 교사 노조에 속한 사람들이 구시대의 교육 이상을 버리고 새로운 시대에 걸맞은 개인 교육의 새로운 사회적인 목표를 요구하게 될 것이다.

직업과 계층의 사회적 순환

사회 역사상 가장 중요한 교육 문제와 관련해 직업과 계층의 사회

내 순환 문제가 최근 대두되고 있다. 무엇보다도 1800년대의 주장과 비교하면 뚜렷하게 반대된다.

직업을 바꾸고 자영업자가 되는 것은 당시 예외적으로 큰 사건이었다. 이와 같은 변화가 초기 산업혁명의 사회적 특징이기도 했다. 이와 마찬가지로 정치적인 민주화와 사회적, 경제적 조직의 변화가 계층의 상향 이동을 가능하게 하는 여러 경로를 열어놓았다.

현재는 사회 포화 과정과 대기업의 출현, 노동시장의 노조 형성, 교육을 통한 자기 계발 등이 계층을 전혀 다른 노선으로 안정화하고 있다. 이 과도기에는 아프지만 건전하고 건강한 '이기적인 인간The selfish man'은 사라지고 있다.

사회적 순환은 줄어들지 않았다. 아직 더 강력하고 크게 이행되고 있을 가능성이 크다. 그러나 학교와 교육기관들을 제외하고 순환되고 있다. 학교가 사회 전체의 순환(서로 다른 직업 간의 횡적인 순환과 함께 계층 간의 종적인 순환도)을 책임지고 있고, 그래서 사회적 순환은 더욱 증가했다. 이 책임은 청소년기에 사회가 제공하는 배려가 더 결정적이기에 더 무거워진다. 직업을 나중에 바꾸려면 많은 어려움에 부딪힌다.

직업 선택의 폭이 넓어진다는 것은 이 시대에 중요한데, 왜냐하면 일반적으로 부모의 직업 환경이 전보다도 훨씬 더 깊게 영향을 미치기 때문이다. 이전에는 전통적으로 부모의 직업을 물려받는 것이 더욱 자연스러운 일이었고 이를 둘러싼 마찰이 덜했다. 아이들은 부모의 직업을 일찍 물려받아 신뢰를 쌓고 직업적 훈련을 받았다. 직업을 물려받는 것은 확실히 효과적이고 조화로운 현상이었다. 그러나 이제는 교육을 다 받을 때까지 아이들은 직업 선택에서 자유롭다. 이런 측면에서 학교는 이전 시대 가정이 하던 역할도 하게 된다.

사회 순환은 적응 문제로 봐야 한다. 개개인이 사회에서 자기 자리를 찾아서 자기 인생의 씨앗을 심고 흥미를 키우는 것, 또 이것이 기본적으로 행복을 추구할 수 있는 권리인 것은 사회적으로 엄청나게 중요하다. 따라서 사회 순환과 이것의 진정한 통제는 인구 질의 문제에 해당한다.

이미 암시했듯이, 사회 순환에는 두 가지가 있다. 하나는 횡적인 것으로 직업 간의 순환이고, 다른 하나는 종적인 것으로 계층의 성격을 띤다. 어떤 직업은 다른 직업보다 '높은' 것으로 인식되어 더 많은 소득을 얻기도 하고 그에 따라 사회적 지위가 상승하기도 한다. 사회 순환의 종적인 측면이 계층 간의 차이와 계층 간의 반목을 부추겨서 사회생활을 좀먹는 것은 이미 주지의 사실이다. 심지어 이 때문에 혜택을 보는 이들도 이를 불행으로 규정한다. 부모가 자녀에게 해줄 수 있는 일이 자녀가 사회적으로 더 높은 직업을 갖도록 아이의 능력 이상을 발휘하게끔 압력을 가하는 것이라 여기는 경우 또 그렇게 해서 갖게 된 직업에 개인적으로 만족하지 못하고 그 직업이 요구하는 실력에 이르지 못하게 되는 경우가 많은 것이 분명하다.

따라서 생산의 민주화는 점점 더 광범위한 사회의 이상으로 자리매김하게 되었다. 사회 순환에 직업의 순환밖에 없는, 계층 없는 사회가 이상으로 고려될 수 있다. 물론 사회적인 명성은 직업과 관련해 구축될 텐데, 직업 생활에서는 다른 사람의 지도력이 필요하고 또 시민들의 야망을 유지하기 위해 임금의 차이가 지속될 수 있다. 그러나 현재의 특권 및 임금 차이의 발생은 사회적인 이유와는 완전히 거리가 멀다. 계층의 이해 증진이 목적이고 계층 이동을 위한 수단은 다 없애야 한다는 입장이다.

따라서 고임금 직군의 임금 하향 평준화 또는 저임금 직군의 임금 상향 평준화는 의식적으로 지지해야 한다. 무엇보다도 직업 선택의 전제 조건들이 유지되어 계층 순환이 될 수 있도록 지원해야 한다. 계층 순환은 자신의 전제 조건을 없애고 있는데, 즉 임금 제도를 바로잡으면서 계층의 차이를 없애고 있다. 계층 순환을 방해하는 것은 계층 차이를 더 벌림으로써 사회적 지위와 계층을 더 굳어지게 하겠다는 뜻이다. 계층 순환의 실패는 직업 순환의 실패이며 사회적 효율성을 떨어뜨리고 개인의 조화로운 직업 생활의 가능성을 줄어들게 한다.

더 일반적이고 사회적으로 중요한 문제는 직업 유동성이다. 학교와 청소년 교육의 틀 내에서 우리는 개개인의 직업 적성과 적합성을 방법론적으로 찾아 그가 최선의 조건에서 최대한의 효과를 발휘하고 사회에 적응해나가도록 해야 한다. 이런 적성을 규명하기는 어렵다. 그러나 어렵다고 해도 이로부터 벗어나기는 쉽지 않다. 사회 순환의 책임은 이미 학교와 교육기관에 지워졌다. 어떤 식으로든 직업의 선택이 적합하게 이루어져야 한다. 선택이 잘못될 위험은 당연히 생길 수 있으므로 이를 방지하기 위해 도울 수 있는 방법을 찾아야 한다.

기술적으로 가능하고 더 나은 방법들이 적성과 관련되어 나오고 있다. 학교 성적과 재능 검사로 초기에는 이론적으로 재능을 구별할 수 있고, 이를 바탕으로 더 수준 높은 고등교육기관 입학이 가능할 것이다. 이런 방법은 수백 년 동안 적용되어왔고 원칙적으로 새로운 문제는 별로 없다. 하지만 교사들의 교육철학적이고 심리학적인 소양은 더 깊어져야 하고, 오늘날의 여러 가지 지능 및 성과 검사로 기술적으로 보충되어야 한다.

실용적인 직업들 사이에서 선택을 하는 데 심리 검사가 더 자주 적용되고 있다. 우리나라에서는 이제까지 이런 잠재력을 활용하지 않고 있었다. 이웃 나라들이 이 부분에서는 더 앞서 나가고 있다. 덴마크와 노르웨이는 시설 좋은 심리 기관이 이와 관련된 검사를 실시하고 있다.

개인에게 적용되는 몇몇 직업의 심리기술적 선별은 물론 해당 직업과 관련되어 이루어져야 하고, 당사자의 관심과 희망에 따라 검사가 진행되어야 한다. 절대 기계적인 선별을 해서는 안 된다. 개인의 적성을 바르게 판단하기 위한 도움으로만 사용되어야 한다. 이 심리 기술 검사가 어떻게 조직되어야 하는지는 그다음 문제다. 때때로 학교에서 직업 상담에 활용되거나 학교 당국에서 행정적으로 선별할 수도 있다. 또는 직업상담소에서, 관심이 충분히 있다면 기업 또는 산업 단체들과 연계해서 사용할 수도 있다. 외국에서는 이미 그렇게 하고 있는데, 예를 들어 교사 선별에 이 심리 기술 검사를 도입할 수 있을 것이다. 학교와 가정, 산업 관련 조직들이 최대한 밀접하게 협업했으면 하는 것이 희망 사항이다.

청소년들의 직업 선택 문제와 관련해 강한 관심이 있는 부분은 노동조합이 주도하는 노동운동이다. 소위 말하는 '노조 독점'이라고 불리는 문제를 거의 모든 노조가 가지고 있는데, 이 표현에서 알 수 있듯이 현재 노조들은 노조 내에서 교육과 직업 가능성을 요구하는 많은 젊은이로부터 과장되게 조합원을 보호하려고 한다. 이런 경향은 분산되고 탈중앙화된 노조운동에서 관찰된다. 전체 노동 계층과 사회의 이해를 대변하는 노조들은 젊은 노동자의 문제에 대해 전혀 다른 태도를 취하고 있다. 그 노조들은 직군 내에 많은 인구가 몰리는 것을 막기 위한 부정적인 목적에 스스로를 제한하지 않고, 젊은이들이 적합한 직업을 선택하도록 지도하는 긍정적인 목적에 집중한다. 노조운동 내에서 권력의 중앙화를 도모하는 것은 (민주적인 원칙으로 권한의 이양이 구성) 아직도 몇몇 노조에서 보이는 집단 이기주의를 막으려는 목적이 있다. 또한 이것이 노동자들의 연대에 위험하다는 사실을 인지하고 전체 운동이 생산 민주화의 수단으로 발전하고 구성되도록 하기 위함이다.

점점 더 증가하는 청년 실업을 잊어서는 안 된다. 노조운동은 특정 몇몇 직군의 결합이나 몇몇 특권 노동계급을 대변하기 위한 것이 되어서는 안 된다. 실업자들과 청년 실업의 보호만 위한 것이 되어서도 안 된다. 이런 방향으로 발전한다면 이는 노조운동의 실패를 의미하며 동시에 민주주의 사회의 위험이다. 노조운동은 전체 노동계급의 이해가 노동시장의 조직에 부합되는 방향으로 이루어져야 한다. 노조운동은 각기 다른 분야와 지역의 생산 요구에 어떤 노동력을 제공할지 그 적응 방식을 조정하는 것이어야 한다. 현재는 요동치는 변화로 적응이 매우 어렵고 광범위하다. 더 합리적인 직업 선택은 이 적응 프로세스에 필요한 수단이다. 이것이 기존 노조의 입장에 변화가 있어야 함을 뜻하더라도, 직업의 선택의 문제를 있는 그대로 그냥 놔둘 수는 없다. 왜냐하면 이 문제는 각각의 노조의 이해에 관한 문제일 수는 있으나 전체 노조운동의 이해에 관한 것일 수는 없고, 사회의 이해와 자라나는 청년의 이해는 다르기 때문이다.

직업 선택의 합리화 그 자체만으로 충분한 것은 아니다. 그 직업에 종사할 수 있게끔 교육을 받을 수 있어야 한다. 원칙적으로 젊은이들의 교육 요구에 부합하도록 교육 전체가 새롭게 조직되어야 한다는 것이 일반의 의견이다. 직업 세계로 가는 길이 막혀 있어서는 안 된다. 교육 기간 중에 소득이 발생하지 않으면 젊은이들이 스스로 교육 비용을 감당해야 하는 경우가 많다. 이론 중심의 고등교육일 경우 장기간 많은 학비가 들어가는 학생 시절을 보내야 하는데, 이 사회적인 요구는 매우 중요하다. 여기에 사회가 경제적으로 개입해야 한다. 무상 교육을 하는 것에서 그치지 않고 학생들에게 학습 기간 동안의 생활비도 지원해야 한다.

이를 위해서는 초등교육의 이상이 실현되어야 한다. 작은 학교와 상급 학교로의 진학이 가능한 것은 절반의 성공일 뿐이다.

충분한 규모의 학습 장학금이 마련되어 모든 사회계층으로부터 인재들이 나와 본인이 원하고 관심 있는 분야에서 공부할 수 있게 해야 한다. 이렇게 하면 가정이 자녀 교육을 위해 져야 하는 부담도 줄어들게 된다. 그리고 예외의 법칙을 적용해서 구시대적이고 해로운 직업 간의 계층 차이로부터 벗어날 수 있을 것이다. 저소득층 아이들이 교육을 무상으로 받는 것, 적은 수의 학생이 적은 장학금을 받는 것, 적은 수의 학생들이 무이자 학자금 융자를 받는 것으로는 충분하지 않다. 재학 기간 동안에 생계가 가능한 대규모의 장학금이 필요하다. '무상' 교육은 저소득층 아이들이 자신의 생계를 책임지지 않아도 된다는 의미가 아니다.

원칙적으로 비용에 대해 겁먹을 필요가 없다. 공공이 지원하는 교육 장학금은 투자로 볼 수 있다. 후에 교육을 마친 아이들이 그 가치를 노동시장에서 발휘할 것이다. 즉, '학습 노동에 대한 임금'이라고 생각하면 된다. 자신이 희망하는 것 그 이상으로 융자를 얻는다고 하더라도 중산층이나 상류층은 보증인을 쉽게 찾을 수 있지만, 대부분 농민과 노동자들은 이것이 불가능하기 때문이다. 특히 능력이 있는 이들은 가족의 지원 없이도 공부할 수 있는 가능성이 열려야 하는데, 바로 이런 이유 때문이라도 충분히 크고 충분히 광범위한 재원이 마련되어야 한다. '학습 노동에 대한 허락'이라는 이데올로기를 도입할 수 있다. 이와 가장 유사한 제도가 소비에트러시아에서 실시되고 있다고 두려워할 필요는 없다. 심지어 보수적인 영국에서도 이와 유사하게 1학년 때부터 대학 그리고 대학원까지 장학금이 제공되는 방향으로 발전하고 있다.

프롤레타리아 학생과 교육 수준이 높은 직종의 인력이 남아도는 오늘날, 이런 개혁은 인기가 없을지도 모른다. 그러나 우리 생각에는 심지어 고등교육을 받는 학생의 생활비를 완전히 공공이 다 부담한다고 해도 (이 개혁은 향후 몇 년 동안 비용도 들지 않음) 인력이 과잉 공급되는 것이 아니라 오히려 줄어들 것으로 생각된다. 고등교육의 부담을 공공이 진다면 경쟁이 있기에 자리가 제한되는 것은 물론 교사들은 이전의 태만한 태도와는 다르게 게으르고 능력 없는 이들은 다른 교육을 받도록 지도할 것이다. 특히 대학 교수들은 자질이 없는 학생들이 강의나 교육을 어렵게 한다고 불만을 토로하는데, 그들은 양심의 선택 없이 지능과 자질의 요건을 높이는 것을 환영할 것이다.

그리고 이 제한을 우리가 희망하는 대로 실시하고 동시에 재능과 야망만이 제한의 요건이 되게 해야 한다.

이전에 우리가 말한 사회정책적인 개혁들은 더 높은 교육을 받은 노동력을 필요로 할 것이다. 능력 있고 교육받은 인력을 십분 활용해야 하는 것은 자명하다. 그러나 사회적인 순환의 통로를 막는 것은 비합리적이다. 앞에서도 주장했지만 계층과 직업의 순환이 막힌 것은 학교가 그런 통로의 역할을 하지 못하기 때문이다. 비용 측면에서도 막을 수 없는 '높은' 직업의 상류층 독점을 더 강화하면 계층의 순환이 더 저해되고, 그 결과 계층의 차이는 더 벌어지게 되며 사회와 경제의 주요 지점의 효율성 저하로 이어진다. 이는 기술적, 경제적, 조직적 그리고 이데올로기적으로 급격히 발전하려는 사회에 엄청난 피해를 초래할 것이다.

요약

이 장에서 언급한, 희망 사항으로 나열한 미래 개혁의 주요 쟁점은 인구의 질이었다. 문제는 우리가 어떻게 해야 인구의 질을 향상시키자는 요구에 부합할 수 있는가다. 이 주장에는 서로 다르지만 같은 맥락을 지닌 두 가지 관점이 근간에 깔려 있었다. 자녀 보육 부담에 따른 경제적 재분배를 각 가정의 자녀 양육 비용을 줄이는 목적으로 실시해야 하고, 더 나아가 계층 간의 경제적 재분배가 필요하다.

　이런 일 대부분은 비용이 많이 들 것이다. 물론 전부 다 그래야 하는 것은 아니다. 몇몇은 조직을 목적에 맞게 재편하고 동시에 비용을 재배분하는 것으로 충분하다. 가정의 비용을 사회로, 즉 우리 모두에게 이관하는 것이 이에 해당한다. 제안의 대부분은 아동 보육의 질을 높일 것이라는 데 의심의 여지가 없다. 투자는 좀먹고 돈에 대한 욕심이 만연한 이 세상에서 경기에 따라 안정된 주식시장이 공중분해되기도 하지만, 교육에 대한 투자는 우리가 이 세상에서 하는 다른 어느 것보다 더 좋은 결실을 맺을 것이다. 스웨덴은 천연자원이 풍부하고 더군다나 우리 인력은 도덕적으로 건강하고 지적으로 민첩하며 신체적으로 강하다. 우리의 인구 자산을 잘 관리한다면 우리가 가난해질 이유는 전혀 없다.

　그러나 정말 중요한 투자를 하기 위해서는 생산을 더 해야 한다. 상류층의 과소비를 통제하는 것은 가능하지만 그것으로는 이 사회 개혁을 위한 비용을 감당하지 못한다. 이것은 분명히 할 필요가 있다. 우리는 대량 실업을 해결하기 위해서라도 생산을 더 합리적으로 조직하고 또 증대해야 한다. 그 결과는 고스란히 우리의 것이다. 출산율이 순재생산율 이하로 떨어지고 있고, 앞으로도 계속 떨어질 것으로 예상되는데도 아이들에게 충분한 영양과 곰팡이 없는 넓은 주거 환경, 제대로 된 의료 서비스와 좋은 교육도 제공하지 못하는 동시에 인력도 제대로 활용하지 못해 대량 실업으로 내몰리는 이런 사회는 비합리적이고 비상식적이며 비도덕적이다. 또한 이런 현상을 인정함으로써 이미 절망적이다.

　이 절망을 깨달은 국민은 사회를 재조직할 것이다.

사회의 생산 조직과 생산 결과의 재분배에 대한 커다란 정치적인 근본 문제는 현재 우리가 어떻게 살아갈 것인가에 관한 문제가 아니라 더 황량한 문제, 즉 우리는 살아갈 수 있는가에 관한 문제다. 이것이 사회정책에 대한 인구정책적인 관점의 심오한 내용이다.

8장

사회정책과
가족의 사회학적 발전

아동의 보육, 양육, 교육에 초점을 맞춘 예방적 사회정책의 급진적인 개편과 확장은 이미 사회제도로서 가족 자체가 대대적인 변화를 겪었고 또 그 변화가 진행 중이기 때문에 지금 필요하다.

도덕주의자들은 가정생활의 '쇠퇴'를 한탄한다. 낡은 가족의 결속은 우리가 잃어버린 소중한 것이라 주장한다. 결혼 윤리는 퇴보했다고 간주되는데, 이는 결혼 기간이 짧고 개별적인 구속력이 떨어지는 경향이 있기 때문이다. 그 이유는 '도덕적 해체'에서 볼 수 있는데, 도덕주의자들은 이를 설교하려고 하고 능력의 범위 내에서 반대하는 입법을 모색하기도 한다.

대중적인 반도덕주의자들은 이와 동일한, 피상적 수준의 토론을 진행한다. 이들은 병적일 정도로 분개하고, 파괴에 대한 기이한 파토스를 가지고 도덕적 해체를 과거의 사회적 편견의 마술로부터 벗어난 해방이라고 찬양한다. 또한 때때로 성적인 측면에서 개인적으로 성적인 구속이 없기에 자율적인 무정부 상태라 한다. 유토피아에 아이들의 자리가 있을지는 모르겠다. 소비에트 연방에서 오랫동안 회자되었지만 적용되지는 않았던, 아이를 완전히 사회가 데려가 키우는 것은 이제 그곳에서도 이상적이지 않다고 여기고 있다. 오늘날의 도덕적 논의는 때때로 수십 년 전의 종교적 논의와 비슷한 점이 많다. 도덕적으로 '신자'에 대항해서 '비신자'들은 한때 무신론자들처럼 부정적인 열성분자로 (종교에 대한 명백한 집착의 힘으로) 신을 믿는 것에 반대했다.

그러나 현재 일어나고 있는 일은 도덕주의자들과 반도덕주의자들이 일반적으로 생각하는 것보다 훨씬 더 깊다. 궁극적으로 그것은 '도덕적 해체'나 '도덕적 해방'의 문제가 아니다. 도덕적 설교나 반도덕적 선전을 통해 영향을 미칠 수 있는 것도 아니다. 그리고 도덕주의자들은 안심할 수 있는데 왜냐하면 도덕성은 그대로 남아 있기 때문이다. 도덕은 사회학적 필요에 강한 뿌리를 가지고 있다. 그것이 항상 같은 형태로 돌아오는 것은 아니다. 늘 변경된다. 그러나 우리는 역사와 인류학적 연구를 통해 사회구조의 변화에 따라 도덕도 변한다는 사실을 배웠어야 한다.

'도덕적 해체'와 이 문제에 대한 대중적인 논의는 단지 가족제도 구조의 사회학적 변형을 반영할 뿐이다. 생산기술과 인간 삶의 조건 자체의 훨씬 더 심오한 변화가 이러한 움직임을 주도했다. 현상에 대한 이런 더 깊고 과학적으로 참된 관점은 가족을 신이나 인간이 자유롭게 선택하고 제정한 관계로 간주하는 것을 중단하고, 주어진 경제적, 사회적 조건에서 어느 정도 행복하게 사람들이 공존하는 사회 조직의 한 형태라고 보는 사회학적 관점이다.

이러한 관점에서 볼 때, 도덕주의자들과 종종 반도덕주의자들이 주로 주장했던 개념이 얼마나 잘못된 것인지는 명백하다. 첫째, 그들은 결혼과 가족의 문제가 개인의 태도, 즉 신학자들이 문제를 표현하는 데 사용했던 것처럼 그들의 본성과 영혼 측면 사이의 윤리 문제라고 생각했다. 둘째, 그들은 이러한 개별 결혼과 가족을 통해 구축되는 사회제도 문제라고 생각했다. 실제로는 그 반대로 제도가 사회적으로 우선하며 그 성격이 개인의 태도를 결정한다. 도덕성은 본질적으로 제도의 기능이지 그 반대가 아니다. 그리고 제도는 본질적으로 전반적인 사회발전의 기능이며, 이는 결국 주로 기술이 주도한다.

더 큰 사회적, 개인적 조화를 달성한다는 의미에서 실제적인 조치를 통해 문제를 '해결'해야 하는 과제에 직면했을 때, 가족에 대한 그러한 사회학적, 제도적, 과학적 견해는 도덕적 또는 반도덕적 견해보다 더 비관적이다. 개인을 일깨우고 변화시킴으로써 장기적이고 심오한 방식으로 사회를 변화시킬 수 있다는 것은 도덕적인 환상이다. 사회학적 관점은 이보다 낙관적이며 모든 도덕주의자들이 관심을 가져야 하는 지점이 있다. 사회제도의 변화를 통해, 공존의 외적인 조건의 변화를 통해 개인과 개인의 도덕적 태도를 변화시킬 수 있다. 사람들이 전통적인 관성에서 벗어나 궁극적으로 경제적, 기술적 요소 때문에 균형이 깨진 새로운 삶의 방식으로 행복하게 살 수 있도록 길들이고 강제할 수는 없다. 그러나 사회 선체의 발전과 더욱 조화를 이루도록 제도의 변화를 조정하고 통제하고 이끌 수는 있다. 그렇게 함으로써 개인의 도덕적 부적응의 원인을 처리할 수 있다. 이러한 추상적인 명제는 사회학적 접근 방식을 알지 못하는 사람들에게 그 자체로는 그다지 의미가 없지만 언급되었다. 뛰어난 유연성 없이는 내용을 더 풍부하게 할 수 없다. 뒤이어 계속되는 주장은 비록 제한된 영역에 불과하지만 보다 구체적인 내용으로 예를 들도록 하겠다.

가족의 변화

이러한 관점에서 볼 때 동거의 형태로서 가족은 사회의 총체적 발전과 함께 지속적으로 변화해왔다고 가정해야 한다. 이러한 변화 과정을 인류학적이고 역사적인 예를 통해 설명할 수 있다. 남태평양제도의 가족과 크게 다른 유형의 유목민 가족, 둘 다와 똑같이 다른 동양의 가족, 아이슬란드의 혈족 가족 등이 그 예다. 우리나라에서 가족제도는 시간이 지남에 따라 대대적인 변화를 겪었다. 이와 관련해 오늘날 가족제도의 흔적이 많이 남은 세 단계를 이해하면 될 것이다. 농경에서 수공업 사회로의 전환하던 시기의 가부장적인 가족, 산업혁명 기간 동안 해체된 반가부장적이며 개인주의적인 가족, 마지막으로 산업화로 변화한 경제적, 사회적 조건에 대한 일종의 보다 최종적인 적응으로 서서히 형태를 갖추기 시작한 완전히 현대적인 가족 유형이다.

　우리가 목도하고 있는 것은 이 끊임없는 적응 과정이다. 이를 통해 개인적인 갈등과 새로운 사회적 문제들이 야기된다. 구시대적이고 오래된 도덕의 녹으로 장식된 안정된 가부장적 가족 유형은 오늘날 엔지니어에게 기사의 갑옷만큼이나 적용이 불가능하고 무의미하다. 현대 가족 유형도 시간이 지나 전통이 금박을 입히면 언젠가는 대중적인 도덕적 가치를 획득하게 될 것이다. 하지만 안타깝게도 지금은 알 수 없는 특정 방향으로 더 변화했을 때만 그럴 수 있을 것이다. 그러면 도덕적 이상화가 다시 한번 발전을 저해하고 사기를 꺾는 것처럼 보일 것이다. 모든 변종을 고려하지 않고 우리가 '이상적인 유형'(막스 베버Max Weber의 의미에서 사회정치적 이상과는 다른 대안을 위해 선택된 추상적 표준화)으로 간주하는 가부장적 가족 유형은 고대의 생산 질서와 사회조직에 어느 정도 적절하게 적응했다. 가족은 사회의 세포였다. 자급자족의 시대에 가족은 생산 단위인 동시에 소비 단위였다. 가족은 완전하고 어느 정도 폐쇄된 경제 공동체였다. 사람들은 가족 내에서 소비할 것을 생산하도록 서로 도왔다. 다양한 가족 구성원의 노동 노력은 전통과 개인의 기능적 능력 면에서 확실히 달랐지만 그럼에도 상당히 동등했다.

특히 오래된 농민 가정의 결집력은 분업의 필요조건이 되었다. 남자는 밭을 갈고 씨를 뿌렸고, 아내는 마로 천을 짜고 젖을 짰으며, 아이들은 갈퀴질하고 돌을 골라냈다. 모두가 필요한 작업에 동참했으며 단기적으로 추수 시기 같은 때에는 노동의 집중도가 증가했다. 이것은 노동 분업의 한 예일 뿐, 그 자체로 어느 한쪽으로 권력이 집중되었다는 의미는 아니다. 따라서 노동이 어떻게 분배되었는지는 가족 구조의 기본 유형과 관련해 중요하지 않다. 노동의 분배 방식은 또한 다른 지역과 다른 시대의 외부 조건과 전통에 따라 변했다.

본질적인 것은 일정한 분업이 적용되는 생산 및 소비 단위로서의 가족의 성격뿐이다. 가족 조직의 가부장적 요소는 예전부터 인정되어왔던 성인의 돌봄이 전통과 종교에 따라 허가되어온 것으로 인지되었으나 가장의 법적인 권력 위치는 소비 가계가 되기 전에는 그렇다 할 것이 없었다.

이 오래된 가부장적 가족에서 가장의 독재에 관한 생각은 과장된 경우가 많다. 사실 주부에게는 거의 완전히 평등한 권력 행사의 여지가 있었다. 그녀는 자신의 생산 기능을 통해 이 권력에 대한 확고한 기반을 갖추고 있었다. 또한 이 조직의 틀 안에서 삶은 정지되어 있었기 때문에 의무에 얽매인 '민속과 관습', 일반적으로 존중되어온 관습과 전통에 대해 자세히 알 수 있었다는 사실을 잊어버렸다. 이것들은 외부의 영향으로 어느 당사자가 개인적으로 변덕스럽게 권력을 행사할 가능성을 줄였다. 가부장적 가족은 사실상 집단성의 전형이다. 실제로는 전복되고 억제되고 자유롭고 정체된 집단적 삶이지만, 그런데도 상당히 안정적인 형태의 이익 공동체였고 구성원들이 기능을 분담했다.

가족의 존재가 토지 소유권과 밀접하게 연결되어 있다는 사실은 사회적 균형과 가부장적 질서의 영속화에 크게 기여했다. 농민 간 결혼의 특징인 오랜 지속성과 농민 가족의 내적 결속력은 아마도 공동 재산에 대한 구성원들의 이해관계에 크게 기인했다고 생각된다. 이 가족 유형에서 공동 재산은 일반적으로 편리하게 돈으로 변환되고 나누어져서 각자가 가고자 하는 길을 갈 수 없었다. 가족 구성원들은 모두 농사를 지어야 했고, 농사 기술은 모든 노동력의 참여가 이루어질 때 가능했다. 개인적인 에로티시즘과 집단적 재산권이 충돌할 때 에로티시즘이 양보해야 했다. 따라서 이 가족 유형에서는 이혼이 거의 없었다. 에로틱한 현실의 극적인 해결은 생각조차 할 수 없는 것이었다. 그때 부부간의 믿음은 지금보다 더 컸기도 했겠지만, 당시 혼인 파탄은 너무 많은 혼란과 너무 많은 경제적인 어려움을 초래했을 것이기 때문에 사람들은 배우자의 외도를 눈감아주는 편을 선호했다.

오늘날에도 이러한 경제적 고려가 어느 정도 여전히 문제가 된다. 19세기의 결혼이 20세기의 결혼보다 더 확고했던 것은 확실히 그 당시의 아내들은 재산권, 자립의 수단도 없었기에 감히 자신의 도덕적 또는 개인적 요구를 주장할 수 없었기 때문이다. 또는 이와 반대로 재산의 전부 또는 대부분을 유산으로 가져왔거나 가장 큰 소득 잠재력(보통, 남자)을 가진 당사자가 규정된 범위 내에서 부와 소득의 처분에 차이를 보일 준비가 되어 있지 않았다는 사실 때문이었다. 지금보다 훨씬 더 확고한 믿음과 상호 배려의 기반이 구축되지 않았기 때문이기도 했다. 그래서 관습은 커다란 장벽을 형성했다. 그러나 사회학적으로 관습은 주로 규칙에 구속력이 있는 관습이므로 궁극적으로 앞서 언급한 구속력이 있는 공동의 경제적 이익이 혼인 유지 기능을 했을 것이라는 게 사실에 가깝다.

가부장적 가족에 존재했던 안정적인 사회조직은 아이들에게도 여러모로 도움이 되었다. 오늘날에도 가정은 아이들의 전부이고 자연스러운 성장 환경이라는 말을 따르는 이들의 눈에는 이런 가족의 이미지가 모범적으로 보일 것이다. 자본주의 이전의 가정에서 아이들은 어른들과 아주 밀접하게 생활했다. 이것은 특히 농가에서 그러했다. 가부장적 가족은 진정으로 아이들이 자라기에 이상적인 환경을 자연스럽게 제공했다고 말할 수 있다.

아이들은 처음에는 그다지 잘하지 못했지만 모든 일에 참여했다. 그리고 그들은 주변에 진짜 물건을 가지고 있었다. 그들은 자연현상과 이를 이익에 부합하도록 조정하려는 어른들의 노력을 관찰했다. 그들은 자신들이 어른이 되어 미래에 사용할 모든 도구와 물건을 일찌감치 파악했다. 놀이는 자연스럽게 일이 되었고, 자연스럽게 그들의 세계관은 성숙해졌다. 그리고 그것은 균형을 유지했는데, 왜냐하면 그들 주변의 세계는 견고하고 완전했으며 거의 폐쇄된 사회조직이었기 때문이었다. 아이들은 자신이 미래에 속하게 될 바로 그 일과 생활환경에서 자랐다. 모든 가치척도가 고정되어 있었다.

온 세상은 정적이었다. 그들의 인간관계도 마찬가지였다. 아이들은 친척 및 교구에 있는 사람들과 교제했다. 성인이 되어 기혼이 되어도 사회적 접촉 기회의 범위는 크게 확장되거나 변경되지 않았다. 이것은 우리 시대의 상황과 엄청난, 물론 다소 과장되었지만 '이상적이고 전형적인' 차이가 있다는 것을 의미한다. 자녀 교육은 당시의 사회적 조건에 적합한 것에 대해서만 말할 수 있다. 가족 조직은 자연 조건과 기술 발전으로 결정되는 생산 질서뿐만 아니라 성장하는 가족 구성원이 성인이 되었을 때 필요한 기술과 삶의 가치에 대한 교육에도 적응해야 한다.

이것은 구시대적 상황에 대한 반동적인 미화가 아니다. 우리는 과거에 사람들이 얼마나 비참하고 가난하게 살았는지 알고 있으며, 관습에서 올라오는 오물과 가난 및 협소한 공간의 악취를 느낀다. 우리는 과거로의 귀환을 바라지 않고, 그것은 또한 불가능하다.

그러나 사회학적 발전과 현대의 문제를 이해하기 위해서는 그러한 정적인 존재들의 착취로부터 얼마나 자유로울 수 있는지, 수세기 동안 기존 조건에 합리적이고 효과적으로 적응해온 사회제도가 어떻게 바뀔 수 있는지를 염두에 두어야 한다. 그다음 우리의 생각을 지배하는 전통의 힘을 이해하고, 전통에서 벗어나고자 하는 새로운 사회적 통찰력을 가지려는 노력이 필요하다.

특히 자녀 교육에 관해서는 이와 관련해서 아무리 강조해도 지나치지 않다. 현재 이해를 구하려고 애쓰는 교육 프로그램은 이제 그것을 적용할 시기가 도래했다. 이 문제는 예를 들어 '기능적 교육' 프로그램이 너무 많다는 지적이 잘 설명한다. 왜냐하면 이 교육 프로그램은 특별한 놀이 및 교육 방법을 연구할 필요 없이 명백하고 완전하게 이미 충족되었기 때문이다. 훈육의 문제도 완전히 달랐는데, 그 당시에는 모든 일상 행위의 대부분이 성과 중심이었고, 전통과 의무에 얽매인 관습의 체계를 통해 완전히 다른 방식으로 규제되었다. 이 경우 '복종'이 편의의 관점에서도 심리적으로 더 필요했음이 보다 명백했기 때문이다. 사실 새로운 교육 프로그램은 각 가정에서 이전에는 수용했지만, 이제는 수용하지 않는 사회적 환경 요인을 대체하기 위해 주로 만들어졌다.

점차 다가오는 산업화는 자본주의 이전의 가족이 형성한 경제적 이익 공동체를 기반으로 하는 형태의 인간 공존에 심각한 마찰을 야기한다. 산업화와 함께 화폐경제가 등장하고, 이 안에서 사회 전반에 걸친 노동 분업과 기능 분업이 확장되자 가족은 통합된 생산 단위와 소비 단위로 분리된다.

이러한 사회학적 변화는 분석 시 선택한 관점에 따라 다양한 노선을 따를 수 있다. 지금부터 우리는 사회정책적인 새로운 적용에서 가장 강력한 효과가 나타날 사회적 이동성 증가, 노동 공동체의 폐지, 가내 생산의 축소, 특히 여성과 아동의 경제적 고립, 실업의 증가, 일하고 현금을 임금으로 받는 남성 가장의 개인적인 권력의 증가에 대해 연구하고자 한다.

산업화와 함께 시작된, 자본주의 이전의 가족 해체를 가져온 역동적인 불안은 19세기 전체 부르주아 계층을 가득 채우고 있으며 여전히 지속되고 있다. 가족 해체는 사회 역사적 과도기인 이 시대의 사회적으로 가장 뿌리 깊은 특징일 것이다. 개인 및 사회적인 긴장은 사회제도(이 경우는 가족)와 그 제도가 존재하는 전체 경제 및 사회 생활의 조건 사이에 부조화가 만연할 때 발생한다는 것이 주요 관점이 되어야 한다. 앵글로색슨 사회학자들이 '시차lag'라고 부르는 것이 발생했는데 이는 가정생활과 경제생활, 즉 두 개의 사회현상의 발전 속도 차이를 의미한다. 가족은 발달에 뒤처지고 결국 해체를 경험하게 된다. 더욱이 해체는 발전을 더욱 억제한다.

이제 가족생활은 기본적으로 자체적인 사회적 운동이 없는 수동적인 전통적 형태에 머물러 있다. 반면에 경제생활에는 기술이라는 원동력이 있다. 기술 발전은 인간 공존의 형태에 대한 끊임없는 재구성을 필요로 한다. 가족은 특히 견고한 사회적 형태다. 각각의 형태에서 그것은 끊임없이 뿌리를 내리고 있음을 보여준다. 외부 형태에서 상당히 무관심한 세부 사항으로 보일 수 있는 것조차도 내적으로 고정된 삶의 가치와 개인의 사회적 지위에 적용되는 관습과 연결되어 있다.

따라서 가족의 변화는 필연적으로 시간이 오래 걸리고 고통스러운 과정이 된다. 아주 오랜 기간 동안 가족은 해체될 것이다. 결국 초기의 재편을 볼 수 있는 충분한 용기와 통찰력을 가진 사람은 소수에 불과하다. 변환은 여러 세대에 걸쳐서 일어날 것이다. 오래된 이상은 그것을 낳은 세대와 함께 사라져야 한다. 다소 조정 가능한 삶의 가치를 가진 새로운 세대는 변화된 존재 속에서 더 능숙한 방식으로 신중하게 방향을 잡아야 한다. 역사적으로 볼 때 지금은 과도기다.

과거의 기준으로 측정하면 그러한 단계는 퇴화로 나타난다. 그러나 그것은 미래의 이상을 기준으로 보면 불완전할 것이다. 그러나 두 관점(과거 고정과 미래 지향) 사이의 차이점은 본질적인 것인데, 전자의 관점에서는 발전이 속절없이 후퇴할 것이고 후자의 관점에서는 새로운 사회적 균형을 성취할 희망이 있다. 보수주의자들은 이러한 발전이 희망이 없다며 슬퍼한다. 그러나 후자의 관점이 역사적으로 더 정확하고 장기적으로 더욱 옳은 관점이다. 과도기를 단축할 수 있는 지능적인 통제와 궁극적으로는 사회적으로 바람직한 형태로의 적응이 가능한 것이 목표로 발전할 수 있다.

현대 가족에서 이전의 것과 새것 사이의 마찰을 자세히 살펴보겠다. 우리가 이미 지적했듯이 오래된 가부장적 가족은 생산 단위인 동시에 소비 단위였다. 그것이 사회적으로 가족의 최종 종착지였다. 그러나 진행 중인 산업화의 압력으로 가족은 더 이상 생산 단위가 아니게 되었다. 이제 가족은 소비 단위에 불과하고 그에 따라 경제적 기반이 약해졌다.

이것이 가장 중요하고 기본적인 변화다. 이제 생산은 집이 아닌 다른 곳에서 이루어진다. 생산자는 돈을 받고 상품을 판매하는 시장을 위해 생산하는 사람이다. 일반적으로 그는 단순히 노동자이며 그의 전문적인 작업에 대해 현금으로 임금을 받는다. 일반적으로 생산을 위해 일하고 소비에 사용할 소득을 얻는 가족 구성원은 남성이다. 반면, 이전의 가정에서는 모든 식구가 생산 의무를 가졌으며, 이것이 소비권의 근거가 되기도 했다. 의무와 권리는 둘 다 확립된 전통에 따라 규제되었으며, 이는 개인의 결정을 대부분 불필요하게 만들었다. 가계 자금에 대한 논쟁은 존재할 수 없었다.

생산 단위로서 가족의 해체와 부양의 책임이 남성에게 이관된 것만으로도 가족 내에서 가장의 권력은 엄청나게 증가했다. 여성의 가사 노동이 남성의 노동과 동등하다는 도덕적인 문구로 균형을 이루었다고 관찰된 바는 없다. 가장의 폭정은 이제 막 지나간 과도기에 속하는 유형이다. 자본주의 이전의 가정에서는 그럴 수 있는 기회가 훨씬 적었다. 여기에서 우리는 현상이 생각을 주도하지 않도록 주의해야 한다. 권력의 측면에서 볼 때 19세기의 과도기적 가족은 이른바 가부장적 가족보다 훨씬 더 '가부장적'이었다.

가족 내에서 매우 중요한 이 권력 이동과 관련해 여러 가지 심각한 이해 상충이 자연스럽게 발생한다. 아내와 자녀는 모두 독립에 대해 만족하지 못하고 자신의 권력을 사용할 수 있는 삶이 없다. 심한 경우 이러한 요구는 위험한 분노로 발전할 수 있다. 한 가지 예를 들자면, 아버지가 갑자기 아들이나 딸의 진로 선택과 직업훈련에 대해 거부할 수 없는 권력을 갖게 되었다. 직업 선택에 대한 문제는 사실 완전히 새로운 것이었다. 이는 산업화와 이동성 증가로 발생했다. 이제 주지하는 바와 같이 권력은 주로 아버지에게 있으며, 오랜 전통의 지원과 제약 없이 아버지가 개인적으로 자녀들의 진로를 선택하고 결정한다.

소비 단위로 축소되고 단순화된 부양의 부담을 안고 있는 이 가족 유형은 경제적 공동 이익이라는 환상을 유지하기가 점점 더 어려워졌다. 우리는 수많은 도덕적 격언으로 가족 내에서 강력한 경제적 긴장이 만연하고 있다는 사실을 은폐하려 하지만 이는 헛수고다. 경제 주도권에 대한 다툼은 이러한 과도기적 가족 유형의 특징일 테고 이는 아마도 1800년대 결혼의 대부분을 망쳐놓았을 것이다.

이러한 상황에서 가족제도의 변화와 관련해 결혼제도를 재편하려는 노력이 일찍 기울여져야 한다. 기혼 여성의 경제적 권리에 대한 입법 개혁, 더 나아가 아내에 대한 남편의 후견인 제도 폐지와 자녀에 대한 전적인 공동 양육권(이는 1920년 말에서야 이루어짐) 보장은 이러한 변화의 결과다. 그러는 동안 여성해방운동이 폭풍처럼 등장해 여성의 정치적 시민권과 무엇보다도 경제적 독립에 대한 요구가 대두되었다.

따라서 여성해방은 본질적으로 산업화를 통해 발생한 남성에게 유리한 권력 이동에 대한 대응이자 항의로 보아야 한다. 자본주의 이전의 가족 내 여성은 과도기 가족 내 여성보다 약하기는커녕 훨씬 더 강했다. 그들은 자급자족하는 집단의 경제생활에서 거의 완전한 평등을 누렸기 때문에 해방을 요구하지 않았다.

하지만 지금은 이렇게 되어버렸다. 이제 여성들은 방어적인 위치에 있다. 그들은 밀려났다. 그리고 그들은 가부장적 가족의 해체로 빼앗긴 의무과 권리의 몫을 조직과 정치를 통해, 무엇보다도 생활에 뛰어들어 회복하기 위해 노력해야 했다. 이것의 통일된 사회적인 결과에 대해서는 뒤에서 다시 다루도록 하겠다.

가정 및 보육 시설에서 자녀 양육

이 가족 해체의 과도기에 아이들은 오랫동안 불법자로 취급당해 왔다. 여성들이 성인으로서 산업사회 속에서도 의무와 권리 회복을 위해 투쟁할 수 있었던 반면, 아이들은 적극적인 사회정책의 사회적 지원을 통해서만 권리들을 얻을 수 있었다. 그리고 이런 종류의 사회정책에 대한 토양은 신흥 산업주의 기간 동안 그다지 호의적이지 않았다.

종종 문제는 보이지 않거나 매우 제한적인 정도로만 보였는데, 예를 들어 건강에 해로운 산업 노동에서 어린이를 보호해야 할 필요성 같은 것들이었다. 그러나 가족의 발전에 따라서 사회적 보육은 지속적으로 발전했다. 또 점점 더 약해지고 있는 생산 경제적 바탕과 일방적으로 가장에게 권위가 주어진 환경으로부터 자녀를 분리하기 위한 조치로 상당 부분 사회적 보육이 구성되었다. 교육은 학교에 인계되었고, 다양한 종류의 보조 기관이 등장했으며 의료 및 치과 치료가 사회적으로 조직되기 시작했고, 가족이 자녀를 돌보는 방식에 대한 사회적 통제가 다양한 측면에서 시작되는 등 여러 가지 조치들이 나왔다.

사회가 개입해 자녀에 대한 권한과 책임, 비용을 점차적으로 떠맡게 되면서 전통적이지만 이제는 사실적으로 근거가 없는 가족 이념도 어느 정도 변화되어야 했다. 특히 자녀에 대한 가족의 배타적 권위에 대한 인식은 심각하게 받아들여져야만 했다. 그러나 이러한 이데올로기적 변화는 더 강력하게 추진되어야 한다. 가족의 개별적인 소비 선택에 대한 더 강력한 개입은 필요하지 않다. 아이들이 가난하게 살도록 내버려두고, 건강한 식습관과 좋은 양육을 소홀히 하고, 직업을 합리적으로 선택하지 못하게 하고, 적절한 교육을 제공하지 않는 가족의 '권리'가 더는 지금처럼 제한적이지 않아야 한다. 아동의 '해방'은 점점 더 많은 비용과 책임을 떠안는 사회에서만 가능하다.

우리가 이 책에서 말한 것은 이러한 방향의 변화를 위한 것이다. 우리의 주장은 그럼에도 인구의 질에 대한 고려와 계급 기반 소득 균등화를 강조하는 것이었는데 우리의 논거는 인구정책적인 문제였다. 산업화에 따른 가족 구조의 더 깊은 변화에 동기를 부여받은 합리적인 혁신으로 유사한 조치가 시행되고 있다.

따라서 사회 예방적인 아동 보육을 향한 이러한 발전은 자유에 관한 그릇된 개인주의적 요구에 방해를 받아서는 안 된다. 이와 관련해 '개인의 자유'와 '자기 가족의 책임'을 옹호하는 데 사용되는 진부한 파토스의 대부분이 '자유'를 무제한적이고 통제되지 않는 범위로 확장해 타인에게도 사용하려는 가학적인 경향에 기반하고 있음을 주지해야 한다. 가족의 자기 결정권을 둘러싼 새로운 방식의 침해에 대한 어떤 종류의 비판은 말도 안 된다. 사실 이

'자유'에 대한 자녀의 참여는 주장된 적이 없고 아내의 그것이 완전히 실행되는 경우도 거의 없다. 이 '자유'는 가장이 다른 불쌍한 가족 구성원들의 주인이 될 수 있는 권리다. 무엇보다도 자녀에 대한 가족의 권위라는 의미에서 이러한 '자유'가 고대에는 부분적으로는 확립된 전통에 따라, 부분적으로는 정적인 사회 상태에서 실제로 매우 제한되었다는 사실을 잊지 말아야 한다.

따라서 본질적으로 이 '자유'는 자유주의 과도기 단계에 나타나는 다른 모든 것 사이의 해체 현상이며, 공공의 개입은 본질적으로 실패한 제한 및 제한 요인의 대체물에 불과하다. 강제력은 과거에 전통과 선택 가능성의 제한으로 행사되었던 것보다 더 크지 않다. 이 틀 내에서 자유는 항상 존재할 것이다. 그러나 타당한 틀이 없는 자유는 자유 재량이며, 더욱이 위험한 자유 재량이다. 왜냐하면 이때의 자유는 타인의 삶의 방식에 대한 권력이기 때문이다.

가족과 자녀의 관계를 평가할 때 현재 진행 중인 산업화의 또 다른 중요한 요소인 사회적 이동성 증가도 고려해야 한다. 교육 환경은 최근 생활환경의 변화로 예전과는 많이 달라졌다. 소수의 고정된 사회적 관계는 수많은 변화하는 관계로 대체되었다. 가족과 마을은 개인을 강하게 구속하지 않으며, 사회적으로 확장된 분업에서도 이는 바람직하지 않다. 가족 결집력에 특히 중요한 관점은 서로 다른 가족 구성원이 이제 일반적으로 서로 다른 사회적 연결을 맺고 있으며 매우 다양한 삶의 경험을 습득한다는 것이다. 물론 이것은 가족 내에서 완전한 획일성에 대한 환상을 버려야 함을 의미한다. 이것은 또한 가족 내 이해 상충이 야기됨을 의미한다. 그런 척하지 않는 것은 위선적이다.

　이러한 대인 관계의 풍부한 변화와 앞서 언급한 선택의 확장 및 일반적으로 더 커진 이동성은 가족 형태를 새로운 형태로 적응시키려는 우리의 사회정책적 노력을 상기시킨다. 무엇보다도 교육은 사람들이 더 많은 이동 생활을 하도록 장려하기 위해 더 많은 것을 고려해야 한다. 우리는 이전에 필요했던 것과는 완전히 다른 수준의 독립성, 의사결정 능력, 심리적 독립성을 자녀에게 교육해야 한다. 우리는 학교교육의 이상과 관련해 이러한 필요성을 다루었다. 그러나 훨씬 더 이른 양육 단계인 초기 아동기에서도 이와 동일한 지침을 따라야 한다. 이러한 지침은 우리가 이 교육을 부분적으로 가족에서 벗어나 여러 자녀가 공유하는 탁아소로 옮기고자 하는 이유 중 하나다.

　혈족 관계가 이전의 더 안정적인 관계보다 지금은 훨씬 더 작은 역할을 해야 한다는 사실은 현대적인 가족이 아이들을 친족이나 가족 관계로부터 더 쉽게, 심리적으로 자유롭게 해줘야 한다고 요구하고 있다. 이것은 아마도 현대 교육에서 역설적인 요구 사항일 것이다. 우리는 아이들을 우리 자신에게서 더 자유롭게 해야 한다. 그들이 우리에게 집착하게 내버려두는 것은 바람직하지 않다. 그들이 우리에게 너무 강하게 집착하고 우리의 생활 습관과 생활 태도에 집착하게 내버려두어서는 안 된다. 특히 자녀의 수가 감소하여 각 개인이 점점 더 강렬한 부모의 영향과 애정에 노출됨에 따라 그 위험이 임박했다.

　일찍이 그들의 양육 환경을 작고 개인적인 가족의 범위에서 벗어나게 해야 하는 이유가 여기에 있다.

미래의 삶에서 아이들은 이전보다 신뢰할 수 있는 부모가 적다. 더 큰 직업적, 지리적 이동성과 같은 유형의 현상조차도 우리가 각각의 새로운 세대를 이전 세대와 심리적으로 분리하는 것을 필요로 한다. 우리는 우리 자신에 대한 집착으로 생활 습관과 생활 태도에 대해 너무 일방적으로 자녀를 억제해서는 안 된다. 여기에 아이들의 양육 환경을 작고 개인적인 가정에서 부분적으로 사회로 이양해야 하는 이유가 하나 더 있다.

그러나 자녀의 교육을 어느 정도 가정 밖으로 옮겨야 하는 가장 중요한 이유는 산업화가 함께 가져온 가족제도의 또 다른 변화에 있다. 가정 내 환경은 외부의 교육 환경만큼 효과적이지 않다.

우선 노동 공동성이 사라졌다. 생산은 가정과 분리되었고 너무 전문적이고 복잡해져서 아이들이 참여할 수 없다. 지금 가능하다면 전문적인 작업에 대한 그들의 참여는 이전의 자급자족하는 가족 집단 내에서의 작업이 가졌던 것과 같은 교육적이고 지향하는 가치를 갖지 못한다. 우리는 블록, 기차, 그림책 등 장난감을 만들어내야만 한다. 그것은 이미 상당한 예술이며 곧 과학이 될 것이다. 현대 어린이들이 갖고 노는 많은 장난감은 어린이에 대한 우리의 더 큰 사랑의 증거가 아니다. 그것은 오히려 어른들의 삶이 아이들에게 닫혀 있기 때문에 그들의 삶이 더 가난해진 결과다. 아이들이 다양한 종류의 재료를 직접 다루지 않고 어떻게 단순한 모양과 자연법칙을 배울 수 있겠는가?

우리가 현실 세계를 대체하기 위해 만든 인공 장난감의 세계를 통해서는 아이들에게 생애 초기의 전반적인 경험, 완전성, 문화 환경을 제공할 수 없는 것이 현실이다. 더욱이 우리는 모두 미래 생활 환경과의 연결점을 찾기가 어렵고, 협동을 가르치고 사회적 관계의 균형을 위한 교육을 하기가 어렵다. 그러나 이런 문화적 지향은 태도, 가치척도 또는 원하는 경우 도덕성을 형성한다. 이것이 지나친 가족 개인주의가 되면 앞으로의 삶에 적응하는 것이 더 어려워질 것이다. 물론 이는 현대 미니어처 가족에서 가장 어려울 것이다. 합리적으로 비슷한 나이의 자녀가 많을수록 사회적 관계에서 현실감, 완전성 및 집단성이 강화되기 때문이다.

전통적인 자녀 양육은 이제 무엇보다 취학연령까지는 비합리적이다. 가정은 어린아이들을 위한 사회로서 너무 부족하다. 어머니와 아버지가 일과 거의 모든 사회생활을 집에서 하는 한, 이 상태가 자녀 양육 이외의 이유로 경제적으로 조직된 조건인 한, 아이들을 (농촌 가족처럼 예전의 관계가 전혀 바뀌지 않았다면) 완전히 집에 두는 것은 합리적인 접근 방식이었다. 그러나 이 방법은 이제 일반적으로 합리적이지 않다.

대신에 현대 핵가족의 양육 상황은 거의 병적이다. 보통 집에 있는 한두 명의 자녀를 돌보기 위해 여성이 하루 종일 집안일을 해야 한다는 것은 상당히 불합리하다. 다른 집안일이 합리화되고 축소되면서 더욱 불합리해진다. 같은 맥락에서 기존의 아이들은 과잉 교육을 받을 위험이 있으며, 어떤 경우에도 상황은 개인적으로 견딜 수 없게 된다. 점점 더 비좁고 공허한 환경에서 소수의 개인이 끊임없이 마찰을 경험할 것이다. 그리고 전부 신경이 예민해지고 불행해질 것이다. 어른들의 세계와 아이들의 세계는 같을 수 없기 때문에 상황은 훨씬 더 불합리하다. 이렇게 편협한 근거로 조화로운 이익 공동체를 요구하는 것은 어느 한쪽, 아니면 둘 다의 생명을 질식시키는 것을 의미한다.

따라서 변화된 조건에 대한 현대 가족의 적응 문제의 본질은 가정의 틀 밖에서 그러나 가정과 밀접하게 연결되어 어린 자녀를 위한 보다 적절한 양육 환경이 조성되어야 한다는 요구다. 아이들은 하루 중 상당 부분을 시설이 열악한 탁아소 혹은 그냥 맡기기만 하는 곳이 아니라 잘 조직된 공립 및 무료 보육 시설이나 '놀이터' 등 특별히 설정되고 적응된 환경에서 보내져야 한다.

아마 교육학적 이유로도 어린이의 사회적 양육을 강조하는 것은 가치가 있다. 아이들에게 또래 집단을 형성해주는 것만으로도 그들의 건강한 성장에 엄청난 심리적 의미를 갖는다. 그것은 특히 현대의 핵가족과 관련해 중요하다. 우리는 정말로 많은 자녀를 출산하는, 그러한 출산율의 급격한 증가는 당연히 기대할 수 없다. 가장 유복한 가정의 경우에도 평균 자녀 수는 아마도 세 명을 초과하지 않을 것이다. 아마도 이러한 양육을 통해 불행하게도 우리 세대 전체를 너무 많이 특징짓고 우리 문화와 정치적 태도에 깊은 흔적을 남기는 반사회적이고 신경증적인 개인주의가 다음 세대에서는 약화될 수 있다.

아이들이 모든 관점에서 지금보다 더 잘 자라지 못할 것이라는 말은 할 필요가 없다. 이러한 보육 시설에는 교육학적으로 적절한 장난감이 구비될 수 있는데, 이런 장난감들은 집에 가지고 있기에는 너무 부피가 크고 소음이 많이 발생한다. 아이를 사회적으로 양육하면 나머지 가족들을 방해하지 않으면서도 자녀는 가장 건강한 일과를 보낼 수 있다. 모든 것이 아이들에게 적합하게 가구가 배치되고, 서빙되고, 또 망가뜨릴 위험 없이 참여하고 연습할 수 있는 기회를 제공할 수 있다. 학교에 다니는 아이들이 학교 급식을 제공받는 것처럼 이 모든 아이에게 적절하고 '건강한' 식사를 제공할 수도 있다. 이런 식으로 아이들이 높은 식단 기준을 유지하는 데 효과적으로 기여할 수 있다. 또한 우리가 여러 번 주장한 사회적, 정치적 비용의 균등화에도 도달할 수 있다.

물론 이런 양육은 아이들을 돌보도록 훈련받은 사람들이 담당해야 할 것이다. 자녀 양육에 대한 진정한 욕구와 적성을 가진 여성은 사회의 이익을 위해 특별히 훈련받은 다음, 8~10명의 아이들을 돌보는 일에 활용되어야 한다. 현재 양육에 대해 진정한 재능과 열망을 가진 일부 여성은 자녀가 전혀 없으며, 다른 일부는 한두 명의 육아만 하고 있다. 반면, 많은 여성들은 생리적 모성과 전통에 따라 양육 관련 직업을 가지고 있을 뿐, 여기에 관심이나 능력이 있는 것은 아니기에 많은 요소가 낭비되고 있다.

또한 아이들은 의사와 심리학자의 감독하에 놓일 수 있다. 무엇보다 국민의 삶과 행복에 근본이 되는 분야에서 아마추어리즘을 전문성으로 대체하는 것이 개혁에서 일관적으로 요구된다. 그것은 가정에서 고통받는 많은 아이들과 가정에서 이런저런 유해한 영향에 (예를 들어 엄마의 신경증) 노출된 아이들 삶을 개선할 수 있는 기회도 만들 것이다.

반면에 개혁은 냉정한 전문성과 제도로 애정이나 개인적으로 의미 있는 공생을 대체하는 것을 의미하지는 (많은 반동주의자들이 믿고 선포하는 것처럼) 않을 것이다. 우선 8~10명의 어린이를 돌보는 것을 두고 차가운 전문 지식을 걱정하고 제도적일 것이라고 생각하는 것은 어불성설이다. 탁아소나 유치원에 25~50명의 아이들을 모아놓는 것은 어떤 교육자도 책임질 수 없는 일이다. 집단 배치를 하거나 가정, 건물 등은 크게 만들 수 있지만 그 안에 있는 양육 집단은 가능한 한 작고 안정적이어야 한다. 결국 아이들은 또래를 개성으로 알 수 있는 기회를 가져야 한다. 사회교육은 인간관계의 전체 범위를 통해 얻어야 하지만, 이러한 관계가 개인적이고 구체적으로 만들어지는 것이 중요하다. 아이들은 여전히 자신의 가족에 가장 확고하게 속해 있으며 부모의 사랑을 누릴 수 있는 충분한 시간을 갖는다. 다만, 교육적인 목적으로 매일 특정 시간 동안 부모와 분리하는 것뿐이다. 남은 시간은 징징거리고 잔소리를 많이 하지 않으면서 가족이 함께하는 것이 부모와 아이 모두에게 확실히 더 보람 있는 일이 될 것이다. 아이들은 가족에게 덜 방해가 될 것이고, 상호 배려는 더 완벽한 가정환경을 만들 수 있다. 무엇보다 가족에 대한 소속감은 심리적으로 지속성, 안정감, 개인적인 애정과 참여를 통해 보존이 가능하며 또 그래야만 한다.

이 조직적 문제는 특히 도시 인구에게 중요하다. 도시에서의 육아는 여성에게 훨씬 더 큰 부담을 의미하게 되었다. 종종 지적된 바와 같이 아이들은 그 자체로 (즉, 그러한 주의를 기울이지 않는 경우) 도시 개발에 전혀 적합하지 않다. 아파트가 작고 재정이 한정적이라면 엄마가 24시간 내내 자기 아이들과 지내야 한다. 그녀는 그들을 위해 자신을 '희생'하지만 실제로는 그들에게 도움이 되지 않는다. 특히 노동계급에서 여성이 가사에서 벗어나 직업을 얻는 것은 정당한 바람일 뿐만 아니라 종종 경제적으로 절박하게 필요한 일이다.

이러한 필요에서 보육 시설이 대두되었다. 그러한 곳은 사회 지원 기관으로 세워진 곳이 많다. 따라서 근무 시간 동안 자녀로부터 해방되어야 하는 노동자 아내의 순전히 경제적인 필요가 주목받기 시작했다. 그러나 보통 보육 시설은 여전히 아이에게 온전히 헌신 가능한 위치에 있지 않은 엄마들을 위한 임시방편으로만 여겨진다. 그러나 여기에서 우리는 일반적으로 그러한 양육이 더 우월하고 실제로 점점 더 필요한 교육학적 이유를 언급했다. 반면, 유치원 운동은 나름의 방식으로 이러한 교육적 필요를 충족시켰다. 하지만 일반적으로 사적으로 조직되고 값이 비싸고, 아이들이 취학하기 몇 년 전인 비교적 늦은 나이에 오는 등 대부분 상류층 가족을 위한 것이 되어버렸다. 이 두 가지 현상의 배후에 있는 이데올로기를 통합하기 위해, 취학 이전의 사회교육이 모든 사회 계층에서 가능하고 모든 연령대에서 지속되도록 하고 또한 심리적-교육적 관점을 전면에 내세우기 위해 우리는 부분적으로 새로운 형태의 '보육 시설'을 주창했다. 이러한 대규모 개혁 요구를 뒷받침하는 책임 있는 사회적 파토스의 전제 조건은 물론 이러한 어린이 보육 시설을 (이미 영국에서는 유아원nursery school이라고 부르고 있으며, 교육 및 사회기관으로서 필요성이 있는 특히 의도적으로 조직된 기관이 미국에서 설립되고 있다) 전문적으로 관리하고 모든 사회계층이 이를 무상으로 이용하게 하는 것이다.

모든 학급의 아이들에게 적절한 장난감을 제공하고, 적절하게 배치된 넓은 보육실에서 같은 또래의 친구들과 하루의 상당 시간을 보낼 기회를 제공하는 이 사회 및 교육 개혁 프로그램을 실현하려면 많은 작업이 필요할 것이다. 특히 초기에는 계몽이 필요할 것이다. 잘 관리된다고 해도 이 보육 시설들을 그저 아이를 데려다 놓는 기관으로만 여긴다면 앞의 요구는 충족될 수 없다. 보육원의 목적은 무엇보다도 교육적인 것으로 내부 작업도 다르게 배치되어야 하며, 주요 쟁점은 심리적 교육 업무여야 한다. 우리 사회는 이제 보육 시설을 충분히 만들고 높은 품질을 유지해야 한다는 요구에 직면해 있다. 공민학교는 여기에 큰 기회가 있다. 미취학 아이들을 돌보기 위해 학교를 아래쪽으로 확장하는 것이 바람직할 것이다.

영국에서 이것은 부분적으로 이미 일어난 일이다. 1918년의 대학교 개혁은 본질적으로 학교제도에 대한 국가의 책임을 규제하고 확대하는 것을 의미한다. 지자체에서 그런 보육 시설을 마련하고자 할 때 국가가 비용의 절반을 부담한다는 규정이 삽입되었다. 꽤 많은 곳에서 공립학교를 위한 그러한 하부구조도 생겨났다. 현 집권당인 보수 정부는 보조금 지급에 의도한 것보다 더 인색했지만, 노동당이 프로그램의 중요한 포인트로 보육 시설을 강경하게 밀어붙임으로써 여기에 대응했다.

그러나 여기에서는 특별한 조직적 관점을 고려해야 한다. 이러한 보육 시설은 주거용 건물과 밀접하게 연결되어 실제로 의도된 것, 즉 가정을 보완하기 위해 이상적으로는 주택정책 자체와 연결되어야 한다. 결국 사회 주택 공급은 현대 가족 발전에 진정으로 기여하기 위해 중앙 집중적으로 가계 운용의 노선을 따라 배치되어야 하며 보육 시설은 자연스럽게 거기에 포함되어야 한다. 스톡홀름의 H.S.B.는 이미 이 분야에서 선구적인 작업을 수행했다. 유아 보육은 일반 학교보다 주택 공급과 직접적으로 조율되어야 하므로 중앙 집중화가 효과적이겠으나, 향후 이러한 교육 활동은 사회기관의 확장을 통해 대중이 주도해야 한다.

어쨌든 학교는 그 나라 아이들의 전체적인 일반 교육을 다루어야 할 것 같다. 사립 및 준사립 유치원과 탁아소, 공동 주택 및 협동 주택 단지의 탁아소도 교육 및 위생 감독을 받아야 한다. 학교 당국은 프로그램을 설정하고 심리-교육적 연구를 수행할 기회와 의무를 가져야 하며, 개혁을 안내하고 이러한 기관을 지속적으로 개선할 수 있어야 한다. 무엇보다도 그들은 교직원과 보육 직원의 훈련을 적어도 부분적으로 통제해야 한다. 유아 교사를 위한 국가 세미나는 그러한 프로그램의 일부다. 심지어 유아 교육도 합리화되고 전문직으로 격상될 필요가 있다. 이는 단지 소수의 유치원 교사만이 아니라 아이들을 돌보는 모든 사람을 위한 것이다.

이 개혁의 방향은 (조직의 세부 사항에 관계없이 학교 시스템이나 다른 기관이 주도권과 책임을 져야 하는지 여부) 시대의 발전 노선에 부합한다. 이것은 또 다른 한 영역의 합리화이자 비용이 많이 안 드는 전문화일 뿐이다. 양육 책임을 완화하고, 특히 자녀가 여성의 방해물이 될 확률을 낮추고, 계속되는 강력한 산아제한 뒤에 있는 복잡한 문제의 일부를 확실히 해소하는 정도다. 또한 자녀 양육에 대한 가족의 태도에 일정한 영향을 미치면서 가족 내 자녀 수 이외의 근거에 따라 자녀 보육 비용을 분배할 수 있는 새로운 수단을 제공한다.

가정이 양육 환경으로서 퇴보할 때, 학교나 사회는 단절된 가족의 돌봄 기능을 수행하고 아동의 집단 돌봄이 가능한 환경을 마

련해 가정 돌봄을 효과적이고 무해하게 대체하고 불충분한 가정
돌봄을 사회로 확장하게 해야 한다.

기혼 여성의 근무 조건

이 광범위한 사회정책 개혁을 정당화하는 논의에서 우리는 자녀
양육에 대한 사회의 부분적 인수가 산업화로 혁명을 일으킨 또 다
른 영역, 즉 여성의 일이 변화한 결과로 전면에 부각되고 있다는
사실을 아직 거의 언급하지 않았다.

　이 중요하고 특히 시급한 문제를 다룰 때, 지난 시간을 되돌
아보고 여성의 일과 그 조직의 역할이 어떻게 변화했는지 연구하
는 것은 유익하다. 또한 반동분자들이 과소평가해왔던 사회의 힘
에 대항하는 여성들의 무력한 싸움이 얼마나 역사적으로 신선한
지 알 수 있다.

　가부장적 가정에서 아내는 남편 못지않게 일을 많이 했다. 모
든 작업은 생산 단위로 조직된 가족의 가사 활동이었다. 특별한
직장 생활은 없었다. 농가에 현금이 들어오면 버터, 우유, 달걀, 육
류, 돼지고기, 실, 직물 등이 아내의 일거리가 되는 경우가 더 많
았다. 또한 그녀는 평소에 아이들의 도움으로 살림을 돌보았지만,
추수에도 참여했고, 필요하면 석탄 수레를 몰기도 했으며, 농장
일을 주로 도맡아 했다. 아내의 자리가 가사일과 아이들을 돌보는
것뿐이라면 그는 진지하게 받아들이지 않았거나 게으른 복음을
젊은 여성들에게 선동해 가족의 파멸을 이끌고 국가 경제를 망치

는 급진적인 사회 전복자로 간주되었을 것이다.

출산과 육아에 관한 한, 남자들과 마찬가지로 여성의 일은 집이나 집 근처에서 이루어졌기 때문에 여성의 생산적인 삶에 큰 지장을 초래하지 않았다. 아이들은 이미 어린 나이에 스스로 제대로 일을 할 수 있었다. 게다가 그때까지는 여성의 출산이 가족생활에서 거의 생산적인 요소였다. 하지만 오늘날 출산은 분명 순전히 소모적인 일이다. 육아는 이제 여성의 일의 중심이 아니다. 그 당시 아이들은 자신을 스스로 더 잘 돌보았고, 어머니 외에도 친척, 형제자매, 특히 아버지가 지금보다 훨씬 더 많은 자녀 양육에 참여했다는 사실을 잊지 말아야 한다.

산업화가 도래하고 집 밖에서도 유능한 일을 하도록 강요받았을 때, 여성이 순전히 생리학적 기능인 어머니의 역할을 통해 가정에 더 묶이게 되고 주된 경제적인 책임이 남자에게 가는 것은 매우 자연스러운 일이었다. 당시 유아용 침대는 꽤 빡빡했다. 1880년경에는 15~45세의 기혼 여성 세 명 중 거의 한 명이 매년 출산을 했다(현재는 여덟 명 중 한 명). 이러한 이유로 여성이 집안일을 거의 책임지게 되었을 때, 가사 노동이 초기에는 덜 산업화되고 상대적으로 더디게 합리화되었기에 그녀는 더욱 가정에 얽매이게 되었다. 우리는 짧은 과도기에 이루어진 가족 내 노동 기능의 분배와 가부장적 가족의 붕괴가 우리가 모범으로 생각하는 '여성의 자리는 가정에 있다'는 사고에 영향을 미쳤다는 사실을 주지해야 한다. 여기에서 '여성'는 확실히 남성과 반대되는 역할이지만, 이전에는 일반적으로 남성의 자리도 거기였다.

하지만 이 유대감의 조건이 급격하게 바뀌면 여성에게 '자연스러운' 직업 분야에 관한 생각도 바뀌어야 하지 않을까? 이러한 조건은 이미 크게 변했다. 첫째, 가족이 더 작아지고 아이의 수가 훨씬 적기 때문에 돌봄의 시간이 많이 줄어들었다. 영아 사망률이 과거에는 아동 수를 줄여왔지만, 이제 일반적으로 살아남은 어린 이의 수는 훨씬 더 적다. 그리고 우리가 3장에서 보여주었듯이, 결혼 연령이 낮아지고 어린 엄마에게서 더 적은 수의 아이가 태어나는 경향이 있다. 상대적으로 육아는 이전보다 훨씬 더 많은 시간과 관심을 필요로 한다. 여성을 도덕적으로 규정하고 여성의 본질과 타고난 기능에 대해 아이를 갖는 것을 '인생 과제'로 간주하지만, 막내아이가 취학 연령이 될 때까지 엄마는 많은 시간을 할애해야 한다. 기혼 여성은 그 이후로 남은 기대 수명이 지속적으로 증가하고 있다. 그렇다면 육아 이후에 주어지는 '인생 과제'는 없을까?

이 몇 년의 요구 끝에 여성들이 자기의 삶을 완전히 포기하는 것은 불합리한 부적응으로 보이지 않을까? 결론은 그 반대가 되어야 한다. 출산과 양육에 집중하는 기간은 이제 여성의 길어진 수명 중 짧은 기간에 불과하다. 따라서 여성이 이 기간을 전후로 직업의 연속성을 유지하는 것이 더 쉬워져야 한다.

이러한 고려만으로도 여성의 현대 생활과 직업에 대한 열망을 이해할 수 있다. 가사일 자체가 합리화되는 중이고 가내 생산은 이미 (적어도 우리가 가장 밀접하게 이야기하고 있는 도시 가정 및 이와 유사한 가족 유형에서는) 완전히 중단된 것을 고려할 때, 우리에게 필요한 발전 요소가 무엇인지 잘 알 수 있다. 소비재의 최종 준비 단계까지 집 밖으로 옮길 수 있는 기술적 가능성도 존재한다. 기성

복, 세탁실, 중앙 주방은 가사 노동의 속박에서 여성해방을 향한 새로운 발걸음을 의미한다. 개발은 계속해서 박차를 가한다. 특히 산업화된 음식 준비 단계는 가장 오랫동안 거부되었다. 그러나 반조리 제품의 일상적인 사용만으로도 가사 노동은 상당히 축소되어 이미 진정한 여성의 노동 해방을 말할 수 있다.

그런 다음 여성들은 출구를 찾는다. 부분적으로는 덜 계획되고 더 인위적으로 만들어진 다양한 종류의 활동에서 출구를 찾지만, 부분적으로는 직업 활동에서 출구를 찾는다. 이전의 출구는 바로 금세기에 들어서까지 괜찮았던 부르주아지의 길이었다. 이런 여성들이 성취한 내적인 창조성의 제한된 승리에 대한 설명만으로도 책 한 권을 쓸 수 있다. 여기에는 사치스러운 가사 노동이 해당한다. 프티부르주아지의 과부하된 사회생활, 음식과 살림에 대한 과도한 '주부'의 관심, 편협하게 자랑하고 싶은 욕망 등도 포함된다. 자수, 재봉, 뜨개질로 벽과 탁자와 서랍장을 가득 채우는 것, 여성들 사이에서 집중적인 여가인 독서도 여기에 포함된다. 또한 특히 더 높은 사회계층에서 지나친 구매 활동(쇼핑), 스포츠 및 미용 관리, 더 광범위한 에로티시즘, 사회적 자선 활동, 보다 지적이고 야심 찬 경우에는 많은 수입을 창출하지 못하는 '무상' 문학, 예술 또는 과학 활동 등이 포함된다.

그러한 모든 형태의 활동은 산업화 때문에 생긴, 조직되지 않고 통제되지 않은 여성들이 그들의 에너지를 사용하는 방식이었다. 그러나 더 자연스러운 에너지 배출구는 노동시장으로 가는 길이다. 가난한 사람들의 아내들은 순전히 경제적인 이유로 즉시 강제로 일터에 끌려갔지만, 그 이후로 부유한 계층의 기혼 여성들도 대부분 같은 길을 걸어갔다. 권력의 해방에 대한 개인적 요구와 함께, 가족의 재정 수준을 높여야 하는 일반적인 요구도 여성을 일터로 가게 한 원동력이었다.

스톡홀름 기혼 여성의 약 27퍼센트는 이제 어떤 식으로든 유급으로 고용된 것으로 추정된다. 이것은 1930년 인구조사의 예비 자료에 따른 것이다(불행하게도 다른 지역의 수치는 누락됨). 모든 사회계층에서 사회적으로 야심 찬 모든 가족들이 가족 이데올로기와 관계없이 딸에게 교육을 제공해 결혼에서 자유로워질 수 있게 하는 것은 이제 전형적인 모습이다. '가정 내 딸'이라는 개념은 이제 국가의 특정 문화적 유산에서만 연구 대상이다. 농촌에서도 이런 개념은 줄어들고 있지만, 그럼에도 농촌에서는 여전히 여성이 수행해야 할 심각한 직업적 임무가 있다.

해방된 여성 노동력이 너무 빨리 유입되어 현재 심각한 해체 위기에 처한 기업이 이를 활용하는 데 어려움을 겪고 있을 가능성이 있다. 그러나 여성 근로자의 실업률은 특별히 높지 않다. 여하튼 노동시장에 기혼 여성까지 등장하는 이 '새로운' 현상이 눈에 띈다. 통찰력이 떨어지는 많은 사람들은 이 새로운 유입이 중단된다면 실업 위기가 보다 실질적인 방식으로 완화될 수 있다고 스스로를 속였다.

기혼 여성의 노동권에 반대하는 이들의 독특하고 특히 주목할 만한 특징으로, 그 프로파간다가 거의 전적으로 상류층과 중산층을 향했다는 점을 강조해야 한다. 노동력이 일반적으로 가정에서 상대적으로 더 잘 사용될 수 있다는 사실과 실업이 무엇보다 육체노동의 문제라는 사실에도 노동자의 아내가 밖에서 일하는

(기혼 여성의 유급 노동의 압도적 다수다)에 대해서는 동일한 반대가 없었던 것 같다. 아니, 사람들은 대부분 그러한 일은 '권리'라고 주장하면서, 중산층과 상류층에서 추구해야 할 권리로 교육직, 우편이나 전보 업무, 행정 등의 일을 해야 한다고 주장했다. 이 상황은 전체 여론이 지닌 사회적 성격의 특성을 잘 보여준다.

경제생활의 맥락에 대해 합리적으로 명확한 견해를 가진 사람이라면 누구나 특정 범주, 즉 기혼 여성, 청년, 부유한 아내의 남편 등의 경쟁 참여를 금지함으로써 가족 소득을 얻는 데 어려움을 겪는 남성을 도울 수 없다는 점을 잘 알 것이다. 장기적으로 볼 때 이러한 후진적 개혁을 통해서는 일자리의 증가와 더 많은 생계 기회가 창출되지 않을 것이다. 적어도 스웨덴의 국민경제 교육이 잘되어서 이런 주장은 신빙성을 얻을 수 없어야 한다. 물론 사람들이 일하는 것을 금지함으로써 누구도 부자가 될 수 없다. 장기적으로는 일자리를 얻지 못한 사람과 일자리를 얻은 사람 모두 더 가난해진다. 때때로 직업을 얻을 기회를 재배치하면 가장 가까이 있는 소수의 사람들이 그 기회를 얻게 된다. 그러나 특정한 다른 범주(실업자와 그들의 가족, 가사도우미 및 차례로 해고당할 수 다른 사람들 등)가 동시에 고통을 겪는다는 사실을 제외하면, 결과적으로 우리는 합리적인 사회의 생산조직에 대한 우리의 무능력을 인정하고 진정으로 효과적인 개혁에 어느 정도 관심을 돌렸다.

이 방향으로의 시도가 착수되더라도 그것은 모든 위대한 사회발전에 파문을 일으키고자 하는 단기적이고 반동적인 표면 운동 중 하나를 나타내는 것뿐이다. 발전을 멈출 수는 없다. 그것의 사회적 원인은 너무 뿌리 깊으며 우리는 여기에서 그것들을 암시하려고 노력했다. 따라서 기혼과 미혼의 구별 없이 여성들은 점점 더 많이 직장 생활을 하게 될 것이다. 우리는 이러한 시대적 흐름을 지켜볼 수밖에 없다. 그러나 현재 여성의 유급 고용과 출산을 둘러싼 성향 사이에 치명적인 갈등이 존재한다는 사실을 숨길 수 없다.

우선 현 상황에서 많은 여성이 직업을 포기하고 싶지 않기 때문에 결혼을 자제하는 것은 당연하다. 가족제도가, 여전히 결혼과 자녀가 가정 밖에서 유능한 고용에 상당한 장애가 될 때(또는 직업적 소속이 결혼 가능성을 감소시키는 경우, 예를 들어 교사, 간호사 등) 그러한 결과가 따라오기 마련이다. 여성 상속자나 이미 아이를 키우는 여성들만이 아이를 갖지 않으려고 하는 것은 아니다. 이 갈등이 일어나지 않았다면 결혼했을 여성이 몇 명인지는 당연히 계산할 수 없다. 그러나 기혼 여성의 권리와 고용 기회가 제한되면 그 수가 증가한다는 점을 염두에 두어야 한다. 이와 관련해 스웨덴은 이미 다른 나라에 비해 혼인율이 비정상적으로 낮다는 점이 흥미롭다.

그러나 통계에 따르면 일반적으로 유급 직장을 다니는 기혼 여성은 가정에서 지원받는 여성보다 출산율이 현저히 낮다. 예를 들어 에딘은 생식력 차이(특정 연도 동안 스톡홀름에서만 유효)에 대한 흥미로운 연구 중 하나에서 남성의 소득이 6,000크로나 미만일 때 전문직 기혼 여성의 출산율은 집에서 스스로를 부양하는 여성의 약 50퍼센트에 불과하다고 밝혔다. (참고로 이 저출산율은 사회계층이 높아짐에 따라 감소하며, 소득이 1만 크로나 이상인 최고 소득 집단의 경우 그 차이가 미미하다.) 이를 바탕으로 성급한 결론을 내리지 않도록 주의해야 한다. 우선 많은 아내들이 다른 이유로(본인 또는 남편의 불임, 유전적 고려 사항 등) 자녀가 없으며 바로 이 때문에 수입이 있는 일에 헌신하는 것이 더 자연스러워 보인다. 한동안 출산을 미루다가 가계 안정에 몰두하는 젊은 부부의 아내도 적지 않다. 그러므로 이들이 일 때문에 출산을 안 하는 것이라고 말하기는 어렵다. 그들은 아이를 낳을 것이다. 그러나 노동자의 아내들도 집 밖에서 일자리를 찾아야 한다. 그들은 전적으로 또는 부분적으로 생계를 꾸리거나 어떤 경우든 그들의 수입에 의존한다. 따라서 어떠한 경우에도 이런 부인들이 일자리에서 제외되고 아이를 낳는 것이 사회적 이득이 될 수 없다.

물론 유급 고용된 기혼 여성과 유급 고용되지 않은 기혼 여성 간의 출산율 차이에 대한 통계적 수치를 감소시키는 이러한 객관적으로 정당화된 보정이 있더라도 여전히 특정 차이가 존재할 수 있다. 현대사회에서 여성의 직업이 어느 정도 자녀를 갖고 싶은 기회와 욕구를 저해하는 것은 사실이다. 여기에 같은 이유로 결혼하지 않는 여성의 수가 더해져야 한다.

그러나 이 모든 것은 각각 우리가 앞에서 여러 번 이야기한 비용에 대한 고려와 방해가 작용하고 있음을 의미한다. 이제 아이들은 이전과 달리 순전히 소비적인 존재이며, 더 나아가 생산을 직접적으로 저해하는 요소가 되었다. 따라서 사회가 아이들에게 들어가는 각 가정의 비용을 줄여주는 새로운 적응을 수행하길 원한다면 더 집단적으로 조직된 돌봄을 통해 여성이 자신의 삶과 직업을 갖는 데 방해가 되지 않게 해 결혼 빈도와 결혼 내의 출산율에 영향을 미치지 않게 할 수 있다.

자녀를 양육하는 전통적인 방법은 경제적, 사회적 기반이 이미 훼손되었다. 특히 여성의 기능은 완전히 다른 경제적 조건을 갖추게 되었다. 이제 전통적인 방법은 합리적이지 않다. 그것은 변화된 조건에 대한 매우 불완전한 적응을 나타내며, 이러한 적응 부족은 시정되지 않으면 무엇보다도 계속해서 감소하는 출산율을 초래할 것이다. 무자녀는 가족, 특히 여성의 변화된 사회생활 조건에 대한 특정 형태의 '적응'임을 부인할 수 없기 때문이다. 다른 방식의 적응을 원한다면 오늘날 가족이 처한 어려운 갈등에서 벗어나 다른 길을 찾아야 할 것이다. 충분히 깊숙이 파고드는 사회적, 정치적 개혁 작업을 통해 동기에 영향을 미치도록 노력해서 가족의 사회학적 재조직을 가능하게 해야 한다.

이런 식의 아동 양육의 집단화는 다양한 관점에서 같은 맥락을 갖는데, 심리적 이유, 교육적 이유, 가족 조직적 이유, 특히 인구의 정치적, 사회경제적 이유 등으로 우리 사회는 자녀 양육 비용의 더 많은 사회적 재분배에 도달해야 한다.

새로운 가족

아동 양육과 아동 교육의 집단화는 가정생활의 토대 전체를 전면적으로 바꾸는 것을 의미한다는 사실을 숨길 이유가 없다. 그러나 지금의 가족은 자본주의 이전의 안정된 전통과 변화하는 새로운 시대의 조건 사이의 나쁜 타협에 불과하다. 모두가 알다시피 가족은 해체되고 있다. 그 자체로 부드러운 온화함의 가치를 가지는 대신, 그와 반대로 가족의 삶과 지속적인 발전 가능성이 위험해지지 않으려면 급진적인 변화가 필요하다. 여기에는 강한 긴장된 순간과 관심을 쪼개는 일이 포함된다. 이는 단순히 자신의 가장 친밀한 삶과 관련해 사람들이 자연스러운 폐쇄적 사고방식을 가짐으로써 또한 사회적인 연구보다 문학적인 낭만주의가 우리 현실에 대한 인식을 미화함으로써 오랫동안 입을 다물고 거짓으로 대했기 때문에 무지한 척하기가 어렵다.

따라서 모든 경험 있는 사람들은 19세기 결혼의 대다수가 불행했다고 의심한다. 불행한 결혼 생활은 이 과도기적인 세기의 전형적인 현상으로 여겨지기도 한다. 과거에는 불행한 결혼 생활에 대한 이야기가 들리는 일이 적었다. 어느 정도는 개인적 성격이 더 강했기 때문일 수도 있지만, 대개는 가족이 더 조화롭게 구성되고 적응되었기 때문이다.

그러나 현재 평균적인 스웨덴 노동계급 가정의 가족 행복은 어떠한가? 표준 형태인 부르주아 가정을 살펴보자. 지난 세기의 중반부터 세계대전이 끝날 때까지 모든 종류의 전통이 여전히 살아 있고, 가치척도가 확고했으며, 자녀의 수가 많았던 마지막 전성기의 부르주아 가정을 살펴보자. 이 부르주아 가정은 당시 빅토리아시대의 청교도주의를 평화롭게 받아들였으나 당대의 비밀스러웠던 현실은 세기말 결혼 문학에서 너무나 악의적으로 풍자되었다. 그 조사 대상인 전쟁 전 세대가 소멸하고 사회 역사 연구의 서툴고 피상적인 조사 방법으로 언급되기 전에, 심리학적 사회학자가 비판적으로 분석되고 통제된 앙케트 조사를 통해 이 문제를 제대로 연구하는 것은 유혹적인 일일 것이다. 가계경제에 대한 싸움은 어떤 역할을 했는가? 여자들의 생각은 어떠했는가? 남녀의 생활에서 얼마나 심각한 이해 충돌이 있었는가? 아이들의 생활은 좋았는가?

여기에서 우리는 이러한 지난 시대의 가족 형태를 과도기적 현상으로 보았고, 바로 그것을 통해 무질서와 부조화를 설명할 수 있었다. 가족은 이제 새로운 발전 단계에 접어드는 중이며, 여러 측면에서 다소 더 나은 적응 패턴이 나타나고 있다. 현대의 결혼 은 일반적으로 더 행복하다고 말할 수 있다. 왜냐하면 유감스럽 게도 부르주아 시대의 낭만주의를 따른 개방성과 솔직함 때문에 기 성세대가 달성했던 것보다 훨씬 더 동반자적인 관계의 기초를 기 반으로 하기 때문이다. 그러나 여전히 이 현대적인 가족은, 특히 아이들의 관점에서 볼 때 옛것과 새로운 것 사이의 빈약한 타협에 지나지 않는다. 더군다나 상황이 완전히 불안정하다. 결혼 기간이 점점 짧아지고 있으며, 무엇보다도 산아제한에 따른 급격한 인구 감소가 일어나고 있다.

그러나 우리가 더 깊은 사회학적 맥락을 객관적으로 연구한 다면, 우리가 조직화 경향을 용감하게 인정한다면, 이 경향 역시 이러한 발전의 노선에 놓여 있다면, 따라서 우리가 사회정치적 개 혁에 대한 우리의 의지를 발휘한다면, 우리는 이 가족이 결정적인 해체와 불임을 겪는 상황을 지켜볼 필요가 없다. 우리는 사람들의 가장 본질적인 사회적 관계가 수용될 사회적 기본 단위 내에서 새 롭고 변화된 균형에 도달하기 위해 노력해야 한다. 무엇보다도 이 새로운 가족은 재정적인 복지와 여성의 자유를 추구하기 위해 더 는 완전한 무자녀를 고집하게 되지 않도록 구조화되어야 한다.

이 새로운 가족 내에서, 옛 가부장적 가족과 마찬가지로 아내는 생산적인 일에서도 동반자로서 남성과 나란히 서야 하며, 아이의 미래의 삶에 대한 권리를 위해 의도적인 양육이 더욱 안정되어야 한다. 하루 중 7시간 내지 8시간의 근무 시간 동안 산업사회의 확장된 노동 분업에 적응하기 위해 가족은 분리되어야 한다. 성인 근로자는 직장에 있어야 한다. 아이들은 따로 놀고, 먹고, 자고, 학교에 가야 한다. 함께 사는 주택, 여가 시간, 파악하기 어렵고 미묘한 개인적 관계 등은 여전히 우리의 일부이자 가족을 구성하는 요소이며 이것은 언제나 존재할 것이다. 반면, 개인적인 가계 운영, 개인주의적인 부모의 권위, 아내의 폐쇄적인 삶은 존재하지 않을 것이다. 변화된 상황에 적응하며 바뀐 가족의 생활이 요구하는 만큼 사회발전을 통해 이런 것들은 마모되어 없어져야 한다.

가족은 가장 중요한 기능의 대부분을 더 큰 국가적 가족인 사회에 의존해야 한다. 이러한 움직임조차도 과도기 단계의 뿌리가 없고 고립된 가족과 관련해 원칙적으로 새로운 것이다. 옛날의 가부장적 가족은 처음에는 씨족과 긴밀하게 연결되어 있었지만, 나중에는 이웃 가족, 마을, 지역과도 긴밀하게 연결되어 있었다. 그것은 더 큰 전체로의 통합이었다. 생산적인 분업과 가족 간의 의무와 권리의 분배에서도 공동된 부분이 있었다. 그러나 토지 재배치 운동skiftrörelse이 마을의 토지를 다시 분할하면서 큰 마을을 작은 가정으로 나누는 데 일조했다. 각 공유 농지의 소유물은 개별적으로 분배되었고 그에 따라 농장이 배치되었다. 일을 조율해야한다는 강박은 사라졌고 마을의 거리는 이제 이전과 같은 사회적 포럼이 아니었다. 공유지는 현실화되었다. 이전과는 달리 마을 또는 마을 공산주의가 활용하던 것이 더 줄어들었다. 동시에 산업화와 소비하는 가계가 대두되었다. 당시의 모든 변화는 기술적인 발전 덕분이었고 발전 노선에서 필요한 진전이라는 것을 부정할 수는 없다. 그러나 이러한 변화는 옛 농민 사회의 공동생활에 파괴적인 영향을 미쳤다. 그때 농부들을 경제적으로 조직하는 문제에서 우리가 이제 맞서 싸워야 하는 난폭한 농민 개인주의라는 독특한 형태가 나타났다. 노인들도 오늘날 종종 농민의 특성으로 규정지어지는 이런 종류의 자기중심적인 편협한 마음을 가지고 있지 않다. 이러한 형태의 농민 개인주의는 이전의 공동체가 해체되면서 발생한 과도기적 결과일 뿐이다. 그리고 끈질긴 농민 문화를 가진 일부 지역에서는 이것이 아직 지속되고 있다. 농촌 청년들의 새로운 조직을 통해 그것은 실제로 다시 극복되고 있다.

우리가 여기에서 다룬 사회정책의 종류는 가장 깊은 의미에서 단순히 사회적으로 고립된 가족이 새로운 사회 공동체로 회귀하는 과도기적 단계를 의미한다. 산업 분업으로 확장된 사회 안에 있게 하라. 역동적인 이행기의 이데올로기적 혼란 속에서 보수주의는 우리의 적이 된다. 보수주의는 이제 개인주의적이다. 그것이 보존하고자 하는 사회는 해체의 사회다. 반면에 급진주의는 공동체를 보존하고 공동체를 구축한다. 보수주의는 자유주의가 되고, 급진주의는 사회적이 된다.

이 현대의 역설(개인주의적이고 자유주의적인 보수주의)을 평가할 때 전체 자유주의 이데올로기는 역사적으로 매우 짧은 기간 동안에 사회발전을 특징짓는 이익을 합리화했다는 점을 잊어서는 안 된다. 그것은 오래되고 정체된 계급사회를 해체시킨 세력이다.

19세기 우리나라에서 개인의 권리와 자유를 숭배하며 극단적으로 지성화되고 사회적으로 비정상적인 일부 집단에서 오랫동안 문학적으로는 흥미롭지만 사회학적으로 전혀 보잘것없는 삶을 살아온 자기중심적 개인주의적 태도는 산업화 과정에서 사회 전반의 더 넓은 계층으로, 심지어 어느 정도 노동계급과 농민계급까지도 스며들었다. 무엇보다 도시 문화와 부르주아지들에게 마음속 깊이 배어들었다.

이것은 역사가 집단주의 심리학 내에서 고정된 가치척도에 기반하지 않은 균형과 조화의 사회 상태를 본 적이 없음을 반증한다. 우리 시대에 전반적인 문화 위기로 고조된 사회적 긴장은 궁극적으로 산업화로 추진된 변화 및 해체 단계의 사람들의 개인주의적 심리로 이어졌다. 한편, 산업화되고 확대된 사회 단위 내의 사회적 조직과 협력해야 할 필요성이 증가했다. 산업화는 마을, 친척, 가족과 같은 오래된 단위를 파괴했다. 그리고 개인을 사회에서 더 고립시켰다. 사회도덕적 태도에서는 개인주의를 증가시켰다. 급진적인 변화는 다양한 기능의 분업을 통해 발생했지만, 이를 다른 측면에서 보면 오늘날에도 여전히 똑같이 필요한 생산 공동체의 확장된 틀을 의미했다. 시대의 발전은 사회생활을 위한 더 작은 단위들을 파괴했다. 사람들이 집단주의적 삶의 태도를 상실한 상황에서 협력과 전반적인 능력에 관해 사람들을 가장 어려운 시험대 앞에 놓이게 했다. 세계 정치에서 개인 문제에 이르기까지 우리의 모든 문제에 반영되는 것은 바로 이 거대한 갈등이다.

이 긴장은 계속될 수 없다. 그리고 발전이 혼란과 파멸로 끝나지 않으려면 결국 다시 집단주의적 접근이 먼저 새롭게 대두되어야 한다. 19세기는 과도기적 단계일 뿐이다. 기술은 우리의 불행이 될 수 없고, 우리의 삶의 가능성을 상승시키는 초석이다. 그것은 사회도덕적 해체가 얼마나 깊은지를 보여주는 증거다. 우리는 완전히 개인주의적인 가치에 갇혀 있으며 시대를 반영하지 않음으로써 사회조직에 대한 고집스러운 모습만 보이는 강한 보수주의에 맞서 싸우면서 이를 없애야 한다. 이는 곧 개인주의적 보수주의로 불행하게도 정치적으로 급진적인 정당의 의견에 뿌리를 두고 있다. 개인주의와 자유주의는 역사적으로 필요했을 수도 있고, 100년 전에는 발달적으로 올바른 사회 적응의 한 단계로 나타났을 것이다. 그러나 오늘날 우리는 그것이 사회발전의 원동력이 아닌, 발전을 저해하는 위험하고 반사회적인 것이라고 기회가 될 때마다 주장하기를 주저하지 않는다.

가족제도의 변화와 이 제도에 대한 사람들의 태도 변화는 완전한 출산 제한을 통한 무자녀 가정으로 표현된다. 이는 사회학적 현상 전체가 복합적으로 나타난 것으로 이 모든 것의 궁극적인 원인은 산업화의 과도기에 발생하고 널리 퍼진 혼란에 있다. 가족의 해체와 같은 조직의 해체와 부적응은 우리가 이 책에서 연구하고자 했던 본질인 광범위한 사회정치적 개혁을 통해서만 회복이 가능하다. 인구정책 문제는 사회생활, 가족의 미래 형태에 대한 더 큰 사회학적이고 재조직적인 문제의 구성 요소들 중 하나로 인식될 때 효과를 발휘할 수 있다.

그러므로 저출산의 위험을 직감하는 사람들이 사회적 맥락을 통해 정직하게 생각하고, 육아 사회정책을 전면적으로 내세워 그 결과를 단호하게 수용한다면, 그들은 틀림없이 사회정책을 확대해야 한다는 동일한 목소리를 들을 수 있을 것이다. 이데올로기 정치의 낙관주의자는 인구정책과 사회정책 내에서 상당히 통합된 국가 이데올로기를 상상할 수도 있다. 이미 사회정책에 열광한 사람들이 급진주의자들 가운데 나오고 있으며, 국가적 파토스를 내세워 인구 수치 유지에 열심인 이들은 보수주의자 가운데에서 나오고 있다.

그러나 이것은 아마도 근거 없는 희망일 것이다. 경제적인 이해가 너무 강하기 때문이다. 궁극적으로 그것이 정치적 입장을 규정한다. 이미 일어나고 있고 앞으로도 일어날 일은 사회정책 결과에 직면해 보수파의 인구정책에 대한 관심은 약해지는 것이다. 반면, 급진파의 인구정책에 대한 관심은 증가할 것이다.

사회주의자들에게 이것은 결코 원칙의 변화를 의미하지 않는다. 100년 이상 동안 사회주의 옹호자들은 자유주의적 인구 이론과 끊임없는 갈등을 빚어왔다. 처음에는 구자유주의 맬서스주의의 냉소적 비관주의에 반대했다. 그다음에는 신자유주의 신맬서스주의의 일방적으로 피임을 신뢰하는 낙관주의에 반대했다. 보수주의자들이 반대 방향으로 가는 것은 어려운 일이다. 사회정치적으로 투입되는 비용의 결과에 직면해 인구 유지에 대한 오래된 관심을 버리는 것은 더욱더 어려울 것이다. 진정한 애국 보수주의자들이 이미 일어나고 있는 일인 이주와 출산율 감소에 대해 찬성하는 목소리를 들으면 귀가 아직도 불편하다. 출산율과 인구감소의 가능성이 높은 현 상황에서 사회를 해체시키는 개인주의적 보수주의의 계급 이기주의는 너무 노골적이다.

대다수의 보수주의자들이 전통적인 이상과 경제적 이해 사이의 갈등에 직면하면 인구문제에서 눈을 돌리는 방식으로 반응할 가능성이 높다. 그때 모든 급진주의자들은 계속해서 이 문제를 다시 제기하고 스웨덴 인구의 영속화에 대한 우려를 표명해야 한다. 더불어 이를 해결하기 위해 필요한 사회정책, 분배정책 및 생산정책 결과를 보여줌으로써 선택을 강요해야 한다. 그러고 난 뒤에도 그들이 무시하기를 선택한다면 우리는 그들과 그들의 애국심에 대해 어떻게 생각해야 할지 알 수 있다. 그리고 그들은 그들 내부의 젊은이들 사이에서 커다란 배신을 목격할 것이다. 따라서 자유주의적 보수주의는 없어질 것이다. 무엇보다도 인구문제에 대한 대응으로 판단받을 것이다.

그러므로 우리는 인구문제에 대한 '국가적 회의'를 볼 가능성이 낮다. 모든 지점에서 갈등이 빚어질 것이다. 그러나 그 문제에 대한 실질적인 발전과 각성, 깨어 있는 의식을 가진 정치적 세력이 인구문제와 사회정책을 쟁점화할 것이라는 점은 확실하다. 이것은 역사의 과정에서 시간이 지남에 따라 발생하는 주요 쟁점의 무게중심이 이동하는 것에 불과하다.

미래 사회정책 발전을 평가할 때 인구문제를 잊어서는 안 된다. 인구문제는 현재 매우 단기적으로 의견이 결여된 상태에 있을 가능성이 높다. 즉, 사람들은 아직 변화된 상황에 익숙해지지 않았고, 가족과 사람들에게 무슨 일이 일어나고 있는지 실제로 경험하지 못했다.

우리 모두가 산업화의 급격한 변화에서 비롯된 이러한 개인주의적 사고방식에 갇히지 않는 한, 필요한 모든 사회정책의 확장, 가족 책임의 사회적 분배 등은 훨씬 적은 저항을 받으며 실행될 수 있다. 더 자유롭고, 더 빠르고, 더 마찰 없는 사회적 적응은 19세기 전통, 문학, 학교가 우리에게 짊어지게 한 무거운 짐 때문에 더는 지속되기 어렵다. 사회정책 발전을 방해하는 주된 요인은 아니지만 경제적 이해관계를 갖고 있는 소수의 사회계층 기득권자들이 제기하는 저항이 정책 발전을 방해한다. 더군다나 그들은 전통에 대한 우리 자신의 비자발적 의존과 강력히 연대한다.

더 심오한 사회 변혁을 위한 모든 노력의 근본은 다음 세대의 변화만을 위한 것이어야 한다. 따라서 그 시작은 양육 문제의 해결이다. 이미 성장한 세대는 일반적으로 희망이 없다. 대부분은 이미 있는 그대로이고, 앞으로도 그럴 것이다. 이 세대에서 우리는 여전히 명확한 사회적 노선에 따라 책임 있는 사고를 할 만큼 충분히 성숙하지 않은 것 같다. 협력이라는 개념은 우리에게 너무 낯설다. 그러나 인구문제에서도 다른 모든 경제적, 문화적, 정치적 문제와 마찬가지로 산업 전환기의 비사회적 개인주의를 타파하는 것이 중요하다.

많은 시간이 걸리겠지만 변화가 필요하다. 그 변화는 실제 시대의 발전과 완벽하게 일치한다. 결국 그것은 그 자체로 힘을 받아 앞으로 나아간다. 비극적인 것은 그동안 전통의 유산과 현재의 삶 사이에서 갈등이 개인적이고 사회적인 부조화로 발전하도록 방치했다는 점이다.

해제

한 세기 전의 현인들이 오늘의 대한민국에
건네는 인구문제 해법서

이태수
(한국보건사회연구원 원장·前 가톨릭꽃동네대학교 교수)

1. 문제의식:
인구 담론의 대전환이 필요하다

"인구문제는 그 어떤 사회문제보다도 더 심각한 문제다."(이 책, 9쪽)

이 문장으로 시작하는 이 책의 서문은 "인구문제는 새로운 국면을 맞이하여 이데올로기 정치 논의의 중심이 될 것이다. 나는 다음 세대에서는 아마도 인구문제가 사회정치적 방향의 전부를 결정하게 될 것이라고도 믿는다. 적어도 인구문제는 모든 문제의 주요 의제로 어쩔 수 없이 다룰 수밖에 없을 것이다"(이 책, 17쪽)라는 예측으로 마무리된다.

뮈르달 부부가 1934년에 쓴 《인구 위기 *Kris i befolkningsfrågan*》는 이 책의 출간 이후 거의 한 세기가 지난 지금의 대한민국이 인구문제를 대하는 맥락에 비춰봤을 때 처음부터 끝까지 거의 버릴 것이 없는 인구문제 해법서라고 해도 과언이 아니다. 마치 한 세기 전

현인이 100여 년이 지난 뒤 세상에 공개할 것을 전제로 적어놓은 예언서 같기도 하다. 그도 그럴 것이 이 책은 그간 영문으로 번역되어 소개된 적이 없고, 한국어로도 번역된 적이 없었다. 그리하여 인구문제 전문가들조차도 이 책의 전체 내용을 자세히 알고 있기보다는 이 책에 대한 2차 분석 자료를 통해서 그 내용을 추측하는 정도였다. 하지만 이번에 무려 89년 만에 스웨덴어로 쓰인 《인구 위기》 원전을 한국어로 직역해 출간함으로써 뮈르달 부부가 작성한 '오래된 미래'를 보여주는 예언적 언사言辭를 마침내 한국인들도 직접 만날 수 있게 되었다.

물론 1930년대 스웨덴이 갖고 있었던 이념적·정치적 지형, 사회문화적 특징에 따른 특수성, 뮈르달 부부의 과학적, 인식적 한계 때문에 독자들은 이 책의 내용 일부에 약간의 거리감을 느낄 수도 있다. 그렇지만 이 책의 마지막 페이지를 덮으면서 인구문제가 갖는 위기로서의 심대성, 이 문제의 해법을 구함에 경제, 산업, 문화, 인식 등 전 영역을 아우르며 바라보는 전체성, 뮈르달 부부가 해결책을 제시할 때 그 속도나 깊이, 정도의 측면에서 보여주는 담대성, 궁극적으로 추구해야 할 사회상에 대한 명료성 등을 느낀 독자라면, 앞에서 이야기한 거리감은 소중한 보석을 발견하기 위해 오랜 세월 그 표면을 덮고 있던 오래된 이끼와 흙 무더기를 닦아내는 정도의 가벼운 장애물에 불과함을 인정할 것이다.

2023년 지금 이 시각 대한민국은 한 해에 태어나는 아이의 숫자가 20만 명대로 떨어진 지 이미 여러 해를 지났다. 2015년 이후 단 한 차례의 답보나 반전의 기미 없이 무섭도록 빠르게 하락

중인 합계출산율은 마침내 0.78명(2022년 기준)까지 내려왔다. 이제 '인구 재앙', '인구 절벽', '인구 공포'라는 단어는 대한민국의 모든 문제를 쓸어 담는 블랙홀로 여겨진다. 그럼에도 대한민국의 인구문제를 바라보는 이념적 또는 철학적 관점은 여전히 불투명하다. 각 관점에 따라 문제를 어떻게 바라볼 것인지, 어떤 식으로 접근할 것인지, 어떤 미래로 나아가게 할 것인지에 대한 치열한 논쟁도 거의 부재하다시피 하다. 그러다 보니 오늘날 대한민국의 인구문제는 공포로만 다가오기 십상이다. 정책의 우선순위 역시 가리기 어렵고, 무엇보다 국민들이 이 문제를 '자기화'하는 단계까지 가지 못하고 있는 실정이다. 인구문제에 대한 담론의 대전환이 절실한 이유다.

하지만 대한민국을 집어삼키는 인구문제의 불길은 분명 잡힐 수 있다. 단, 전제 조건이 있다. 그 불길이 어디에서 시작해 어떤 방향으로 가고 있는지 그리고 그 규모가 어떤지를 알고자 하는 냉철한 인식을 가져야만 화마를 진압하는 일이 비로소 가능하다. 불길 앞에서 그저 공포와 두려움에 떨며 그 불길을 정면으로 직시하지 않을 때, 불행한 결과는 예정된 수순이다.

그렇다면 약 한 세기 전 뮈르달 부부는 인구 위기라는 불길을 어떻게 정면으로 직시하고 그 해법을 제시했을까?

2. 《인구 위기》의 집필 배경:
1930년대 스웨덴의 이념적 지형과 인구문제의 현실

1930년대 초반 스웨덴의 인구문제는 얼마나 심각했는가? 한마디로 말해서 유럽 내에서 출산율이 가장 낮은 상태였다. 이는 당시의 스웨덴이 전 세계적으로 보아도 출산율이 가장 낮았음을 뜻한다. 1930년대 스웨덴이 처한 현실이 오늘날 세계 최저의 출산율을 기록 중인 한국과 동일한 상황이었다는 사실은 우리가 《인구 위기》를 더욱 몰두해서 읽어야 하는 이유가 된다.

　　다음은 1850년부터 2015년까지 스웨덴의 합계출산율과 조출생률의 추이를 기록한 그래프다.

스웨덴의 합계출산율과 조출생률의 추이*

출처: 김영미(2021), 105쪽 그림을 수정함.

---

* 　조출생률은 15~49세 여성 1,000명당 연간 출생아 수이며, 합계출산율은 15~49세 여성 한 명이 평생 낳을 것으로 예상되는 평균 출생아 수를 가리킨다.

이 그래프에서 확인할 수 있듯이 스웨덴은 1880년대 이후부터 조출생률과 합계출산율이 지속적으로 떨어져 1930년대 중반 즈음에는 당대까지의 추이로 최저점을 기록하고 있었다. 이 책에서 뮈르달 부부는 당시의 인구 상황에 대해서, 1880년대 말에는 인구 1,000명당 신생아 수(조출생률)가 약 28명이었으나 세기말에는 27명, 그로부터 10년 이후에는 25명, 전쟁이 끝날 즈음에는 약 20명 정도, 그리고 1928년에는 16명까지 내려가고 1933년에는 13.69명으로 추락했다고 이야기하며 개탄한다.(이 책, 98쪽) 여성 한 명이 성인이 될 때까지 죽지 않고 자기 대신에 다음 세대의 여아를 몇 사람 낳는지를 나타내는 수치인 순재생산율에 대해서도 논하고 있는데, 스웨덴에서 이것이 1 이하로 떨어져 인구의 감소가 나타난 시기는 1925년으로 이 해의 순재생산율은 0.985, 그리고 1933년에는 더욱더 떨어져 0.725에 달했다고 묘사한다.(이 책, 100쪽) 뮈르달 부부는 이러한 인구문제의 위기에도 당시 이 문제를 바라보는 시각의 안이함에 통렬한 비판을 가하며, 인구문제 담론의 지형을 완전히 바꾸기 위해 《인구 위기》를 집필한다.

당시만 해도 1798년 출간된 토머스 맬서스의 《인구론Essays on Population》에 기반한 맬서스주의의 영향력이 신맬서스주의로 변신하여 인구 억제 수단의 방식을 대대적으로 주창하고 막대한 영향력을 행사하고 있었다. 맬서스는 자신의 책에서 인구 폭발을 해결할 적극적 요소라고 소개한—목사였던 자신이 신봉했던, 하나님이 인류의 구원을 위해 이미 마련해놓은 강력한 인구 억제 수단인—전쟁, 전염병 등의 해법을 예찬하는 한편, 성인들의 교육을 통한 자발적 인구 억제를 출생률을 자연스럽게 낮추는 "예방적 요소"라고 칭했다. 그러다가 몇 년 후 개정판을 내면서는 예방적 요소가 오히려 인간의 본성을 거스르는 대단히 '부도덕한' 방식이라고 부정했다. 하지만 신맬서스주의자들은 오히려 후자의 방식을 통해 얼마든지 인구 통제가 가능하다고 보고, 당시 사회적 논란이 되었던 피임과 낙태에 대해 적극 옹호하는 입장을 피력하여 일각에서 큰 반향을 일으키고 있었다. 그 선봉에 선 인물이 스웨덴의 유명한 경제학자 크누트 빅셀이다.

한편 보수당인 우익당은 인구의 감소가 단순한 국력의 하락이 아니라고 보았다. 이들은 인종위생학race-hygiene에 근거하여 인구 감소가 이어지면 이민 등을 통한 타민족의 유입으로 우수한 스웨덴 민족의 혈통이 존속되지 않거나 아예 더는 존립이 불가한 이른바 '민족의 말살'로 이어질 것이라 우려했다. 이들은 집권당의 위세를 이용해 1911년 피임금지법을 제정하여, 당시 자신들의 지지 기반인 부유층 사이에서는 이미 피임법이 상당히 퍼져 나가 적극적으로 활용되었는데도 기만적이게도 피임 기구를 광고하거나 제공하는 것을 금지했다. 이들에게 출산을 하지 않는 것은 곧 건강한 가족 윤리를 저버린 행동이자 도덕적 타락을 의미하는 것이었다. 따라서 이들은 여성들의 출산에 방해가 되는 기혼 여성의 고용도 공공 부문에서는 금지하는 법을 발의하기도 했는데 이 시도는 불발에 그쳤다. 대신 이들은 다자녀 가구에 대한 조세 감면 정책을 주창하여 사회민주노동당(이하 사민당) 집권 시기였던 1939년에 드디어 이 법을 실행시킨다.

이런 흐름 속에서 뮈르달 부부가 속한 진보 진영이 인구 감소 현상에 대해 취했던 입장은 모호하거나 혹은 분열적이었다. 마르크스 사상에 기반을 둔 사회주의자들은 맬서스가 그렇게도 우려한 인구의 과잉이 대량 실업을 유발하기는 하지만, 그 문제의 본질적 이유는 인구 그 자체가 아니라 프롤레타리아를 착취하는 자본주의 체제에 있다고 보았다. 이러한 관점을 통해 인구문제를 상대적으로 등한시했던 사회주의자들을 위시한 진보 진영은 보수당에 맞설 '희망'을 신맬서스주의에서 발견하고, 빈곤의 원인으로 작용하던 인구문제의 해법으로서 피임금지법을 폐지하고 낙태를 사회적으로 규제하는 것에 동의하는 입장 정도에 머물고 있었다.

뮈르달 부부는 인구 감소 문제에 대해 문제의식을 느끼지 못하던 사회주의자들을 비롯한 진보 진영, 문제의 핵심을 잘못 짚고 오히려 과거의 가부장제 다출산 사회로의 회귀를 염원한 보수주의, 피임의 장려와 낙태의 사회적 규제에는 반대하지 않았지만 그들의 철학적 기초와 배경에는 전혀 동의할 수 없었던 신맬서스주의 등 기존 진영 모두에 대해 매우 이성적인 반론을 제기함으로써 인구문제를 둘러싼 담론의 지형을 바꾸고자 했다. 뮈르달 부부는 특히 자신들이 속한 진보 진영이 신맬서스주의와 동맹을 맺은 아이러니한 상황을 용납하기 힘들었을 것이다.

당시 스웨덴은 산업혁명의 발상지인 영국이나 후발 주자였던 독일, 프랑스 등과 어느 정도의 시차가 있기는 했지만, 1934년 당시 이미 나름의 산업혁명을 거친 상태였다. 그 결과 농업이 전체 산업에서 차지하는 비중과 종사 인구의 규모가 급속히 감퇴하고 농촌에서 도시로의 인구 이동이 일어나고 있었다. 무엇보다도 가족의 해체가 현실화될 정도로 사회구조의 커다란 변화를 직면하는 중이었다. 뮈르달 부부는 이러한 현실을 직시하고 이와 같은 총체적인 변환의 결과인 인구 감소 문제에 대응하기 위해 그에 걸맞은 대담한 처방전을 제시하고자 《인구 위기》를 집필했다.

결과적으로 이 책을 통해 뮈르달 부부는 당시 집권당이었던 스웨덴 사민당이 제시하고자 한 복지정책을 인구 위기의 해법과도 연결하여 그 정책들의 정당성을 옹호하고 더욱 창의적이고 담대한 정책 대안을 제시했다고 평가된다. 이로써 오늘날 뮈르달 부부는 스웨덴 복지국가 건설을 주도한 주요 인물의 반열에 오르게 되었다.

3. 뮈르달 부부가 인구 위기를 바라보는
관점과 그 해법들

군나르 뮈르달Gunnar Myrdal(1898~1987)과 알바 뮈르달Alva Myrdal(1902~1986)은 1924년 결혼했다. 네 살 연상인 군나르가 알바를 처음 만난 것은 대학생이 되어 친구들과 자전거 여행을 다니던 1919년 알바 아버지의 농장에 들르게 되면서부터였다. 알바의 아버지는 노동자 계급 출신으로 일자리가 매우 불안정해 알바가 열두 살이 될 때까지 수차례 이사하면서 직업을 계속 바꿔야만 했다. 그다지 유복하지도, 행복하지도 못한 가난한 어린 시절을 보냈던 알바는 그녀가 살던 지역에 고등학교가 없어 진학하지 못하고 회사에 취직한다. 그녀가 군나르를 처음 만난 것은 회사에 비서로 취직해 일하던 때였다. 알바는 아버지의 영향으로 이미 사회민주주의를 받아들인 진보주의자였으나 군나르는 보수적인 노동자 계급의 아버지를 두었던 터라 알바에 비해서 그리 급진적이지는 않았다. 오히려 군나르는 남성을 우생학적으로 우등한 존재라고 여겼고 자신의 명석한 두뇌와 유식함을 무기로 알바와의 열렬한 사랑 속에서도 토론을 할 때는 늘 논의를 주도하는 입장이었다고 한다. 그러나 끝내 상대에게 영향을 더 많이 준 사람은 알바라고 해도 과언이 아니다.(Jackson, 2021: 20~23)

알바는 훗날 심리학을 전공하면서 그리고 세 자녀의 양육을 거의 홀로 책임지면서 스웨덴 가정의 현실과 아동 양육에 관한 사회적 책임, 여성 해방 등에 대한 첨예한 문제의식을 벼려갔다. 가족정책에 대해 그녀가 제시한 풍부한 해법이 두 사람이 공저한 《인구 위기》에서 상당 정도 빛을 발했으리라고 짐작하기란 그리 어렵지 않다. 알바는 여성성femininity의 근원을 찾으려 했으며, 여성성이란 남성 지배적인 사회화 과정을 통해 수세기에 걸쳐 만들어진 사회구조물이라는 입장을 가지고 있었다. 덕분에 《인구 위기》에서는 저출산 문제 해법의 핵심으로 여성이 왜 아이를 낳지 않으려 하는지에 주목하는 그녀의 관점이 두드러졌다.

"출산율 저하를 막으려면 산아제한으로 거의 무자녀를 추구하는 이 복잡한 심리적인 동기를 없애는 방법 외에는 달리 다른 방법이 없다. 즉, 자녀를 가짐으로써 드는 비용을 줄여야만 한다. 이는 가족의 지속적인 생활 향상을 위한 노력에 자녀가 방해되기 때문이다. 여성들이 사회생활을 하는 데 자녀가 방해 요인이 되지 않도록 해야 한다."(이 책, 132쪽)

군나르와 알바가 사회과학의 치밀한 방법론과 학제 간 연구, 이를 기초로 사회공학을 통해 사회 개혁을 도모하는 장점을 갖추게 된 계기는 1929년부터 미국의 록펠러재단의 후원으로 미국에 머물렀던 2년의 시간이 결정적이었다고 알려져 있다. 특히 이 시기에 알바는 아동심리, 교육, 사회학 등으로 지식의 지평을 더욱 넓혔다.

《인구 위기》에서 뮈르달 부부의 과학적 탐구 방법이 잘 드러난 부분은 스웨덴 민중의 생활수준을 분석한 5장이다. 이들은 스톡홀름 시와 12개 주에 국한해서 만들어진 1930년의 인구조사 자료를 분석의 주축으로 삼으면서도 이후의 임금 조사 통계를 통해 당시 스웨덴의 직업별, 지역별, 가구별 임금과 소득 분포 및 변화 양상을 파악해 스웨덴 국민의 생활수준을 구체적으로 분석했다. 또한 당시 스웨덴의 열악한 주택 상황이 출산율 감소와 긴밀하게 관련되어 있음도 논증하며, 부동산 소유주들에게 돌아가는 정부의 주택 보조금 정책의 비실효성도 지적했다.

1923년에 실시된 사회복지위원회의 생활비 조사를 참조한 영양 섭취 통계를 분석하여 제시함으로써 당시 언론에 소개된 다이어트를 둘러싼 관심이 얼마나 대중의 현실과 동떨어진 것인지 그리고 대중들의 실제 영양 상태가 얼마나 열악한지도 밝혔다. 뮈르달 부부는 민중들은 그들의 소득과 주거 환경, 영양 상태의 열악함과 청년 실업 등의 문제로 그들의 생활수준을 더 높이고 더 나은 삶을 확보하고자 산아제한이나 무자녀를 선택하는 경향이 생긴다고 보았다. 따라서 인구문제를 해결하려면 이러한 대중들의 욕구를 인정하는 데에서부터 출발해야 한다고 판단하고 다음과 같이 역설한다.

"출산율의 감소가 생활수준의 향상을 위한 욕구를 충족시키기 위한 것이라면 우리 국민들에게 생활수준의 향상을 포기하고 출산율을 높이거나 아니면 현상 유지만이라도 하라고 설득하는 것은 불가능하다."(이 책, 191쪽)

인구 위기의 해법을 둘러싼 뮈르달 부부의 접근법은 사회구조 전반에 대한 급진적이고 대담한 개혁으로 연결된다. 6장 '사회정책과 경제 생산 및 분배의 문제'와 7장 '사회정책과 국민의 질'에서 이러한 면모를 충분히 읽어낼 수 있다. 오늘날 대한민국에서는 인구문제의 해결이 절박하다는 외침이 사회 이곳저곳에서 들리는 데 반해 이를 근원적으로 해결할 만한 대담한 접근은 그다지 눈에 띄지 않는다. 이런 현실을 생각할 때 뮈르달 부부가 이미 한 세기 전에 제시했던 담대한 정책적 접근과 파격적인 정책 수단들이 우리의 대안이어야 한다고 수긍하게 되는 데 그리 오랜 시간이 걸리지 않을 것이다.

뮈르달 부부는 인구정책이 사회정책으로 뒷받침되는 것이지만 그것이 경제와 산업구조의 변화와 연관되어 있음을 구체적으로 논증하는 가운데, 경제학자 존 메이너드 케인스가 언급했던 유효수요 이론과 동일한 논리를 제시하기도 한다. 유효수요 이론은 흔히 '일반이론'이라 불리는 케인스의 명저《고용, 이자 및 화폐의 일반이론*The General Theory of Employment, Interest and Money*》(1936)을 통해 제시된 이론인데《인구 위기》를 통해 유효수요 이론의 원조가 케인스가 아니라 스웨덴 경제학자들이라는 학계 일부의 주장이 타당할 수도 있음을 수긍하게 된다.

"내수 시장에서 생산 확대는 그에 해당하는 소비 증진을 필요조건으로 한다. (…) 현재 생산 질서의 부족한 점은 생산과 소비의 균형이 맞지 않는 것이다. 따라서 위기와 일반적인 불안감이 도래하며 영구적인 대량 실업이 발생한다. (…) 최대 생산이 최대 소비, 또 최대 소비가 최대 생산이 될 수 있도록 하는 것이다."(이 책, 198쪽)

당시 스웨덴에서는 전 세계를 휩쓴 대공황의 여파로 대량 실업이 전개되고 있었다. 이런 현실을 직시한 뮈르달 부부는 기존의 신고전학파가 신봉한 이데올로기인 세이의 법칙Say's law, 즉 '공급이 수요를 창출한다'는 명제를 부정하고, 소비 진작을 통해 생산을 끌어낼 수 있으며 인구 감소를 반전시키기 위한 다양한 정책들이 정당함을 설파했다.

이외에도 뮈르달 부부는 오늘날에는 당연하게 받아들여지지만 당시로서는 과감한 주장일 수밖에 없었던 세계화의 불가피성(이 책, 198쪽), 곡물 정책으로서 농업 보조금 지급이 갖는 산업적 의미(이 책, 200~201쪽), 농업과 제조업 노동시장의 정합적 관계(이 책, 201~202쪽), 주택 건설을 통한 내수 경기의 주도력 확보 가능성(이 책, 202~203쪽) 등을 주장한다. 이는 군나르가 경제학자로서 뛰어난 역량이 없었다면 서술할 수 없었을 내용으로 사회정책과 경제정책 상호 간의 선순환을 한 세기 전에 이미 논증했다는 점에서 놀라지 않을 수 없다.

뮈르달 부부는 《인구 위기》의 후반부에서 인구 감소라는 사회구조적 결과를 어떠한 정책적인 지향과 정책 수단들로 반전시킬지를 보여주는 데 단연 많은 지면을 할애한다. 그 내용은 오늘날 그대로 옮겨 실행해도 어색하지 않을 만큼 이 책의 핵심 중의 핵심이다. 이들의 진단에 따르면 농경사회에서는 여성과 아동을 포함한 가족 구성원 모두가 생산 공동체이자 소비의 주체였다. 하지만 산업사회로 진입하면서 남성 노동자 외의 가족 구성원은 생산에서 분리되면서 가정 내에서 이들의 지위가 전락하게 되었으며 가족은 소비의 단위로만 존재하게 되었다. 또한 당시 자본주의 제도 아래에서 출산과 양육의 비용이 각 가정으로 전가되었는데 이는 결국 출산율 저하로 이어졌다고 분석한다. 따라서 이를 해결하려면 출산과 양육에 드는 비용을 사회화해야 한다고 역설한다.(이 책, 316~326쪽)

특히 이들 비용의 사회화를 언급하면서 아동 권리에 대한 의식을 보여주는 점에 주목할 만하다. "우리에게 온 아이들의 행복한 성장을 위해 돌봐야 한다는 연대 책임 의식이 생긴다"(이 책, 210쪽), "사회는 불균형하고 불안정한 소득분배에서 야기되는 개인들의 사회의 부적응에 대해 큰 책임을 져야 한다. 이에 대한 피해는 아무 죄가 없는 아이들에게 고스란히 간다"(이 책, 210쪽) 등의 대목이 대표적이다. 아동수당 지급은 이미 1921년 오스트리아에서 시작되었기에 뮈르달 부부의 주장이 최초라고 할 수는 없지만, 이들 부부는 충분한 수준의 아동수당이 필요하고, 모자 지원 역시 "출산에 필요한 모든 비용"을 지급하는 것, 즉 "출산으로 휴직하는 기간의 임금도 보조"(이 책, 222쪽)하는 데까지 강구되어야 한다고 역설했다. 나아가 무상 점심 급식 지급, 모든 아이를 대상으로 한 무상 의료, 방과 후 활동 비용 보장까지 포함한 무상 학교교육, 청소년을 대상으로 한 학업 기간 동안의 장학금 및 생활비 지원 등 매우 구체적인 아동·청소년 복지정책을 제안했다.(이 책, 222~223쪽)

뮈르달 부부가 7장에서 심혈을 기울여 서술한 '인구의 질'

이라는 관점에서 바라본 사회정책의 정당성은 오늘날 우리에게 사회정책을 바라보는 성숙한 견해를 갖게 해주는 한 세기 전의 선물이다. 지적장애인, 정신 질환자, 전과자, 부랑자, 알코올중독자들도 노동시장에 편입될 수 있도록 해야 한다는 주장(이 책, 239~240쪽), 무상 급식을 통한 아동 보건의 사회화가 사회위생학적 관점에서뿐만이 아니라 분배정책, 인구정책, 민생정책 등의 다양한 측면에서 정당함을 입증한 주장(이 책, 250~252쪽), 주거 과밀화는 행복한 가정생활을 누리지 못하게 할 뿐만 아니라 개인의 정신 건강을 해치고 반사회적 경향을 심화시키는 것과 연결되므로 아동보호에 최우선적으로 관심을 갖고 주거 위생을 해결하고 주택을 개량하는 정책이 필요하다는 주장(이 책, 253~262쪽) 등은 오늘날에도 여전히 유효하다.

스웨덴의 보건 의료 체계를 지역 의료 시설과 통원병원, 지역 의사 및 간호사의 협업 체계 구축을 통해 개편해야 하고 의사에게도 사회정책을 교육하여 사회위생학적 인식을 가지도록 해야 하며, 결국 의료의 사회화가 곧 사회정책이자 분배정책이며 행정과도 연결되어 있다는 주장(이 책, 262~284쪽)은 오늘날 우리나라의 현실과 비교된다. 학교교육의 개혁을 주장하는 단락에 이르면 뮈르달 부부의 과감한 제안이 한층 도드라진다. 이들 부부는 "개인적으로 독립적이나 집단의 협력도 가능한 인재"야말로 새로운 시대에 부합하는 인재상이므로 이러한 인재들을 길러내는 것을 학교교육의 목표로 삼아야 한다고 설파한다. 심지어 학교교육보다 시민들에 대한 사회교육이 더 중요하게 행해져야 한다는 주장(이 책, 284~301쪽) 등은《인구 위기》출간 이후 한 세기가 지난 오늘날 대한민국에서 여전히 실현되기에는 너무나 먼 현실처럼 여겨질 만큼 급진적이다.

이들이 마지막으로 가족사회학의 입장에서 던진 화두와 아동 양육에 대한 대담한 접근도 우리에게는 100년이라는 시간의 간격을 훌쩍 뛰어넘게 만드는 부분이다. 뮈르달 부부는 여성의 자아실현을 위해 아동 보육의 사회화가 꼭 필요한데, 이때의 아동 보육은 양질의 서비스와 최상의 전문가를 동원해 공적 공간에서 적절한 시간 동안 이루어지게 만드는 편이 훨씬 더 바람직한 접근일 수 있다는 생각을 피력한다. 이들의 견해는 오늘날 공공 보육 체계의 기본 정신이 되어야 할 것이다.

"가정이 양육 환경으로서 퇴보할 때, 학교나 사회는 단절된 가족의 돌봄 기능을 수행하고 아동의 집단 돌봄이 가능한 환경을 마련해 가정 돌봄을 효과적이고 무해하게 대체하고 불충분한 가정 돌봄을 사회로 확장하게 해야 한다."(이 책, 337~338쪽)

4. 맺으며

뮈르달 부부가 이 책을 집필할 수 있었던 이유는 이들이 규모의 경제, 인적자본 이론의 논리를 가지고 있었던 경제학자(군나르 뮈르달)이자, 아동의 발육과 정서적 발달에 관해 잘 알고 있는 아동 심리학자이자 사회학자(알바 뮈르달)였기 때문만은 아니다.

그들은 사회민주주의에 이념적 뿌리를 두고 사회 개혁에 대한 강한 신념을 가졌다. 여기에 더해 가부장제의 폐해로부터 벗어나 여성이 자신의 행복을 추구하는 독립적 인격체라고 바라보는 페미니즘, 조국 스웨덴이 당면한 문제를 해결해야 한다는 강한 문제의식과 열망이 담긴 연성 민족주의, 최대 다수의 최대 행복을 사회적 바람직함의 판단 기준으로 삼고 중앙집권화를 통해 다수의 사회 구성원들의 복지 수준 향상을 지향하는 공리주의, 사회문제를 진단하고 해법을 찾는 차원에서 과학적 방법론과 지식의 힘을 인정하는 이성주의 등의 철학적 기초를 지니고 있었다.《인구위기》의 집필은 이러한 바탕 위에서 가능했다.(신정완, 2017: 69~78)

뮈르달 부부가《인구 위기》에서 제시한 인구정책이자 사회정책의 구체적인 수단들은 1932년 이후부터 1976년까지 무려 44년간 연속 집권을 하게 된 스웨덴 사민당을 통해 꾸준히 실천되었다. 특히 이 책이 당시 인구 위기를 등한시했던 사민당으로 하여금 가족정책을 매개로 보수당과 절충할 수 있는 길을 발견하게 만들었다는 점, 스웨덴 총리이자 사민당 대표이기도 했던 페르 알빈 한손Per Albin Hansson(1885~1946)이 주창하고 이후 스웨덴 복지국가의 상징이 된 '인민의 집People's House' 개념 속 가정의 이미지를 실제로 스웨덴 국민에게 체감시킬 수 있게 했다는 점, 1936년 총선 승리 후 사회부장관이 된 구스타프 묄러Gustav Möller(1884~1970)가 사민당의 보편주의를 추진하기 위해 뮈르달 부부의 정책들을 적극 옹호하는 전략을 취했다는 점은《인구 위기》에서 제시된 정책들이 현실에서 빛을 발하게 만든 주요한 기제였다.(김영미, 2021: 122)

이후 스웨덴에서는 뮈르달 부부가 중요시했던 아동정책과 가족정책들이 마침내 실현된다. 물론 오늘날 스웨덴이 복지국가로서의 위상을 갖게 된 것을 두고 오로지 뮈르달 부부의 제안 덕분이라고만 할 수는 없다. 그렇다고 해도 학비 보조금 지급(1934년), 저소득층 아동수당 지급(1937년), 주부 휴가제 도입(1946년), 전면적 아동수당 지급(1948년), 교육 보조금 지급(1957년), 가족 상담원제 실시(1960년), 9년 의무교육제 실시(1966년), 아동 가정 주택 보조비 지급(1968년), 출산 유급 휴가제 실시(1972년), 부모 보험제 실시(1974년) 등 1970년대까지 꾸준히 실현된 스웨덴의 복지정책들(최연혁, 2011: 176)에 대해 뮈르달 부부의 공로를 인정하지 않을 수 없다. 이러한 복지정책들을 통해 스웨덴은 1930년대의 인구 위기에서 벗어나 국민들의 삶에 튼튼한 지지대를 마련하게 되었다. 국가적 차원의 탄탄한 사회복지가 오늘날까지도 스웨덴의 출생률이 유럽 복지국가 그룹 안에서도 비교적 높은 수준을 유지하는 결과로 이어지는 바탕이었음을 부정하기란 어렵다.

한 세기 전 뮈르달 부부가 집필한 인구문제의 해법서인《인구 위기》는 오늘날 우리에게 인구문제를 해결할 방도와 대한민국을 복지국가로 강건히 발전시키는 길이 결국 하나로 통한다는 사실을 깨우쳐준다. 한국어로 번역된《인구 위기》가 우리 사회에 큰 울림으로 퍼져 나가길 기대해본다.

참고 문헌

*   김영미, 〈스웨덴 인구 담론 전환이 한국 저출산 정책에 주는 함의: 뮈르달 부부의 인구정책 구상을 중심으로〉,《여성연구》Vol.109 No.2, 한국여성정책연구원, 2021, 101~131쪽

*   신정완, 〈1930년대 스웨덴 인구문제 논쟁에서 제시된 뮈르달 부부의 가족정책

구상의 이론적, 철학적 기초〉,《스칸디나비아연구》Vol.19, 한국스칸디나비아학회, 2017, 51~96쪽

- 최연혁, 〈제17편 스웨덴의 인구전략과 사회통합 Strategy〉,《인구 전략과 국가 미래 제6권-선진국의 인구문제 도전과 대응》, 한국보건사회연구원, 2011, 117~229쪽

- Neil Kent, *A Concise History of Sweden*, Cambridge, Cambridge University Press(kindle version), 2008

- Walter A. Jackson, *Alva and Gunnar Myrdal in Sweden and America, 1898-1945*, N. Y., Routledge(kindle version), 2021

1장

1 빅셸의 강의는 1880년 2월 10일에 있었고 좀 더 확장된 형식으로 2월 25일 길래
스 홀Gilleshallen에서 다시 한번 열렸다. 강의 내용은 몇몇 신문의 논설 투고와 함
께 저자 자신의 출판사에서 《사회적 불행의 주요 원인과 음주에 관한 치료법에
관한 몇 가지 제언》(웁살라, 1880)이라는 제목으로 출간되었다. 당시 웁살라 지식
인이었던 오베리L. H. Åberg, 다비손D. Davidson, 닐손A. Nilson, 벤딕손A. Bendixson은 《빅
셸의 '사회적 불행의 주요 원인과 음주에 관한 치료법'의 몇 가지 제언에 대한
비판》(웁살라, 1880)을 출간하며 이에 응답했다. 여기에는 웁살라의사협회에서
낸 의견도 포함되었다. 이와 같은 맥락에서 'C. G. H.'로 서명된, 일반인들을 위
한 《빈곤의 주요 원인과 해결법 제시에 대한 몇 가지 제안》(스톡홀름, 1880)이 빅
셸의 논설에 대응해 출간되었다. 빅셸은 이를 바로 받아 《나의 비판자들에게》
(웁살라, 1880)를 썼고 그다음에 확장된 선전 활동을 펼쳤다. 그의 강의들 중 중요
한 내용들은 계속해서 출판되었다. 《해외이주와 그 의미와 원인》(스톡홀름, 1882),
《어떻게 사회악을 경감할 것인가?》(스톡홀름, 1887), 《스웨덴의 인구 증가와 이것
이 번영과 도덕에 미치는 영향》 (스톡홀름, 1887) 등이 이에 해당한다. 폰투스 비
크네르의 잘 알려진 《문화의 피해자에 관한 몇몇 특징》(웁살라, 1880)도 어느 정
도 이 논의에 해당한다. 더 직접적인 언급은 이시도르 플루드스트룀의 《다윈주
의 관점에서 본 빅셸이 제안한 문제》(웁살라, 1882)가 있다. 당시 이에 관한 소책
자 및 신문 논설은 상당히 광범위하고 또 문화사적으로 흥미롭지만, 이 갈등을
설명하는 것은 매우 어려운 일이다. 여기서 우리는 텍스트에서 알 수 있는 점에
만 만족하기로 한다.

2 이 강의는 후에 《스웨덴의 인구 증가와 이것이 번영과 도덕에 미치는 영향》(스
톡홀름, 1887)으로 출간되었다. 이것은 통계학적, 경제학적으로 중요한 내용을 건
조하고 도덕적으로 설교하는 작품으로 빅셸은 '나는 예민하고 민감한 청중에게

상처주는 표현을 삼가려고 이 강의뿐만이 아니라 다른 강의들에서도 무척 애썼다'라고 주장했다.

3   학문적으로는 그는 그다지 큰 족적을 남기지는 않았으나《북구족보*Nordisk Familjeb-ok*》에 따르면 '온화한 신자로 공무원으로서 진실을 사랑하고 정의로우며 자격이 충분하였다'라고 한다.

4   《리뷰*Granskning au*》등에 기고. 38쪽 주석 1을 참조.

5   《다원주의 관점에서 본 빅셀이 제안한 문제》등 38쪽을 참고하라.

6   네스룬드, '스웨덴에서 낙태 빈도 및 사망률에 대한 조사', 〈스웨덴 의사신문〉, 36~38쪽(스톡홀름, 1933). 에딘, 〈스톡홀름 및 최근 스웨덴의 낙태 현황 조사〉(말뫼, 1934)

7   낙태abort라는 단어는 자연유산과 인공유산을 모두 포함하는 개념으로 일반적으로 많이 사용되기도 하지만, 그 의미가 불분명하고 의도적으로 오해를 불러일으키게 사용되거나 아니면 적어도 오해를 할 수 있는 표현이다. 이에 조심하고자 이 점을 지적하고자 한다. 아래에 논의되었듯이 전체 낙태 건수에 대해서도 일반인들은 이것이 인공유산에만 해당한다고 이해할 수도 있다. 이런 오인에 대한 원인은 이전에 의사들이 자연유산을 과소평가하는 경향이 있었기 때문이다. 따라서 네스룬드의 조사가 유감스러운데 (처음에는 의학적인 문제다) 외국의 조사를 보면 자연유산의 빈도에 대해서 논의가 있음에도 (의학위원회의 앙케트 조사처럼) 조사 실시 및 분석에서 낙태, 자연유산, 인공유산의 정의가 충분히 다루어지지 않았다.

8   출산율의 저하는 예를 들어 이 비율을 증가시킬 수 있다. 이는 1933년 조사에서 출산율은 낮고 낙태율이 유지되었으며 출산율 저하가 낱개의 증가 때문이고 이 자체로 낙태의 감소를 나타내는 것이 아닌데도, 전국적으로 2만 건이 되지 않음을 의미한다. 낙태율은 임신율과 마찬가지로 특정 연령과 여성 인구(기혼 및 미혼)와 관계가 있다. 이런 자료가 준비되지 않는다면 전체 인구와 낙태의 관계를 다루는 것도 논의해볼 수 있다(일반 출산 건수를 파악할 때처럼).

9   의료위원회의 앙케트 조사에서는 결혼 유무를 묻는 질문이 아예 없었다. 이 문제를 조명하기를 기대했다면 무엇보다도 사회적 본질에 대한 자료를 보충할 필요가 있었다. 기혼, 미혼, 지역 집적률 및 시간대 등의 자료와 함께 새로운 낙태 빈도를 내놓을 수 있었다면 어느 정도 가치 있는 결론을 도출했을 수도 있었을 것이다.

2장

1 에딘은 현재 영어로 더 광범위한 작업을 준비 중이다. 그때까지는 먼저 다음의
  자료를 참조하라. '넓은 층의 피임 확산', 〈경제신문〉(1929), 《스톡홀름의 사회계
  층의 출산율》, Problems of Population, London(1932)

2 《과학과 정치》68쪽, 96쪽.

3 도로시 토마스Dorothy Thomas와 오그번은 이것에 대해 설명하는 의미 있는 발명과
  발견을 했다. 오그번과 토마스의 〈발명은 불가한가?〉《폴리티컬 사이언스 쿼털
  리Political Science Quarterly》Vol. XXXVII를 참조.

4 같은 연령 분포를 가진 인구를 비교한다는 것은 상대적 아동의 수가 같은 것 등
  을 포함한다. 예를 들어, 일정한 인구에 같은 연령 분포를 가지고 있지만 크기는
  다른 것과 비교할 수 있다. 이러한 비교가 일반적으로는 인구정책적으로 의미
  가 있다(189~192쪽 참고). 두 개의 인구가 다른 속도로 증가하는 것을 비교하거나
  한쪽은 증가하고 다른 한쪽은 감소하는 것을 비교하는 것은 다르다. 이 차이는
  인구 규모에만 해당하는 것이 아니라 연령 분포에도 해당한다. 또한 소비인구,
  (아동 및 노인) 및 생산인구 비율의 차이도 포함된다. 물론 생산인구당 소득과 생
  활수준의 차이도 해당한다.

3장

1 이와 관련된 사항들은 스톡홀름대학교의 사회과학부에서 아직 발표하지 않은
  조사에서 더 자세히 밝혀질 예정이다.

2 현대 학파의 젊은 신학자들은 '피임'을 '책임 있는 부모'라고 번역하기 시작했
  고, 혼인 관계 내에서 피임 사용에 대한 허용을 기독교적인 윤리로 설명하는 논
  리를 개발하고 있는데 가족, 아동 및 사회의 측면에 해당하는 윤리적인 이유를
  찾고 있다. 이는 빅셀이 이야기했던 것과 유사하다. 빅셀이 발표한 내용을 보면
  기독교적인 주제와 일치한다. 약간 꺼려지기는 하지만 이런 움직임들을 강조하
  여 새로운 기독교적인 윤리가 더 명예스럽게 여겨지고 또 신뢰를 받을 수 있어
  야 한다. 신학적인 윤리가 후에 마찰과 관습을 이유로 더는 미루지 않고 사회도
  덕적인 변화를 받아들이려는 의지와 능력을 보여줄 뿐만 아니라 도덕적 발전
  을 주도할 수 있기를 바란다. 이런 의지와 능력은 수백 년 동안 관찰된 적이 없
  다. 이는 근대에 들어 기독교가 정신적인 세력으로서 기반이 계속 약화되어 왔

고 또 약화되고 있기 때문이다. 도덕주의자들은 잘해봐야 그들의 윤리적, 종교
적 이유를 찾은 부르주아의 관습처럼 느리고 마지못해 변화하는 수준이다.

5장

1   《통계 연감 1934 *Statistik årsbok 1934*》

2   교구 단위로 조사가 이루어진 이유는 당시 출산 및 사망에 따른 인구조사와 기
    록을 교회에서 담당했기 때문이다. (옮긴이)

3   1외레는 1크로나의 100분의 1이다. (옮긴이)

4   스웨덴에서는 거실 또는 마루도 방으로 계산한다. (옮긴이)

5   소비 단위에 대한 내용은 175쪽을 참고하라.

6   여기서 우리는 알프 요한손 박사의 아직은 초안으로만 작성된 매우 흥미로운
    조사에 의존했지만 그의 조사는 조만간 사회주택 조사에 우선적으로 포함되어
    출간될 예정이다.

7   7장의 3번, 4번 주석을 볼 것.

8   이와 관련된 자세한 내용은 1933년 12월 15일에 나온 농촌 지역의 주택 조사인
    《보건서비스법 등을 둘러싼 변화에 대한 제안의 고찰》(정부 출간, 1933, 37쪽, 13쪽)
    참조.

9   주택문제는 7장에서 다룸.

10 산업 노동자 및 저임금 사무직 노동자의 전체 소득에서 식비가 차지하는 평균
    비율은 1923년에 42.6이었다. 사회위원회의 예비 자료에 따르면 1932~1933년
    에 대략적으로 가계부 절반 정도를 분석한 생활비 비율 결과는 다음과 같다. 산
    업 노동자와 저임금 사무직 노동자를 합하면 35.3, 중산층은 23.4로 지난 10년
    동안 상당히 내려갔다. 실질적인 생활수준의 향상은 전체적으로 13퍼센트로
    이는 일반적으로 임금과 생활비 통계의 결과와 같다. 생활비의 하락으로 두 사
    회계층의 일반 가구당 가족 소득은 1923년 3,810.90크로나까지 올라갔는데,
    1923년 평균 소비 예산에 해당하는 생활수준을 유지하기 위해 1933년에는 불
    과 3,293.60크로나만 필요했다. 생활비가 상당히 감소함에 따라(특히 부동산 임
    대료만 상승했다) 실질임금에서 차지하는 생활비 비율은 36.9로 떨어졌다. 42.4에
    서 36.4로 감소한 것은 물가가 떨어진 것과 직접적으로 연관이 있지, 이것 자체
    로 생활수준의 향상과는 관련이 없다. 대신 가계당 평균 소득이 3,711.70크로나
    이고 실질임금이 419.10크로나 상승했다. 이 상승분 중 1/5만 생활비에 사용되

고, 나머지는 기타 소비에 사용했기에 생활비 비율이 35.3으로까지 떨어졌다. 36.9와 35.3의 차이가 (그리고 실질 생활비 지출이 늘어난 것을 제외하고 생활용품 소비가 재편의 효과를 더해) 생활수준의 향상을 나타낸다. 산업 노동자와 저임금 사무직 노동자의 각각 해당 통계와 다른 소득 계층의 통계는 아직 분석되지 않았다.

11 소비 단위는 소비 필요에 대한 통계적인 단위다. 소비 단위는 15세 남성이 1로 정의된다. 여성은 0.9, 아동은 0~3세 0.15, 4~6세 0.4, 7~10세 0.75, 11~14세는 0.9다.

12 룬드베리Erik Lundberg가 분석함.

13 게라드 헤르츠베리, 《소득 건강 환경》(베르겐, 1934)

14 아동의 영양 상태는 사회정책학 관점으로 7장에서 다룬다.

15 《실업 조사의 고찰》(스톡홀름, 1929)

16 《1934년의 청년 실업 전문적 고찰》(정부 출간, 1934: 11).

6장

1 출산율이 순재생산율 이상으로 증가한 후 일정한 인구 규모가 유지되려면 그 이후 더 높은 출산율이 있어야 그 인구 규모가 보장된다는 점을 다시 상기해야 한다. 만약 인구 증가 없이 인구 규모를 유지하는 것을 바라는 사람이 있다면, 그것은 출산율이 순재생산율 이상으로 장기간 유지되는 것을 추구함으로써 가능할 것이다. 앞으로 있을 인구정책의 논의에서 양적인 것에 대해서는 가능한 한 분명하게 하는 것이 좋을 것 같다. 일반적으로 질적인 판단이 이 논의를 혼란스럽게 하고, 경험상 인구정책의 의견 차이를 뒷받침하는 불필요한 논거로 사용되고는 하는데, 그 의견들은 실질적인 의미가 없으며 의견들의 질적인 정확성과 그들의 지식 기반에서 제외되는 것들이다.

2 이 숫자를 보면서 1920년이 임금 관점에서 특히 농민들에게 비교적 좋은 해였음을 기억해야 한다. 특히 현금 임금이 높았고 보통 때보다도 낮은 곡물 소비가 뒤따랐다. 따라서 7퍼센트라는 수치는 실질적인 발전 경향의 한 표현으로 봐야할 것이다.

3 1926년에 이와 유사한 제도가 뉴질랜드에서 실시되었는데 매 자녀마다 심지어 셋째까지도 일정 금액이 현대적인 조건, 즉 가족 소득이 상한선 아래에 있다는 조건하에 지급되었다. 이 원칙에 대한 것은 폴 더글라스Paul Douglas의 《임금과 가족》(시카고, 1925)과 제네바 국제노동사무국에서 실시한 조사인 《가족 보조금》(시

리즈 D 13, 1924)을 참고하면 된다. 엘리노르 라스본Eleanor Rathbone의《가족제도에 대한 윤리와 경제》(런던, 1927)도 좋은 참고 자료다. 스웨덴어로는 에바 비그포스 Eva Wigforss의《노동 소득과 가족 부양》(스톡홀름, 1929)이 있다.

7장

1 이 문제에 대해 짧고 명료하게 기술한 책으로는 닐스 폰 호프스텐의《인종생물학적인 관점에서의 불임 시술 문제》(스웨덴정신보건협회 소논문 5, 스톡홀름, 1933)를 참고할 수 있다.《불임법 제안에 대한 고찰》(정부 출간, 1929:14)은 이 문제에 대해 자세하게 다루고 있다.

2 〈정신 질환자의 임신〉,《북유럽 의학 잡지Nordisk medicinsk tidsskrift》(1933)

3 뮈르달 및 오리엔의《특정 주택문제에 대한 주택 통계의 확대 필요에 대한 조사》(정부 출간, 1933: 14, 55~65쪽. '사회계획의 문제로서의 주택문제'라는 제목으로 Kooperative förbundet 출판사에서 나온 것도 있다. 소위 '예테보리 조사'라 불린다)를 참고하라. 또한 1933년 12월 15일자 농촌 지역 주택조사에서 다룬《농촌 지역의 주택 실사와 관련된 보건서비스법 개정 제안에 대한 고찰》(정부 출간, 1933: 2)도 참고하라. 이 밖에 올해 발표될 주택사회 조사가 있다.

4 예테보리 조사 분석과 같은, 이전에 언급한 공식 조사(3장에서 다룸)와 곧《북유럽 위생 잡지》에 발표될, 도시 의사인 올로프 욘손의 룬드 시의 조사.

5 학교의 확장에 관해서는 다음 장에서 다룰 예정이다.

ㄱ

가구의 규모 145, 147
가부장적 가족(가정) 316~319, 323~326
가사 노동 234, 324, 339, 341
가임 여성 99, 108
가족 120, 130~134, 313~320
가족 해체 322~326, 346, 348
가족수당(가족임금) 215~216
가족제도 130~132, 316, 352, 380(주석 3)
개인 병원 265~267
개인주의 23, 134, 255, 287~292
건강보험(의료보험) 222, 269
경력 단절 196
계몽주의 23
계층 순환 79, 84, 86, 303
계획경제 125, 200, 287
고드윈, 윌리엄 26, 30, 67
곡물정책 200
공공 병원 265
공공 유아원 222
공공 통원병원 265, 270
공리주의 25~27
공산주의 350
교사 교육 283, 295~296
교육 비용 306

교육 운동(활동) 192, 299~300
교육정책 115
국외 이주 97~98, 109, 115, 126, 128
급여 256, 270
급진주의 10~15, 22~26, 34~38, 63,
    129, 350~354

ㄴ

낙태(자연유산, 인공유산 참조) 43, 47, 53,
    376(주석 7)
난민 240
내수 시장 198~199
노동 이민 126
노동 효율 231
노동력 11, 13, 26, 31, 106, 201~202,
    231~232, 240, 261, 342
노동시간 감축(단축) 204~205
노동조합 125, 304
노령화 120, 122
노를란드 조사 173~174, 181~182, 251,
    257
노인인구 부양 115, 120~121
노조운동 231, 240, 305~306
농민계급 26, 176, 188

농업정책 115, 173, 189, 199, 201~202, 262
농촌 지역 주택조사 380(주석 3)
농촌인구 104~106, 298
뉘스트룀, 베르틸 168

ㄷ

다비드손, 다비드 41~44
다자녀 가족(가정) 109, 156~158, 165, 178~181, 184, 210~222
달베리, 군나르 245
더글라스, 폴 379(주석 3)
도시화 102~103, 132
동물성 단백질 178~179, 199~201

ㄹ

라스본, 엘리노르 380(주석 3)
로크, 존 290
루소, 장 자크 23, 290
룬드베리, 에리크 379(주석 12)
린데스, F. J. 111

ㅁ

마르크스, 카를 26, 28, 32, 67, 73
맬서스, 토머스 로버트 23~24
맬서스주의 22
모자 지원 221~222
무상 급식 223, 251~252, 369
무상 의료 222, 223, 369
미혼모 59

민생정책 204, 252
밀, 존 스튜어트 25, 34

ㅂ

방과 후 교실 222
베블런, 소스타인 73
벤담, 제러미 25, 27
보건 서비스 262, 270, 274, 277
보건의료위원회 254~255
보수주의 11~16, 22~28, 35, 45, 286, 323, 351~354
보육 시설 326, 332~336
부동산 투기 160~161
분배정책 14~15, 60, 133, 354
불법 낙태 46, 51~53, 61
불임 47, 102, 195
불임 시술 78, 212, 241~246, 380(주석 1)
비그포스, 에바 380(주석 3)
비크네르, 폰투스 40, 375(주석 1)
빅셀, 스벤 101
빅셀, 크누트 33, 36~46, 109~110

ㅅ

사회주택 조사 378(주석 6)
사회계층 49~50, 68~69
사회교육 88, 184, 243~246
사회정책 14~16, 128~129, 133~134, 195, 221~225
사회주의 23, 31~34, 41~42, 133~134
산아제한 132, 134, 191, 208, 348
산업화 102~106, 130~132, 182~183,

232~233, 316
새로운 학교 289~291
샌들러, 리처드 32
생산정책 60, 129, 133~134
생식력 차이 344
생활비 통계 378(주석 10)
생활수준 67~68, 137, 174~175, 182~
184, 190~191
성교육 48~49, 57, 108, 211~212
세금 감면 222
소득 기준 67, 165, 181
소득분배 10, 208~210
소비 단위 153, 175, 317~318, 322~325,
379(주석 11)
소비 선택 223, 255, 327
소비 예산 201, 378(주석 10)
소비 잉여 201
수출 가능성 199
순재생산율 100, 111, 309, 379(주석 1)
스칸디나비아주의 127
스텐호프, 고틸프 168
시민교육 299
시장 합리화 201
식량 문제 28, 71
식량 생산 69, 70
식비 160, 175~176, 187, 378(주석 10)
신맬서스주의 33, 34~35, 40~41, 47~
48, 62~63
신생아 수 47, 49, 54~55, 97~100, 101~
108
신자유주의 34, 353
실업 145, 161, 178, 184~189, 236~239
실업급여 197

실업률 75~76, 184~186
실업 위험 188~189, 215
실용주의 34
실질소득 29, 143, 177, 208
심리 기술 검사 304

ㅇ
아동 보건소 275, 277~278
아동 보육 88, 224, 256, 276~277, 309,
327
아동수당 216, 219~220, 222~223
양육 환경 58, 243~244, 332
에딘, K. A. 52~56, 68~69, 113, 344,
376(주석 6), 377(주석 1)
엥겔스, 프리드리히 32
여성의 자리 339
연령 분포 99, 108, 377(주석 4)
영양 상태 29, 172, 174, 181~184, 199,
250~252, 379(주석 14)
예방적 사회정책 224, 229, 253, 271, 313
예비 인력 197, 261
예테보리 조사 161, 380(주석 3, 4)
오그번, 윌리엄 필딩 73~74, 377(주석 3)
오베리, L. H. 38, 375(주석 1)
요한손, 알프 171, 378(주석 6)
욘손, 올로프 164, 380(주석 4)
우생학 44, 50, 58, 78, 88, 243, 247
위기 대응 189, 205
유치원 222~223, 271, 333, 335, 337
융그렌, C. A. 257
의료 서비스 249, 262~263, 266, 270,
272~275

의사 교육 272~273, 279

이민 33, 97~98, 123~128

이민 제한 123, 124

인구 감소 11~12, 67, 111, 114~115, 190~191, 196, 348, 353

인구 발전 92

인구 변화 119

인구조사 101, 104~105, 114, 138, 342, 378(주석 2)

인구 증가 28~29, 67, 100, 189~190, 375(주석 1, 2)

인구 통계 114

인구수 72~74, 97, 100, 120

인종생물학 77~79, 88, 211, 248, 380(주석 1)

인종위생학 80, 84~87, 210~211, 241~248

일의 효율성 206~207, 234

임금 137~144

임대료 145, 157~158, 160~161, 164, 177

임대주택 145~147

임신 38, 54~55, 59, 78, 110

임신중절 108

잉여 노동력 202

ㅈ

자녀 양육 14, 208, 326

자녀수당 214, 217, 219

자유주의 23~24, 110, 112, 287. 352~354

자율학습 290

장학금 223, 306~307

재분배 208~210, 221~224

전문직 기혼 여성 344

정년 206~207

정신위생 257, 279

정신 질환 86, 242~246, 380(주석 2)

조기 퇴직 205~207

주거 환경 159~170, 250, 254, 274, 309

주거 환경 감독(주택 감독) 254~256

주택 건설 145, 155~156, 165, 202~204

주택 통계 145, 163

주택(주거) 보조금 159, 222, 260

주택정책 115, 253, 259, 262, 336

지능 79~80, 82~84, 308

지적 능력 122, 293

직업 선택 301~306, 325

직업 유동성 121, 303

직업교육(직업훈련) 186, 234, 282, 325

집단주의 285~288, 351~352

ㅊ

청년 실업 185~186, 237~238, 297, 305, 379(주석 16)

청년 실업률 185

최저 임금 215

최적의 인구 72~75, 110

출산율 44, 68, 90, 98~114, 155~156, 189~191, 195~196

출산 제한 44, 46, 62, 91, 109, 120

ㅋ

카우츠키, 카를 요한 32

코뮌 42, 59, 158, 214, 254~257, 271~
   272
클라테섹손 주택조사 170

ㅌ

탁아소 222, 329, 332~334, 337
토마스, 도로시 377(주석 3)
토지 재배치 운동 349
통원병원 265~266, 270, 278
퇴직 연령 206
퇴화 위험 245

ㅍ

펄, 레이먼드 70~71
페테르손, 알프레드 168
평균 소득 139, 142, 150, 378(주석 10)
프롤레타리아 32, 272
프롤레타리아 학생 307
플레이스, 프랜시스 34
플루드스트룀, 이시도르 44, 375(주석 1)
피임 11~12, 16, 34~35, 43~49, 68,
   101~102, 107~108, 377(주석2)
피임 방법 31, 34, 37, 50, 57
피임금지법 46~48, 57, 61~62, 211, 273,
   362~363

ㅎ

학교 급식 251~252
학교 의사 275~278
학교교육 284~287

함마르셸드, 칼 구스타프 39
합계출산율 359~361
합리화 121, 201~202, 233~234
헤르츠베리, 게라드 183, 379(주석 13)
호프스텐, 닐스 폰 246, 380(주석 1)
혼외 임신 58, 99, 107
효율성 증대 207, 231, 233, 235, 272, 297

옮긴이   **홍재웅**

한국외국어대학교 스칸디나비아어과를 졸업하고 스웨덴 스톡홀름대학교에서 스트린드베리 연구로 연극학 박사학위를 받았다. 현재 한국외국어대학교 교수로 재직하고 있다. 스웨덴과 노르웨이, 덴마크의 문학과 예술, 여러 장르 간의 매체 전환 연구에 관심을 가지고 노르딕 문화를 소개하는 다양한 작업에 매진하고 있다. 저서로《20세기 서양의 일상과 풍경》(공저),《유럽과의 문화 교류를 위한 연극제 자료조사》(Ⅰ, Ⅱ, Ⅲ),《Creating Theatrical Dreams》가 있고 역서로《질문의 책》,《스포티파이 플레이》,《세상 모든 아이들의 권리》,《보트 하우스》,《욘 포세 3부작》,《스웨덴식 성평등 교육》,《나는 형제들에게 전화를 거네》,《빨간 리본》,《몬테코어》등이 있다.

옮긴이   **최정애**

한국외국어대학교 스칸디나비아어과를 졸업하고 이화여자대학교 통번역대학원에서 한영통역 석사 학위를 받았다. 현재 한영 통번역사로 일하고 있다. 재한 스웨덴상공회의소의 사무총장을 역임했고, 스웨덴여성교육협회(SWEA) 정회원으로 서울지부 회장을 역임했다.

인구
위기

스웨덴 출산율 대반전을 이끈
뮈르달 부부의 인구문제 해법

1판 1쇄 발행　　2023년 7월 20일

지은이	알바 뮈르달·군나르 뮈르달
옮긴이	홍재웅·최정애
펴낸곳	(주)문예출판사
펴낸이	전준배
편집	이효미　백수미　박해민
디자인	표지　최혜진　본문　손주영
영업·마케팅	하지승
경영관리	강단아 김영순

출판등록	2004. 02. 12. 제 2013－000360호 (1966. 12. 2. 제 1－134호)
주소	04001 서울시 마포구 월드컵북로 21
전화	393－5681
팩스	393－5685
홈페이지	www.moonye.com
블로그	blog.naver.com/imoonye
페이스북	www.facebook.com/moonyepublishing
이메일	info@moonye.com
ISBN	978-89-310-2320-6 03300

잘못 만든 책은 구입하신 서점에서 바꿔드립니다.

🐜문예출판사 상표등록 제 40－0833187호, 제 41－ 0200044호